T e r r a
Damm u. Weg nach Bed
k
g
h
Scheehgrab
p
m
n
o
Sakie
Kirchhof
l
trahenne
Sakie
S T e r r a i n
Mètres

Freier/Grunert/Freitag · EINE REISE DURCH ÄGYPTEN

Schon die äußere geschäftliche Durchführung dieser Expedition, die drei Jahre hindurch Ägypten und Nubien durchforschte, war eine bewundernswerte Leistung, die für den Eifer, die Klugheit und den Takt des jungen Führers Zeugnis ablegte. Und nun erst die wissenschaftliche Leitung. Das war kein bloßes Bereisen und zufälliges Absuchen des Landes mehr, es war eine systematische Untersuchung, und der sie führte, wußte, was er suchte. Seit die Tagebücher veröffentlicht sind, sehen wir mit Bewunderung, was Lepsius und sein Genosse Erbkam damals geleistet haben, wie genial sie das Gefundene erfaßten und verstanden.

A. Erman zum 100. Geburtstag von Richard Lepsius

Nach den Zeichnungen

der Lepsius-Expedition in den Jahren 1842–1845

EINE REISE

Henschelverlag Berlin 1988

DURCH ÄGYPTEN

Von Elke Freier und Stefan Grunert

Mit einem Beitrag von Michael Freitag

ISBN 3-362-00321-4

3. Auflage. Lizenz-Nr. 414.235/104/88. LSV-Nr. 8106
Gestaltung: Karl-Heinz Lange
Die Farb- und Schwarzweißaufnahmen wurden,
falls im Abbildungsverzeichnis nicht anders ausgewiesen,
von Dietmar Riemann, Berlin, angefertigt.
Printed in the German Democratic Republic
Satz und Reproduktion: Grafische Werke Zwickau
Druck: H. F. JÜTTE (VOB), Leipzig
625 526 0
04950

Vorwort

DIE ABSICHT DIESES BUCHES ist, den Weg der Ägypten-Expedition, die Karl Richard Lepsius 1842 bis 1845 unternahm, zu verfolgen und dabei zugleich die vor Jahrtausenden untergegangene Kultur am Nil vorzustellen. Es entstand auf der Grundlage des umfangreichen Expeditionsmaterials, das sich heute im Besitz der Akademie der Wissenschaften der DDR befindet und zum Archiv des Wörterbuchs der Ägyptischen Sprache am Zentralinstitut für Alte Geschichte und Archäologie gehört, dem wir für die Erteilung der Publikationsgenehmigung unseren Dank aussprechen. Diese Dokumente, unter denen sich neben vielen originalgetreu kopierenden Papierabklatschen fast zweitausend, zum Teil mit Wasserfarben kolorierte Bleistiftzeichnungen befinden, haben großen Wert für die Forschung. Oftmals sind die Denkmäler, die auf ihnen wiedergegeben werden, heute wesentlich stärker zerstört, als sie es zur Zeit ihrer Aufnahme waren.

Über zehn Jahre dauerte es, bis nach mühevollen Vorarbeiten 1859 die letzte Lieferung der »Denkmäler aus Ägypten und Äthiopien« erschien. Damit war eine Leistung vollbracht, die in diesem Umfang nie wieder erreicht wurde. Viele sind vor und nach Lepsius durch Ägypten gereist, haben wie er die wichtigsten Denkmäler gezeichnet, konnten sie aber nie so vollständig und vorbildhaft publizieren. In zwölf Bänden hat Lepsius mit seinen Mitarbeitern den Wissenschaftlern in aller Welt die Ergebnisse der Expedition zugänglich gemacht, nachdem bereits 1852 der Öffentlichkeit durch seine »Briefe aus Ägypten, Äthiopien und der

Halbinsel des Sinai« ein Bericht über die Expedition gegeben worden war. Die Tagebücher – heute im Eigentum der Staatlichen Museen zu Berlin, Hauptstadt der DDR –, die Erfolge und Strapazen des Unternehmens festhielten, fanden schließlich für die erläuternden Textbände, die in den Jahren 1897–1913 nach dem Tode des Expeditionsleiters zusammengestellt wurden, Nutzen.

All diese Materialien dienten uns zur Information über den Verlauf der Expedition, wobei sich der eigentliche Leitfaden aus dem Bestand der Originalzeichnungen ergab. Im Unterschied zu den nach ihnen für den Druck gefertigten Lithographien geben sie den Zustand der Denkmäler so wieder, wie er zur Zeit der Expedition vorgefunden wurde. Auch in dieser Hinsicht zeigt sich der Wert der Originalzeichnungen; für die Publikation wurden nämlich oftmals Rekonstruktionen oder Vereinheitlichungen vorgenommen, Darstellungen mitunter idealisiert. Der Druck ist damit das Ergebnis eines Verarbeitungsprozesses, an dessen Anfang die Zeichnungen stehen. Durch die Beschäftigung mit ihnen gewinnt man daher auch Einblicke in die Arbeitsweise der Expedition.

Selbstverständlich war es nicht möglich, hier den gesamten Fundus der Originale abzubilden. Es mußte eine Auswahl getroffen werden, die sich einerseits am heutigen Erhaltungszustand der Blätter, andererseits am Inhalt des Dargestellten orientiert. Zudem erwies es sich für die Übersichtlichkeit der Schilderung, die ja zugleich mit einer Reise durch das pharaonische Ägypten verbunden sein sollte, als zweckmäßig, eine wesentliche Einschränkung vorzunehmen. Denn obwohl die Expedition bis tief nach Afrika vorstieß, wird ihrem Weg nur bis Theben gefolgt; obwohl sie im Lande Denkmäler aus den Perioden vom Alten Reich bis zur römischen Kaiserzeit vorfand, wurden von uns die Epochen nach dem Zerfall des Neuen Reiches nicht mehr berücksichtigt.

Es ist der gesellschaftlichen Entwicklung des pharaonischen Ägypten zuzuschreiben, daß sich deren Höhepunkte auf bestimmte geographische Regionen konzentrieren. So finden sich die bedeutendsten Denkmäler des Alten Reiches in der Nähe des heutigen Kairo. Etwas südlicher sind Zeugnisse des Mittleren Reiches erhalten geblieben und vermitteln Einblicke in dessen Besonderheiten. Schließlich lassen die Kulturreste im Süden des Landes den Entwicklungsstand zur Zeit des Neuen Reiches erkennen. So ergibt sich durch den Reiseverlauf der Expedition auch ein chronologisch geordnetes Durchschreiten altägyptischer Gesellschaftsentwicklung über die Jahrtausende hinweg. Daher konnten wir dem Weg der Expedition in einem Gang durch drei Jahrtausende ägyptischer Geschichte folgen, indem wir dabei stets freundliche Unterstützung von unseren Kollegen erhielten. Stellvertretend für alle sei insbesondere Walter-Friedrich Reineke unser ausdrücklicher Dank gesagt. Erfreut waren wir auch über die Anregungen bei unserer Arbeit und die Unterstützung durch Elke Blumenthal, Horst Etzold und Karl-Heinz Priese. Dem Museum und dem Kreisarchiv der Stadt Naumburg, deren Mitarbeiter Gunter Mächtig und Walter Wirth uns bereitwillig bei der Suche nach unbekanntem Material halfen, möchten wir ebenfalls auf diesem Wege danken. Besondere Verdienste erwarb sich Silvia Köpstein, die vom Beginn der Inventarisierung des umfangreichen Expeditionsmaterials bis zur Fertigstellung des Manuskriptes großen Anteil am Gelingen des Projektes hatte.

In der Wissenschaft vom alten Ägypten sind noch viele Fragen ungeklärt, und oftmals gibt es verschiedene Interpretationen. Bei der Beschreibung von Geschichte, Wirtschaft, Sitten und Gebräuchen der Ägypter wurde meist nur eine der heute vertretenen Ansichten wiedergegeben. Da auf Anmerkungen verzichtet werden sollte, seien die Leser, die mit manchem Problem noch nicht vertraut sind, auf das hilfreiche Nachschlagewerk »Der Alte Orient in Stichworten« verwiesen, das 1978 beim Verlag Koehler & Amelang in Leipzig und 1979 bei Edition Tusch in Wien erschien. An diesem Lexikon haben wir uns in Fragen der Chronologie, aber auch in der Schreibweise altägyptischer Begriffe, Sachverhalte und Personen orientiert.

Abschließend gilt es, den Mitarbeitern des Henschelverlages, dem Gestalter Karl-Heinz Lange sowie dem Fotografen Dietmar Riemann unseren Dank auszusprechen. Ihnen fühlen wir uns besonders verbunden, weil sie das Erscheinen des Bandes zum hundertsten Todestag des Begründers der deutschsprachigen Ägyptologie, Karl Richard Lepsius, ermöglichten.

Einleitung

OH, IHR LEBENDEN! Ein Weiser ist der, der sich anhört, was die Vorfahren gesagt haben!

Diese Worte richtete vor Jahrtausenden der ägyptische Beamte Rech-mi-Re an jene, die sein Grab in Theben besuchen und die Inschriften lesen sollten. Doch dann kamen Zeiten, in denen die Besucher seine aufgeschriebenen Worte nicht mehr verstanden. Das Wissen um die Bedeutung der Hieroglyphen war verlorengegangen, aus ihnen war ein Geheimnis geworden. Fast zwei Jahrtausende sollten verstreichen, ehe 1844 das Grab wieder von einem Manne aufgesucht wurde, der als Kundiger die »Heiligen Zeichen« lesen konnte und wollte: Karl Richard Lepsius. Mit ihm waren Helfer gekommen, die all jene Berichte kopierten und die Ruinen der Tempel, Paläste und Häuser zeichneten.

Als Lepsius 1842 mit der Leitung der wissenschaftlichen Expedition nach Ägypten und Äthiopien betraut wurde – ausgesandt, als die Ägyptologie noch ganz in ihren Anfängen stand –, war eine Persönlichkeit gefunden, die durch Ausbildung und Fähigkeiten nicht geeigneter hätte sein können. Schon als Kind war er im Griechischen und Lateinischen zu Hause – ein Vorzug, der schwer überzubewerten ist, weil der Schlüssel zur Erkenntnis der Lautwerte der Hieroglyphen das Griechische war und die Kenntnis dessen, was antike Autoren über Ägypten geschrieben hatten, den Weg in die ägyptische Vergangenheit ebnete. Durch das Studium in Leipzig, Göttingen und Berlin wurde Lepsius mit der Archäologie, aber auch mit den Sprachen des Alten Orients vertraut. Im Jahre 1833 promovierte er über die Eugubinischen Tafeln, deren Texte in lateinischer und umbrischer Sprache geschrieben sind. Das Umbrische, eine Form des Altitalischen, war bis dahin nicht verstanden worden, doch durch Sprachvergleiche gelang es Lepsius, den Sinn der Texte völlig zu entschlüsseln. Das war der Anfang zu einer Vielzahl von Arbeiten sprachvergleichenden und paläographischen Charakters.

Zur Vervollkommnung seiner Studien ging Lepsius 1833 auf Kosten des Vaters nach Paris, dem damaligen Zentrum der wissenschaftlichen Welt. Hier hörte er auch Vorlesungen über ägyptische Geschichte bei Jean Antoine Letronne. Von Eduard Gerhard, dem Sekretär des 1829 gegründeten Archäologischen Instituts in Rom, der ihn aus Berlin kannte, erhielt er in Paris die Einladung, in die Ewige Stadt zu kommen. Er sollte dort alle altitalischen Denkmäler sammeln und bearbeiten. Zudem glaubten der Generalsekretär des Instituts, Karl Josias von Bunsen, und Alexander von Humboldt in ihm den Mann gefunden zu haben, der durch seine Erfahrungen beim Studium der Eugubinischen Tafeln der Erforschung ägyptischer Schrift und Sprache dienlich sein konnte.

Zu dieser Zeit gab es berechtigte Hoffnungen, daß das Geheimnis der Hieroglyphen – jahrhundertelang hatten sie die Menschen immer wieder zur Entschlüsselung herausgefordert – endgültig enträtselt sein würde: 1822 hatte Jean François Champollion mit Hilfe eines altägyptischen Denksteines eine ganze Reihe von Hieroglyphen entziffert. Dieser Stein war 1799 bei Rosette in der Nähe von Alexandria entdeckt worden. Auf ihm ist ein Priesterdekret in griechischer und ägyptischer Sprache niedergeschrieben worden. Die im Text vorhandenen Königsnamen des Ptolemaios und der Kleopatra, die in der Hieroglyphenschrift durch Königsringe (Kartuschen) besonders hervorgehoben sind, dienten Champollion als Schlüssel. Die wichtigsten Schriftzeichen waren nun erkannt, doch bei weitem nicht alle. Entzifferungsversuche gab es zu dieser Zeit viele; es war durchaus noch nicht sicher, ob sich das System von Champollion völlig bewähren würde, zumal er sein Werk nicht vollenden konnte. Er war 1832 mit zweiundvierzig Jahren gestorben. Seine grundlegende Grammatik, an der man die Schlüssigkeit seiner Methode erkannt hätte, erschien erst postum, ebenso die Zusammenfassung der Ergebnisse seiner Expedition von 1828 nach Ägypten.

Lepsius willigte gern ein, Mitarbeiter des Instituts in Rom zu werden. Er zögerte aber, sich auf die Schwierigkeiten eines Wissenschaftsgebietes einzulassen, das damals fast nur begüterten Romantikern zusagte, einem jungen Wissenschaftler ohne gesichertes Einkommen hingegen zu ungewiß erscheinen mußte. Doch konnte Bunsen mit Humboldts Hilfe von der Preußischen Akademie der Wissenschaften ein ausreichendes Stipendium für die Jahre 1835/36 erwirken, das Lepsius ein ungestörtes Studium der ägyptischen Denkmäler ermöglichte. Mit Zielstrebigkeit und Energie betrieb er seine Aufgabe, wobei ihm die gründliche linguistische Ausbildung während des Studiums und die kritischen Methoden von Gottfried Hermann aus Leipzig, Ludolf Dissen, Heinrich Ewald, Jacob Grimm und Otfried Müller aus Göttingen sowie Franz Bopp aus Berlin die richtigen Wege zeigten.

Lepsius überprüfte das System von Champollion an allen ihm erreichbaren altägyptischen Texten in Paris. Um dem Verständnis dieser Sprache näher zu kommen, beschäftigte er sich zuerst mit dem Koptischen, das – wie er erkannte – die späteste Stufe des Ägyptischen ist. In der beschränkten Freizeit erlernte er den Steinschnitt, was ihm später bei der Herausgabe eigener Werke von großem Nutzen sein sollte. Im Auftrag der Akademie reiste er dann nach Turin, Pisa und Livorno, um schließlich im Mai 1836 die ihm angebotene Stelle im römischen Institut als Redaktionssekretär anzutreten.

In Rom kam Lepsius mit reicher wissenschaftlicher Ausbeute an. In den besuchten Sammlungen hatte er von allen Inschriften Papierabdrücke hergestellt, die wichtigsten Stelen, viele andere Gegenstände und Papyri hatte er teils abgepaust, teils abgezeichnet. Durch das Nachziehen der Hieroglyphen lernte er so intensiv die ägyptischen Schriftzeichen schreiben, daß ihm später unter erschwerten Umständen das Kopieren leicht von der Hand ging. Das erste Ergebnis der Sammel-, Kopier- und Vergleichsarbeiten war eine Schrift, die 1837 über das »hieroglyphische Alphabet« erschien. In ihr wurde das System Champollions präzisiert und damit die Entzifferung der Hieroglyphen abgeschlossen. Von nun an entzifferte man nicht mehr, sondern las die Texte. Auch in anderer Hinsicht ist diese Schrift wegweisend gewesen. Lepsius fordert in ihr eine wissenschaftliche Archäologie, durch die Ägypten der Platz in der Entwicklung der menschlichen Kultur zugewiesen werden sollte – ein Anliegen, das auch Bunsen verfolgte. Mit ihm arbeitete Lepsius in Rom zusammen an einem Werk über Ägypten, wobei er sich vor allem mit der Chronologie als Gerüst der Geschichte beschäftigte. Zudem erschien es Lepsius notwendig, die Zusammenhänge zwischen der Kultur Ägyptens und der Griechenlands und Roms nachzuweisen. Er hatte bei seinen Sammelarbeiten erlebt, wie oft Erzählungen antiker Schriftsteller einen historischen Kern hatten, den er in den ägyptischen Quellen wiederentdecken konnte. Sie mußten also genauere Kenntnisse über das alte Ägypten besessen haben, als man bisher vermutete. Zusammenhänge zwischen den Religionen der drei Länder glaubte er erkennen zu können, und die Entwicklungslinie bestimmter Architekturformen (Säule und Rundbogen) meinte er bereits festgestellt zu haben. In einer 1838 erschienenen Schrift hierzu spricht er sich für eine Zusammenarbeit der Vertreter verschiedener Wissenschaftsdisziplinen aus. Er erhoffte sich dadurch eine gegenseitige Befruchtung, wußte aber, daß vorher eine ungeheure Detailarbeit in der Ägyptologie zu leisten wäre. Damit waren die Richtung seiner Arbeit und deren Schwerpunkte gegeben: Erforschung der ägyptischen Chronologie, Versuch einer Ordnung der ägyptischen Götterwelt durch Auswertung der wichtigsten religiösen Texte sowie eine detailgetreue Aufnahme aller kulturhistorischen Zeugnisse.

Im Auftrag des römischen Instituts reiste Lepsius 1838 nach Paris und London und machte einen Abstecher nach Leiden. Überall nahm er die wichtigsten Denkmäler auf. Da er in England auch Zutritt zu den Privatsammlungen erhalten hatte, kannte er allmählich sämtliche ägyptischen Altertümer in Westeuropa, hatte alle erreichbaren inschriftlichen Dokumente studiert. Nach seiner Rückkehr folgte in Deutschland dem Sammeln die Auswertung. So lag 1842 die erste Fassung des »Königsbuchs der alten Ägypter« handschriftlich vor, in dem die Chronologie der ägyptischen Geschichte anhand der regierenden Pharaonen geordnet wurde. Daß Lepsius es erst 1858 drucken ließ, lag an seiner Vorstellung, später in Ägypten selbst noch entscheidendes Material finden zu können; sie sollte sich als richtig erweisen. Vor der Expedition publizierte er die wichtigsten Urkunden der Pharaonenzeit, unter ihnen den Turiner Königspapyrus, der eine Liste altägyptischer Herrschernamen enthält. »Das Totenbuch der Ägypter«, ein erster bedeutender Schritt auf dem Weg zur Ordnung und historischen Betrachtung der Götterwelt Ägyptens, entstand nach einem weiteren großen Papyrus aus Turin. Diese beiden Werke sind auch in anderer Beziehung für die spätere Expedition von Bedeutung: An der Herstellung der Druckvorlagen arbeitete Lepsius das erste Mal mit Max Weidenbach zusammen. Dieser war 1840 nach Berlin gekommen, um sich im Schreiben der Hieroglyphen zu üben.

Eine Reise nach Ägypten erwog Lepsius schon im Jahre 1839. Doch zu dieser Zeit war er ohne Anstellung, da er als fester Mitarbeiter aus dem Institut in Rom ausgeschieden war. Auch die Gründung eines Lehrstuhls für Ägyptologie in Berlin, der mit ihm zu besetzen gewesen wäre, war noch nicht möglich. Den Nachweis der Notwendigkeit hierfür mußte Lepsius erst durch seine Arbeiten erbringen und durch seine Publikationen die Richtigkeit des Champollionschen Systems gegen andere Versuche der Entzifferung durchsetzen. Deshalb bat Bunsen ihn auch, diese Arbeiten zu vollenden, damit seine und Humboldts Vorstellungen bei der Akademie und beim König mehr Gewicht bekämen.

Die Kunde von der Entzifferung der Hieroglyphen war auch am preußischen Hof zur Kenntnis genommen worden. Im Jahre 1840 war Friedrich Wilhelm IV. König geworden; er brachte dem Orient Interesse entgegen. Durch seine persönlichen Beziehungen zu Humboldt und Bunsen fanden deren Vorschläge für die Ausrüstung einer Ägypten-Expedition Gehör. In Absprache mit Humboldt entwickelte Lepsius seine Vorstellung über Arbeitsweise, Umfang und Ziele der Unternehmung. Angetan von dem Vorschlag, im Verlaufe der Expedition ägyptische Altertümer für das Berliner Museum zu sammeln, finanzierte das Königshaus den Plan der Wissenschaftler.

Am 1. Juni 1842 brach Lepsius, der zuvor außerordentlicher Professor geworden war, nach Ägypten auf. Er sollte in ein Land reisen, dessen Vizekönig Mohammed Ali im Begriff stand, sich von der türkischen Oberhoheit frei zu machen, und deshalb europäischen Einflüssen gegenüber offen war. So wie der Vizekönig mit diesem Ziel wertvolle Altertümer nach Europa verschenkt hatte, ebneten ein freundlicher Brief des preußischen Monarchen und einige Porzellanvasen der Expedition alle Wege. Dieser historischen Situation ist es zu verdanken, daß Lepsius bei seiner Rückreise nicht nur Zeichnungen, Abklatsche und Gipsabgüsse altägyptischer Denkmäler mit sich führte, sondern auch eine Sammlung von 613 Originalen, unter ihnen ganze Grabkammern, zahlreiche Statuen und erlesenen Schmuck.

1 Panorama-Ansicht von Kairo um 1900

Pyramiden – wie riesenhafte Bergkristalle

ÄGYPTEN, LAND AM NIL – fast zwangsläufig verbindet sich damit die Vorstellung von Pyramiden, genauer: von der größten aller Pyramiden, dem Grabmal des Pharao Cheops, der das Land von etwa 2575 bis 2550 v. u. Z. regierte. Ohne Bedenken kann man sagen, daß die Bewunderung für dieses Bauwerk bestimmt so alt wie es selber ist. Zugenommen haben im Laufe der Zeit – groteskerweise mit wachsendem Erkenntnisstand – nur der Umfang des vermeintlichen Mysteriums und die Zahl der schier unerschöpflichen Rätsel dieser einen Pyramide unter vielen.

Die Begeisterung, die man am Fuße dieser ungeheuren Masse empfinden kann und die von vielen Reisenden, Schriftstellern und Künstlern in einem nicht abreißenden Strom seit dem Altertum zum Ausdruck gebracht wurde und wird, hatte auch die Mitglieder der deutschen wissenschaftlichen Expedition ergriffen. Richard Lepsius schreibt nach seinem ersten Besuch: »Es waren unvergleichliche Augenblicke, als wir aus den Dattel- und Akazienalleen heraustraten, die Sonne sich links hinter dem Mokattamgebirge erhob und gegenüber die Häupter der Pyramiden entzündete, die wie riesenhafte Bergkristalle vor uns in der Ebene lagen. Alle waren durch die Pracht und Größe dieser Morgenszene hingerissen und feierlich gestimmt«* (Abb. 1).

Die Expedition kam am 18. September 1842 in der Hafenstadt Alexandria an, die bezeichnenderweise im Altertum

* Die Zitate wurden in Schreibweise und Interpunktion den heute geltenden Regeln angeglichen.

2 Die 27 m hohe Pompeius-Säule von Alexandria um 1900

den Namen »Alexandria *bei* Ägypten« trug. Man war an dieser noch europäisch geprägten ersten Station der langen Reise völlig mit Arbeiten organisatorischer Art beschäftigt. Lepsius selber teilte nach Berlin mit, daß die wissenschaftliche Ausbeute gering war. Diese Stadt, im Jahre 331 v. u. Z. von Alexander dem Großen als neue Hauptstadt Ägyptens gegründet, besaß den Ruf des kulturellen und wissenschaftlichen Zentrums der hellenistischen Welt; er ging mit ihr unter. Erst jetzt zeichnen sich nach langer Ausgrabungstätigkeit wieder die Konturen dieser einstigen Metropole ab, jedoch sind sie mehr griechisch-römischer als ägyptischer Art (Abb. 3). Beim Aufenthalt der Expedition in Alexandria waren aus dem Altertum lediglich die sogenannte Pompeius-Säule und zwei Obelisken von Thutmosis III. zu sehen. Während die erstere (Abb. 2), die ihren falschen Namen zur Zeit der Kreuzzüge erhielt, noch heute weithin den Platz des einstigen Serapeums anzeigt, sind die Obelisken aus Alexandria verschwunden. Der eine, der umgestürzt auf dem Boden lag, wurde 1877 nach London gebracht. Den anderen, die zweite »Nadel der Kleopatra«, verschenkte man 1880 nach New York. Einst schmückten sie als Spolien einen Tempel, den Kleopatra VII. ihrem Gemahl Antonius zu Ehren hatte erbauen lassen. Da die weiteren Denkmäler, die inzwischen den Reichtum und die Schönheit der antiken Stadt wieder vermitteln können, noch unter dem Schutt verborgen waren, verwundert es nicht, daß Lepsius bedauernd äußert: »Fast vierzehn Tage wurden wir in Alexandria zurückgehalten.«

Am Abend des 30. September 1842 verließ die Expedition per Schiff die Stadt. Sie traf vier Tage später mit Beginn des mohammedanischen Fastenmonats Ramadan in Bulak, dem Hafen von Kairo, ein. Auch hier verstrich mehr als eine Woche mit organisatorischen Arbeiten. Für den ersten Besuch des Pyramidenfeldes bei Gize wurde ein Datum gewählt, das indirekt für das Zustandekommen der Forschungsreise von hoher Bedeutung gewesen war. Es handelte sich um den 15. Oktober 1842, den Geburtstag Friedrich Wilhelms IV. von Preußen. Dank intensiver Fürsprache Alexander von Humboldts war vom Königshaus das notwendige Geld bereitgestellt worden. Vor diesem Hintergrund ist die Ergebenheit gegenüber dem Monarchen zu verstehen, die aus dem Bericht des Expeditionsleiters über diese Geburtstagsfeier spricht (vergleiche Abb. 4). Doch da sie auf der Spitze der Cheops-Pyramide stattfand, werden die Gedanken sofort von den neuen Eindrücken verdrängt.

»Dann aber fesselte zunächst der Rundblick auf die Landschaft, die sich zu unseren Füßen ausbreitete, unsre Aufmerksamkeit. Auf der einen Seite das *Niltal*, ein weites Meer übergetretener Gewässer, das von langen schlängelnden Dämmen durchschnitten, hin und wieder durch höher gelegene, inselartige Dörfer und bewachsene Landzungen unterbrochen, die ganze Talfläche erfüllte und bis an das jenseitige Mokattamgebirge reichte, auf dessen nördlichster Spitze die Zitadelle von Kairo sich über die zu ihren Füßen liegende Stadt erhebt. Auf der andern Seite die *Libysche Wüste*, ein noch wunderbareres Meer von Sandflächen und öden Felshügeln, grenzenlos, farblos, lautlos hingelagert, von keinem Tiere, keiner Pflanze, keiner Spur menschlicher Gegenwart, nicht einmal von Gräbern belebt ... Ich beschreibe nicht weiter die Gedanken und Gefühle, die mich in jenen Augenblicken bestürmten; dort am Zielpunkt jah-

3 Das »Griechische Theater« von Alexandria

4 Die Mitglieder der Expedition auf der Cheops-Pyramide

relanger Wünsche und zugleich am wahren Anfangspunkte unsrer Expedition, dort auf der Höhe der Cheops-Pyramide, an welcher der erste Ring unsrer ganzen monumentalgeschichtlichen Forschung, nicht bloß für die ägyptische, sondern für die Weltgeschichte unerschütterlich befestigt ist ...«

Fast anderthalb Jahrhunderte sind seit diesem nicht nur für Lepsius, sondern für die Ägyptologie insgesamt so bedeutsamen Tag vergangen – anderthalb Jahrhunderte, die im Angesicht der Pyramiden wie ein Tag erscheinen. Pyramiden, das sind »Bauten, davor die Zeit sogar sich fürchtet, wo sonst doch fürchtet alles in der Welt die Zeit«, wie man in einer Geschichte aus Tausendundeiner Nacht liest. Und sieht man ab von den teils unschönen Spuren unseres Jahrhunderts in der Umgebung der Pyramiden, so hat sich dort nichts verändert. Noch immer erhebt sich, Unzerstörbarkeit ausdrückend, die Cheops-Pyramide bis zu einer Höhe von über 137 m (Abb. 6). Doch ist es nicht dies, was uns in Erstaunen versetzt, da wir heute Fernsehtürme von mehreren Hundert Metern Höhe gewohnt sind. Und auch die anderen Maße können nur nüchterne Fakten vermitteln: Seitenlänge an der Basis jeweils 230 m, Neigungswinkel der Pyramidenflächen etwa 52°; das Volumen schließlich beträgt rund 2,6 Millionen m^3 – eine Angabe, die sich unserer Vorstellungskraft nun gänzlich zu entziehen scheint. Auch wenn

5 Cheops-Pyramide mit historischem Eingang

man summarisch angibt, daß diese steinerne Ewigkeit aus etwa 2,3 Millionen Felsblöcken mit einer Kantenlänge von 1 m erbaut wurde – in Wirklichkeit sind die Steine 0,5 m bis 1,5 m hoch –, läßt sich das Maß der Pyramide nicht finden. Es ist eine unvorstellbare Masse, ein gewaltiges Volumen, das heute so respektlos, in gewisser Weise aber verständlich und real mit den mächtigen Kohlenhalden verglichen wird und das Lepsius malerisch als riesenhaften Bergkristall bezeichnete.

Auf der Nordseite, in einer Höhe von 18 m über der Basislinie und dabei 8 m östlich der Mittelachse versetzt, befindet sich der historische Eingang in die Cheops-Pyramide (Abb. 5). Ehemals unsichtbar, ist er heute, nachdem die geglätteten Kalksteinplatten der Verkleidung der Pyramide seit langem verlorengegangen sind, für jeden Besucher deutlich erkennbar. Über diesen von gewaltigen, sparrenartig verlegten Steinbalken bekrönten Eingang gelangte Lepsius einst mit seinen Begleitern in das Innere. Gegenwärtig ist diese Öffnung durch ein Gittertor verschlossen; die Besucher benutzen nun den von Grabräubern im 9. Jahrhundert u. Z. vorgetriebenen, tiefer liegenden und etwas bequemer verlaufenden Schacht.

Anfangs erfrischen die spürbar kühleren Temperaturen im Eingangsbereich. Aber danach gleicht die Besichtigung einem Saunagang. Verständlich daher die Warnungen, die sich im alten Baedeker finden: »Der Besuch des Innern der

6 Cheops-Pyramide von Nordost

Pyramide, das dem gewöhnlichen Touristen kaum etwas bietet, ist ... beschwerlich und sollte erst unternommen werden, nachdem man sich von der Besteigung [der Pyramide] vollständig ausgeruht hat. Damen ohne Herrenbegleitung sowie vollblütigen, nervösen oder sonst leidenden Personen ist davon abzuraten. Auch Gesunde mögen den Besuch nie nach einer stärkeren Mahlzeit ausführen.« Immerhin muß man auf einer Strecke von 85 m eine Steigung von mehr als 26° überwinden, um schließlich nach dem Passieren der Großen Galerie – des wohl eindrucksvollsten »Innenraums« – in die sogenannte Königskammer zu gelangen. Aus rotem Assuan-Granit erbaut und mit feinsten Fugen versehen, zwischen die kein Haar oder Stück Papier paßt, mißt diese Kammer 10,4 × 5,2 m bei einer Höhe von fast 6 m. Und doch erscheint sie klein, da unmittelbar davor die Große Galerie mit einer Deckenhöhe von ungefähr 8,5 m durch die starke Steigung dem Besucher den Blick bis zu einer Höhe von über 25 m freigegeben hatte.

Ob sich in dieser Kammer einst Schätze in dem Umfang befanden, wie man sie angesichts der Monumentalität des Grabmals zwangsläufig erwartet, wird ungeklärt bleiben. Als man im 9. Jahrhundert auf Befehl des Kalifen Al Mamun, der den Gerüchten von sagenhaften Schätzen in der Pyramide Glauben schenkte, gewaltsam in das Bauwerk

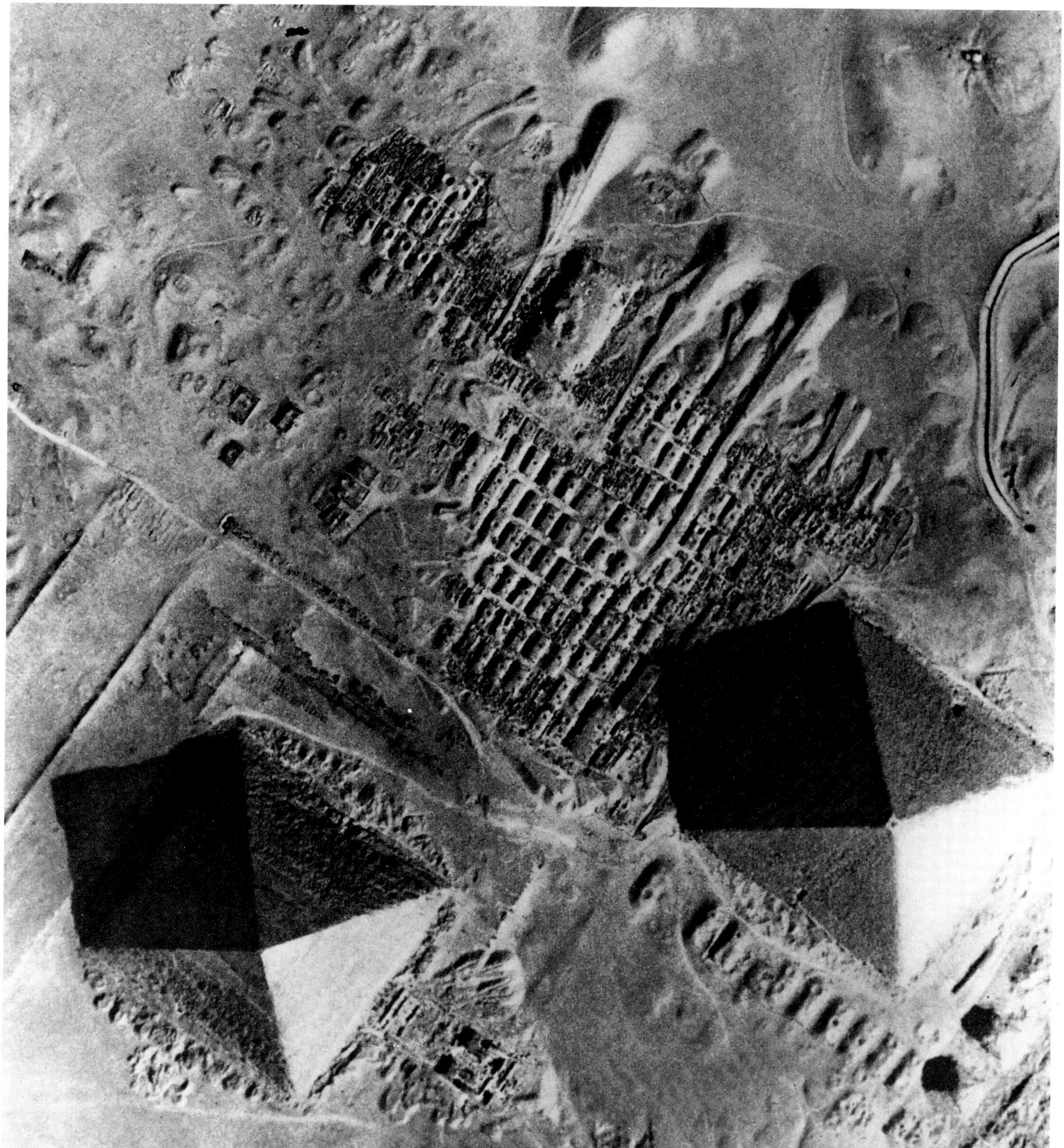
7 Luftbildaufnahme des Pyramidenfeldes von Gize

eindrang, stieß man wohl nicht auf die erhofften Reichtümer. Angeblich geborgene Wertsachen sollen gerade die Unkosten des Unternehmens gedeckt haben. Doch der auch heute noch nahe der westlichen Kammerwand stehende, schon damals leere und deckellose Sarkophag läßt vermuten, daß antike Grabräuber dem Kalifen bereits zuvorgekommen waren.

Wenn Archäologen im Jahre 1925 im Vorfeld der Großen Pyramide dennoch die unberührte Ruhestätte der Mutter von Cheops, der Königin Hetep-Heres, entdecken konnten – die kostbaren Grabbeigaben befinden sich jetzt im Kairoer Museum –, so ist dies jahrelanger systematischer Feldforschung zu verdanken (Abb. 7). In ihrem Ergebnis sind 1938/39 die Fundamente des zur Pyramide gehörigen Totentempels freigelegt worden. Schließlich fand man 1954 jene inzwischen weltberühmten, völlig auseinandergenommenen sogenannten Sonnenbarken des Cheops in tiefen

8, 9 Sonnenbarke des Cheops im Museum zwischen der Cheops- und Chephren-Pyramide

Gruben vor der Südwand der Pyramide. Ein Exemplar (Abb. 8, 9) ist nach mühevollem Zusammensetzen seit 1982 in dem Museum zwischen Cheops- und Chephren-Pyramide zur Besichtigung freigegeben.

Als Begründer der systematischen, wissenschaftlich orientierten Feldforschung auf jenem von Grabräubern seit der Antike durchwühlten und jahrhundertelang als Steinbruch dienenden Gebiet muß Richard Lepsius genannt werden (Abb. 10). Mit seinem Namen als Entdecker verbindet sich noch heute die Mehrzahl der die Pyramiden umgebenden Grab- und Tempelreste. In der Zeit nach der Expedition war die Erinnerung bei den Einheimischen derart lebhaft, daß man ihm selbst bei einem späteren Aufenthalt hier das Grab des Lepsius zeigte.

10
Erbkams Plan des Pyramidenfeldes von Gize (Ausschnitt)

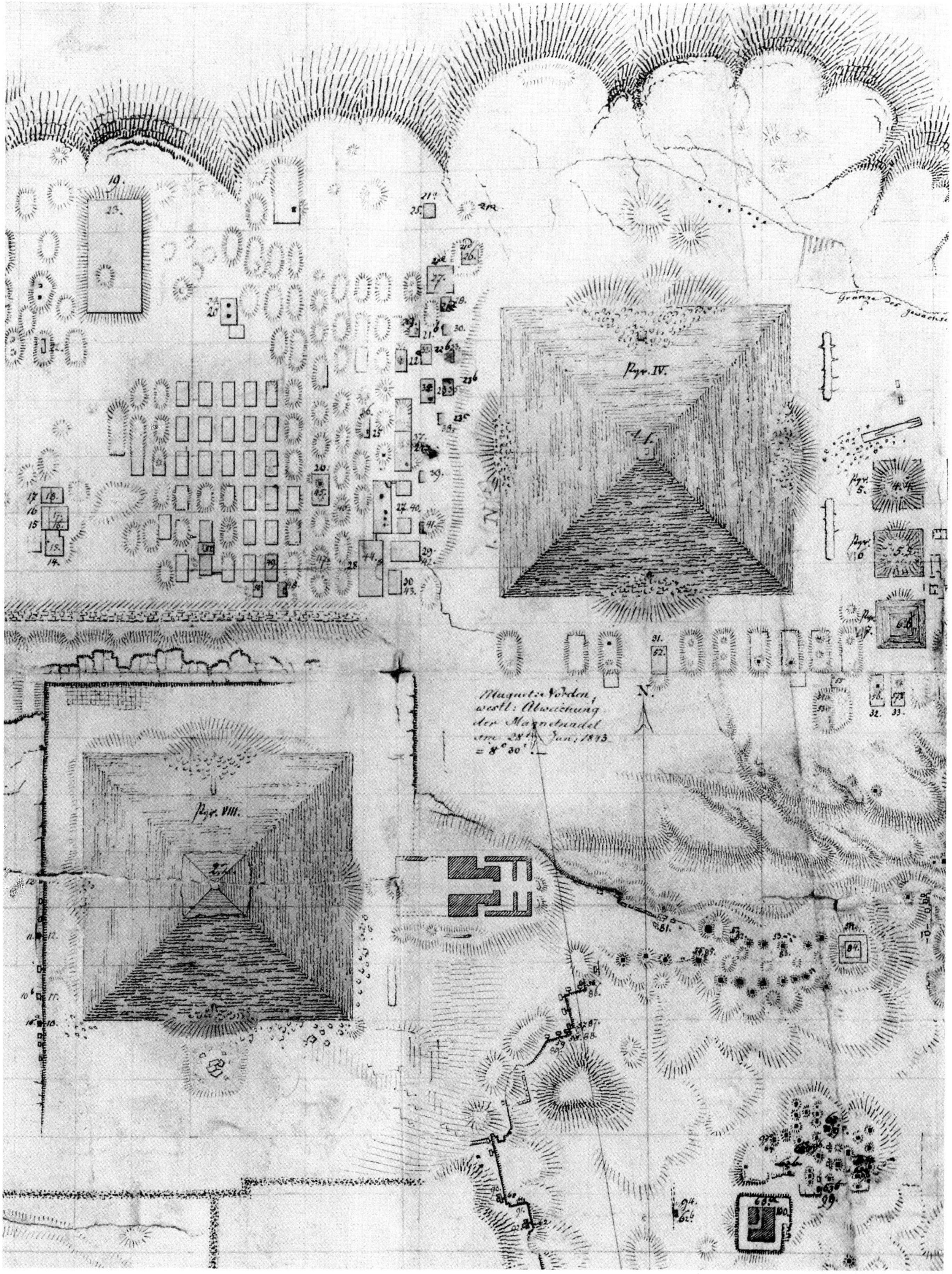

11 Sphinx von Gize

Nachdem viele organisatorische Fragen geklärt und durch das Ende des Fastenmonats günstige Arbeitsbedingungen gegeben waren, hatten die Arbeiten am 9. November begonnen: »Es ist zu verwundern, wie wenig bisher dieser besuchteste Ort von ganz Ägypten untersucht worden ist. Ich will jedoch, da wir die Früchte der Versäumnis ernten, mit unsern Vorgängern nicht rechten. Ich habe um so eher unser Verlangen, bald mehr von diesem Wunderlande zu sehen, zähmen müssen, da wir an diesem Orte vielleicht die Hälfte unsrer ganzen Aufgabe zu lösen haben.« Obgleich man heute weiß, daß die Arbeiten im Pyramidenfeld von Gize nicht die Hälfte dessen darstellen, was die Expedition quantitativ im Verlaufe der drei Jahre geleistet hat, ist doch mehr Material aus der ersten Blütezeit Ägyptens gefunden worden, als zu erwarten war. Man hatte lediglich in Unkenntnis des Landes mit seinen vielen Denkmälerstätten die noch ausstehenden Aufgaben unterschätzt.

Begonnen wurden die Arbeiten an traditionsreichem Platze, direkt neben dem Aufweg zur mittleren Pyramide, die Cheops' Sohn Chephren – er regierte das Land etwa 2540–2515 v. u. Z. – hatte erbauen lassen. Dort liegt der Sphinx, die wohl größte und berühmteste Kolossalskulptur des ägyptischen Altertums (Abb. 11). Er war bis zu einer Höhe von etwa 13 m von angewehtem Wüstensand verschüttet. Nur ein kleiner Teil des Oberkörpers mit dem Menschenkopf schaute aus dem Sand, obwohl er erst 1816/17 und dann nochmals 1836/37 freigelegt worden war. Die älteste Ausgrabung des menschenköpfigen Löwen ist für das Ende des 15. Jahrhunderts v. u. Z., unmittelbar nach Regierungsantritt von Thutmosis IV., überliefert. Inschriften berichten, daß auch der berühmte Ramses II. (1290–1224 v. u. Z.) sich um die Erhaltung der Plastik bemühte. Später wurden unter den ptolemäischen und römischen Herrschern ebenfalls derartige Arbeiten durchge-

12 Sphinx von Gize mit freigelegter Traumstele

13 Die Tempelanlage um den Sphinx

führt, nachdem zur Zeit Herodots, der im 5. Jahrhundert v. u. Z. Ägypten bereist hatte, der Sphinx offensichtlich völlig vom Wüstensand bedeckt gewesen war.

Aus einem anstehenden Kalksteinfelsen herausgemeißelt und ursprünglich bemalt, erreicht der Sphinx mit seinen gemauerten Tatzen eine Länge von 57 m und ist dabei 20 m hoch. Unklar an diesem Kolossalbild sind nach wie vor die Zeit seiner Entstehung sowie die ursprüngliche Bedeutung des Mischwesens. Im Gegensatz zur stets weiblichen Sphinx der griechischen Sage, deren Rätsel einst Ödipus löste, gilt der fast immer männliche Sphinx in Ägypten als symbolische Darstellung des Herrschers, wobei der Kopf dessen porträthafte Züge trägt. Aus Vergleichen mit Pharaonenbildnissen der 4. Dynastie ergaben sich für den großen Sphinx von Gize Identifikationen mit den Cheops-Söhnen Djedefre und Chephren, teils auch mit Cheops selbst, obgleich wir von ihm nur eine schlecht erhaltene Statuette kennen. Am häufigsten wird heute angenommen, daß der Sphinx zusammen mit der Pyramide Chephrens geschaffen wurde und auch diesen altägyptischen König darstellen soll. Es gibt aber gewichtige Gründe, die gegen diese letztlich nicht beweisbare Theorie sprechen. So ist die Richtung des Aufweges zur Chephren-Pyramide unter Berücksichtigung der Monumentalplastik festgelegt worden. Wäre zu dieser Zeit hier nur ein unbearbeiteter Steinbruchrest gewesen, so hätte man diesen sicherlich entfernt und beim Bau der Pyramide verwendet. Eine geweihte Statue aber konnte nicht einfach überbaut oder zerstört werden. Insgesamt plausibler erscheint daher die Überlegung, daß vielleicht Cheops' Sohn Djedefre als unmittelbarer Nachfolger auf dem Thron die Grabanlage seines Vaters mit einem Sphinx – möglicherweise als Wächter des Friedhofes, eher aber als Bild des mit dem Sonnengott vereinten toten Königs – versah. Die porträthaften Züge, die sich sowohl mit den Darstellungen des Chephren als auch des Djedefre verbinden lassen, fänden ihre Erklärung in dem gemeinsamen Vater beider Pharaonen. Doch bleibt dies ebenfalls nur eine Theorie.

Auch Richard Lepsius fragte sich: »Welchen König aber sollte unser Koloß darstellen?« Seine Überlegungen wurden dabei durch die räumlichen Bezüge bestimmt. »Er steht vor der zweiten Pyramide, der des Chephren, nicht genau in der Achse, doch parallel mit den Seiten des vor ihr liegenden Tempels, und so, als hätte der nördlich neben der Sphinx liegende Felshügel zu einem Gegenstück benutzt werden sollen. Auch sonst pflegen Sphinxe, Widder, Statuen, Obelisken immer paarweise vor den Tempeleingängen zu stehen.« Doch für ihn existierten ebenso Argumente gegen eine Identifizierung mit Chephren, so daß er eine Entscheidung der weiteren Forschung überließ: »Wer die unerschöpfliche Sandflut, die jenes Gräberfeld selbst wieder begräbt, wie einen See rein ablassen und die Basis der Sphinx, den alten Tempelaufweg und die umliegenden Hügel völlig freilegen könnte, der würde sich bald entscheiden dürfen.«

Einen Teil dieser gewaltigen Arbeit hat Lepsius selber vornehmen lassen. Nach mehrtägigen Ausgrabungen durch sechzig bis achtzig Arbeiter wurde die zwischen den aufgemauerten Tatzen des Löwen befindliche Granitstele, die auch im frühen 19. Jahrhundert vom Wüstensand befreit worden war, gefunden (Abb. 12). Auf dieser Stele berichtet Thutmosis IV. – er herrschte als Pharao der 18. Dynastie in der Zeit 1413–1403 v. u. Z. über das Land –, daß er als Prinz einst bei dem vom Wüstensand verwehten Sphinx nach Jagd und Spiel ausruhen wollte und dabei eingeschlafen war. Im Traum sei ihm der Sphinx erschienen und habe ihm versprochen, wenn er den Sand entferne, werde er König von Ober- und Unterägypten werden. Nachdem Thutmosis dies getan hatte, ging der Traum in Erfüllung; die Stele datiert aus seinem ersten Regierungsjahr. In ihr wird der Sphinx von Gize als Gott Harmachis, als der im Horizont befindliche Sonnengott Horus, bezeichnet. Diese Deutung des Sphinx datiert in ihren frühesten Belegen aus dem Beginn des Neuen Reiches (1551–1080 v. u. Z.). Später verehrte die einfache Bevölkerung in dem menschenköpfigen Mischwesen den eigentlich falkengestaltigen syrischen Gott Hauron – Zeichen dafür, daß das Wissen um den Sphinx längst verlorengegangen war, daß Deutungen gesucht und willkürlich gefunden wurden.

Inzwischen ist der den Sphinx und dessen Umgebung bedeckende Wüstensand entfernt worden. Nach Lepsius begann der französische Ägyptologe Auguste Mariette in den fünfziger Jahren des 19. Jahrhunderts mit diesen Arbeiten; abgeschlossen wurden sie – wenn man von den stets notwendigen Säuberungen absieht – Ende der dreißiger Jahre unseres Jahrhunderts durch den ägyptischen Archäologen Selim Hassan. Man fand dabei neben zahlreichen Einzelobjekten die Reste des Taltempels der Chephren-Pyramide, des Sphinx-Tempels sowie dreier weiterer Tempel (Abb. 13). Doch eine endgültige Klärung aller Fragen konnte bisher nicht erreicht werden.

14 Felsengräber im Osten des Pyramidenfeldes von Gize

Häuser der Ewigkeit

Das Pyramidenfeld von Gize war für Lepsius von besonderem Interesse, weil er hoffte, die 4. Dynastie (2600–2480 v. u. Z.) nach den dort vorhandenen Denkmälern rekonstruieren zu können. Daher hatten die Arbeiten am Sphinx für ihn nur zweitrangige Bedeutung. Wesentlicher erschien ihm die Zuordnung der vielen im Umfeld der Pyramiden gelegenen Privatgräber: »Auf der besten früheren Karte führen zwei Gräber, außer den Pyramiden, noch besondere Bezeichnungen ... Wir haben auf unserem genauen topographischen Plane der ganzen Nekropolis 45 Gräber angegeben, deren Inhaber mir aus ihren Inschriften bekannt geworden sind, und im ganzen habe ich 82 verzeichnet, die durch ihre Inschriften oder wegen andrer Eigentümlichkeiten bemerkenswert schienen. Davon gehören nur wenige in spätere Zeit; fast alle sind während oder kurz nach der Errichtung der großen Pyramide erbaut und bieten uns daher eine unschätzbare Reihe von Daten für die Kenntnis der ältesten bestimmbaren Zivilisation des Menschengeschlechts dar.« Die hier summarisch genannten Gräber – von Lepsius meist in die 4. Dynastie datiert – befinden sich als künstlich errichtete sogenannte Mastabas im Westen, Osten und Süden der Cheops-Pyramide. Hinzu kommen zahlreiche in die steilen Felswände des Pyramidenplateaus eingetiefte Gräber, die sich vor allem im Osten der Großen Pyramide befinden. Die seither angewachsenen Kenntnisse ermöglichen heute der Wissenschaft wesentlich genauere Datierungen, als sie von Lepsius vorgeschlagen werden konnten.

Neben der erwähnten topographischen Aufnahme einzelner Gräber, die Ausgangspunkt für weitere wissenschaftliche Forschung wurde, gibt es Zeichnungen des Pyramidenfeldes von Gize, die dessen äußeres Erscheinungsbild in der Mitte des 19. Jahrhunderts festhalten. Auf einer solchen Ansicht (Abb. 14) sind die Felsengräber Nr. 75–80 sowie andere Gräber aus späterer Zeit zu erkennen.

Nachdem die aus dem Alten Reich stammenden Grüfte beräumt, vermessen und in ihren Grundrissen aufgenommen waren, wurde auch die Dekoration im Innern auf verschiedenste Art dokumentiert. Teilweise wurden Gipse abgenommen, oft fertigte man – besonders bei Inschriften – Papierabklatsche an. Fast immer wurden Zeichnungen hergestellt, die den ägyptischen Stil genau wiedergeben. All das ermöglicht auch heute noch – unter anderem selbst bei inzwischen eingetretener Zerstörung oder Beschädigung –, die genauen Zeichenformen und den Wortlaut der Inschriften zu vergleichen beziehungsweise nachzuprüfen. Diese Inschriften sind eine wesentliche Quelle für unser Wissen von den politischen und gesellschaftlichen Verhältnissen im pharaonischen Ägypten. Im einzelnen geben sie exakte Auskunft über die soziale Stellung des jeweiligen Grabinhabers. Zusammen mit den Reliefs und Malereien enthalten sie Nachrichten über das tägliche Leben der Ägypter vor fünftausend Jahren, über ihre Arbeit, ihre Vergnügungen und ihre religiösen Vorstellungen.

Aus den Grabdekorationen, aber auch aus zahlreichen anderen Inschriften und Darstellungen weiß man unter anderem, daß der Ägypter an eine Fortsetzung des irdischen Lebens im Jenseits glaubte. Da sein Bild davon stark durch das Diesseits geprägt war, wurde für das Jenseits all das benötigt, was auch zu Lebzeiten Sicherheit und Wohlstand garantierte. So wurde das Grab zu einer Wohnstätte für die Ewigkeit, und da diese in keinem zeitlichen Verhältnis zum wirklichen Leben stand, scheute man weder Kraft noch Mittel für ein solches Bauwerk. Aber wie konnte man die tägliche Versorgung mit Speisen und Getränken sichern, und dies auch für eine Zeit, in der vielleicht alle nachgeborenen Familienmitglieder bereits verstorben waren? Da man von der magischen Wirkung einer jeden Darstellung überzeugt war, gewährleistete die Existenz der abgebildeten und beschriebenen Dinge deren Vorhandensein, standen diese magisch im Leben nach dem Tode jederzeit zur Verfügung. So sicherte sich dann ein Würdenträger durch Aufschreiben seiner Titel, daß er seine bevorzugte Stellung auch im Tode behielt und dadurch die zu Lebzeiten gewohnten Einkünfte bekam. Die großen Listen von Opfergaben garantierten also, daß der Verstorbene im Überfluß leben und Feste feiern konnte und keinen Hunger fürchten mußte.

Aus diesen Gründen waren die Reliefs, aber auch die Statuen in den Gräbern, die wir heute als Kunstwerke der alten Ägypter bewundern, für sie selbst niemals Gegenstand der ästhetischen Betrachtung. Sie waren nicht primär Ausdruck eines bestimmten künstlerischen Formwillens, sondern hatten einfach nur da und vor allem richtig zu sein, um die Vergänglichkeit des menschlichen Daseins zu überwinden.

Aus dieser Funktion der Abbildung resultiert auch die Besonderheit in der flächenhaften Darstellung aller Gegenstände, vornehmlich von Mensch und Tier. Sie hatten möglichst in ihrer Gesamtheit sichtbar zu sein, so daß man in der Blütezeit des Alten Reiches (3./4. Dynastie; etwa 2665–2480 v. u. Z.) Überschneidungen vermied und keine wirklichen Sehbilder wiedergab, sondern zusammengesetzte Idealansichten. Am deutlichsten wird das bei Darstellungen des menschlichen Körpers: Er ist stets im Profil gezeigt. Nur Auge und Schultern sind von vorn gesehen. So wurde das Wesentliche, in Komposition von Vorder- und Seitenansicht, voll erfaßt und vermittelt. Ferner ist der Mensch während dieser Entwicklungsperiode altägyptischer Gesellschaft fast ausnahmslos in der Blüte seines Lebens abgebildet. Allein in dieser schönen Form sollte er bleiben und dauern – ein Prinzip, das schon bald immer öfter durchbrochen wurde. Aber auch dann findet man nur selten Häßliches oder Verkrüppeltes; Schönheit und Kraft, Jugend und Sportlichkeit blieben Ideale für das ewige Leben im Jenseits. Daß ein Ideal- oder Gedankenbild gezeichnet wurde, erkennt man auch an den Größenverhältnissen. Diese haben nur indirekt etwas mit dem sozialen Rang der Dargestellten zu tun. Der Grabinhaber war es, auf den sich alles zu konzentrieren hatte. Auf ihn hin ordnete sich alles; er wurde wesentlich größer als die übrigen Personen wiedergegeben.

Als ein erstes Beispiel für das hier summarisch aufgezeigte Darstellungsprinzip sei das Grab Nr. 75 der Nekropole von Gize genannt, das einem Mann aus der Zeit der 5. oder 6. Dynastie (2480–2155 v. u. Z.) namens Anch-Chephren (»Chephren lebt«*) gehört. Der Grabeigentümer wird auf den Eingangsleibungen zweimal abgebildet, und obgleich es den Anschein hat, als seien unterschiedliche Personen gemeint, verraten die Inschriften die Identität. Sowohl über dem jugendlichen als auch über dem dickleibigen Mann mit

* Übersetzungen altägyptischer Personennamen werden nur dann gegeben, wenn sie eindeutig möglich sind.

15 Grabherr Anch-Chephren

Fellumhang und Galaschurz steht geschrieben: »Der Besitzer von Ehrwürdigkeit durch seinen Herrn, der Königsbekannte, der von seinem Herrn geliebt wurde und immer noch geliebt wird, der täglich tut, was sein Herr will: Anch-Chephren« (Abb. 15).

Durch diese schmückenden Beiworte werden die Treue des Grabinhabers zu seinem Herrn bei Lebzeiten und deren Belohnung durch Versorgung nach dem Tode ausgedrückt. Sie geben Hinweise auf seine Stellung zu einem nicht näher benannten Nachfolger des Chephren. Dank der Gunst dieses unbekannten Königs und auf Grund seiner priesterlichen Funktion in der Nekropole hatte Anch-Chephren sein Grab in unmittelbarer Nähe zur Pyramide anlegen lassen können. Daß Anch-Chephren zum Hofe gehörte und seine Einkünfte aus einer für uns merkwürdigen Institution bezog, die weiter unten beschrieben werden soll, zeigt sich auch in den amtlichen Titeln, die unter anderem in den Inschriften auf der Ostwand des eigentlichen Grabraumes erwähnt werden: »Freund des Großen Hauses (= Königshaus), Vorsteher der Priester der Chephren-Pyramide«.

16 Betrachten der Opfergaben durch Anch-Chephren und seinen Bruder

Diese Angaben befinden sich unmittelbar über dem auf einen Stock gelehnten Grabherrn, der in seiner Kleidung Besonderheiten erkennen läßt (Abb. 16). War er bereits am Eingang völlig untypisch als dickleibiger Mann im Pricsterornat dargestellt worden, so erscheint er hier mit einer seltenen Schurzform und einem über die linke Schulter gelegten, stolaartigen Tuch bekleidet. Obwohl die Bedeutung dieser Tracht im einzelnen unbekannt ist, hat man aus spärlichen Vergleichsstücken geschlossen, daß hier ebenfalls Bezug auf eine Priesterfunktion genommen wird.

Während auf den Eingangsreliefs vor dem jugendlichen Grabherrn, der mit Stab und Zepter nach links, scheinbar ins Freie hinaus, schreitet, zwei seiner Söhne, vor dem Beleibten ein weiterer Sohn und dahinter seine Tochter in kleinerem Maßstab dargestellt sind, steht auf dem Ostwandrelief in gleicher Größe hinter ihm sein Bruder Iteti. Die Inschrift »Sein Stiftungsbruder, der Freund des Großen Hauses: Iteti, Vorsteher der Priester der Chephren-Pyramide« verrät, daß er dem Anch-Chephren offensichtlich im Amt des Priester-Vorstehers gefolgt ist und von ihm spezielle Mittel erhalten hat, um den Totenkult an seinem Grabe aufrechtzuerhalten. Diese juristische Verbindung wird durch das Wort »Stiftungsbruder« ausgedrückt und ist wie folgt zu verstehen: Anch-Chephren hatte die Aufgabe, zusammen mit anderen Priestern für den König im Totentempel, der zum Pyramidenkomplex gehörte, Opfer darzubringen – bestehend aus Brot, Fleisch, Getränken, Geweben, verschiedenen Duftstoffen und anderem mehr – beziehungsweise den Vorgang zu beaufsichtigen. Das, was als Opfer erwünscht war, wurde in langen Listen in den Gräbern und oft auch auf den Särgen niedergeschrieben; es sind die sogenannten Opferlisten, die den Totendienst auch dann noch magisch sichern sollten, wenn der reale Vollzug bereits erloschen war. Die Dinge, die dargebracht wurden, waren Produkte von Wirtschaftseinheiten, die schriftlich verpflichtet worden waren, Abgaben für den Totenkult – in diesem Falle für den des Chephren – zu liefern. Dafür hatten sie aber keine anderen Abgaben an den Staat zu leisten. Sie sind in den Gräbern oft personifiziert als Männer und Frauen mit Körben voller Brot auf dem Kopf und Geflügel oder Wasserkrügen in den Händen dargestellt worden.

Die Opfer wurden zwar im Tempel oder im Grab niedergelegt, und der Ägypter glaubte, dadurch erneuere sich die Lebenskraft, der Ka, des Gottes oder des Toten. Doch wur-

17 Arbeiten auf der Totenstiftung des Anch-Chephren

den Brot und Bier und alles andere in Wirklichkeit ja nicht verzehrt, sondern entweder für weitere Opferungen genutzt – auch deren Abfolge war schriftlich genau festgelegt – oder fielen an den Totenpriester als Entgelt für seinen Dienst. Diese Einrichtung nennt man Umlaufopfer. Iteti erhielt also von seinem Bruder Anch-Chephren die Opfergaben zum Endverbrauch, die letzterer für seinen Totenkult bestimmt und zu Lebzeiten durch seinen Dienst beim König erworben hatte. Die Arbeiten, die der Herstellung der Opfer, häufig auch der Grabausrüstung, dienten, werden liebevoll und mit vielen Details auf den Grabreliefs wiedergegeben. In diesem Falle sehen die beiden Brüder im Schatten eines Schirmes, den ein Diener über sie hält, der Arbeit zu und lassen sich eine Abrechnung vorlegen. Sie enthält das Ergebnis der fleißigen Tätigkeit, die in den verschiedenen Registern abgebildet ist (Abb. 16, 17). Nur bedingt ist dabei eine zeitliche Abfolge beabsichtigt.

Das oberste Register ist erheblich beschädigt – vielleicht zeigt es Schiffe, die Dinge herbeischaffen, die in unmittelbarer Umgebung nicht hergestellt werden konnten. Die anderen Register enthalten zum Teil für die Zeit des Alten Reiches erstaunlich realistisch gestaltete Szenen. So drängen sich Esel auf einer Dreschtenne. Hier kommen Überschneidungen vor, doch das Ganze wirkt immer noch wohlgeordnet, tendiert aber zur räumlichen Tiefe: Die flächige Reihung wird bewußt neben die auf Räumlichkeit ausgehende Gestaltung gesetzt, was dem Relief eine innere Dynamik verleiht.

Das zweite Register beginnt mit dem Worfeln und Aufhäufen von Getreide vor der Stele der schlangengestaltigen Erntegöttin Renenutet, die ganz rechts gezeigt ist. Darunter ist die Mahd wiedergegeben: Mit der linken Hand faßt der Schnitter ein Kornbüschel und sichelt es mit der rechten unterhalb des Haltepunktes ab, wobei relativ hohe Stoppeln stehenbleiben. Die sich links anschließende Abrechnung vor Schreibern ist – ebenso wie im vierten Register, wo rechts bis zum sechsten Vogel- und Fischfang dargestellt sind – als eigenständiges Motiv zu verstehen. Die Schilderung des Fischfangs erhält eine besondere Lebendigkeit dadurch, daß zwei Register geschickt für das Geschehen über und unter Wasser ausgenutzt werden. Die Verbindung dieser beiden Ebenen wird indirekt bei der Abbildung der Viehzuchtergebnisse fortgesetzt; hier stehen über den Rindern, Ziegen, Eseln und Schafen jeweils noch Mengenangaben. Ganz ausnahmsweise ist der Grabherr ein weiteres Mal inmitten der handelnden Personen und zudem in gleicher Größe wie diese abgebildet. Er ist zu erkennen, da er dieselbe Tracht trägt und sich ebenso auf den Stock stützt wie vorn; selbst der Hund fehlt nicht. Es ist, als beobachtete er den trinkenden Schnitter. Im vierten Register ist der Vogelfang mit Hilfe des Klappnetzes dargestellt.

Die Szenen werden häufig von Beischriften begleitet, die Reden oder Rufe der Abgebildeten zum Inhalt haben. Mitunter bezeichnen sie aber auch nur deren Tätigkeit oder Titel. So geben die Hieroglyphen zwischen dem Trinkenden und dem hinter ihm stehenden Mann in der Szene mit dem Grabherrn sicherlich eine Rede dieses Mannes wieder, doch ist uns ihr Inhalt nicht mehr verständlich. Die Inschriften über den zahlreichen Personen, die im dritten und vierten Register als Leiter der Wirtschaftseinheiten vor den Schreibern Rede und Antwort stehen müssen, nennen deren Titel und Namen. Die Personen vor dem Brüderpaar sind die Söhne des Anch-Chephren. Der älteste, Weser-kaw-Chephren (»Stark sind die Lebenskräfte des Chephren«), verliest seinem Vater die Endabrechnung.

Es bleibt zu erwähnen, daß die verantwortlichen Wirtschaftsleiter die von ihnen geforderten Produkte vermutlich nicht immer vollständig ablieferten. Mancher wird versucht haben, einen Teil des Aufkommens für sich oder seine Gemeinde zurückzuhalten. Durch Mißernten schließlich konnten mitunter die Abgaben nicht dem Erwarteten entsprechen – so wohl ist die Rede des dritten Schreibers im vierten Register zu verstehen: »Rede und verheimliche nichts!« In solchen Fällen wurde zu recht drastischen Mitteln gegriffen, und dies nicht nur bei den Totenstiftungen, sondern in der ganzen staatlich geleiteten Wirtschaft. Der entsprechende Leiter erhielt eine Prügelstrafe, die sogenannte Bastonade, die auch prophylaktisch vor der Abrechnung verabreicht werden konnte. Im vierten Register ist eine derartige Züchtigungsszene im Anschluß an die Darstellung des Vogelfangs zu erkennen.

Vielfältig waren und sind die Verbindungen der Gegenwart oder der unmittelbaren Vergangenheit mit dem Erbe aus der Antike. Oft aber scheinen sie Vertretern aus anderen Kulturkreisen unverständlich. Dies gilt auch angesichts des sich in der Bastonade verdeutlichenden Rechtsempfindens jener Zeit. In der Folge von Ermittlungen wegen eines Überfalls auf das Expeditionslager erlebte Lepsius etwas Ähnliches im Frühjahr 1843: »Weder Konfrontationen noch Verhöre brachten, wie zu erwarten, eine Entscheidung. Die Strafe wurde daher summarisch vollzogen; einer nach dem andern wurde in den Stock gespannt, das Gesicht zur Erde, die Fußsohlen nach oben, und mit den langen aus Nilpferdhaut geschnittenen Peitschen, die sie Kurbatsch nennen, jämmerlich, oft bis zur Ohnmacht, geprügelt. Vergeblich wendete ich ein, daß ich durchaus keinen Grund sähe, gerade diese Personen zu bestrafen, und war noch mehr überrascht, als auch unser alter ehrwürdiger Freund, der Schech von Sakkara, für dessen Unschuld ich jede Bürgschaft übernommen hätte, herbeigeführt und gleich den andern in den Staub gelegt wurde.« Zwar konnte Lepsius in diesem Fall eine Verkürzung der Prügelstrafe erreichen, aber als die geraubten Gegenstände in ihrem Geldwert von den dem Handlungsort benachbarten Gemeinden ersetzt werden mußten, trug die Hauptlast wiederum Sakkara. »Sobald das Geld ausgezahlt war, ging ich zu unserm Schech von Sakkara, dessen unverdientes Mißgeschick mich ernstlich bekümmerte, und gab ihm öffentlich sein Geld zur Hälfte wieder, mit dem vertraulichen Versprechen, ihm später, wenn der Mudhir abgereist sein würde, auch die andre Hälfte wieder zu erstatten.« Und so wie Lepsius nicht den Sinn der ihm ungerecht erscheinenden Strafe verstehen konnte, so blieb dem Bestraften das Verhalten des Expeditionsleiters ein Rätsel!

Es ist bereits darauf hingewiesen worden, daß solche Reliefs, wie sie sich im Grabe des Anch-Chephren erhalten haben, die vielfältigsten Informationen über das tägliche Leben der unterschiedlichen sozialen Schichten im alten Ägypten geben. Sie finden sich in vielen Gräbern. Die Themenkreise Totenversorgung, Prozession der Totenstiftungen, landwirtschaftliche Szenen, Jagd in der Wüste, handwerkliche Szenen, Schiffahrt und andere werden jedoch alle auch schon früher, in den Reliefs der ältesten Gräber der 4. Dynastie, in knapper Form mit nur wenigen Personen gestaltet. Die Ausführlichkeit der Themenbehandlung unterscheidet sich dabei von Grab zu Grab und von einer Entwicklungszeit zur anderen stark. So nimmt man heute an, daß die sehr detaillierten Beschreibungen des Landlebens, die vielen unterschiedlichen Motive, die in diesen Szenen auftreten, von der 5. Dynastie (2480–2320 v. u. Z.) an eng mit der Verfestigung des Sonnenglaubens zusammenhängen. Diese Bilder schildern, ohne daß darauf in jedem Fall direkt Bezug genommen wird, die Wirkung der Sonne als Lebensspenderin. Dabei erscheinen nicht immer die gleichen Szenen in derselben Ausführlichkeit und an denselben Stellen. Man variiert die Themen je nach der Persönlichkeit des Grabinhabers. Daher findet man keinen Raum, der einem anderen in Form und Dekoration völlig gleicht.

18 Felsengräber am Aufweg zur Cheops-Pyramide

Die Reliefs im Grab des Anch-Chephren zeigten so Ernte und Fischfang und vor allem – seiner Stellung als Totenpriester des Chephren gemäß – die Abrechnung der Ergebnisse landwirtschaftlicher Tätigkeit in aller Breite. Dagegen ist in dem südlich des großen Steinaufweges zur Cheops-Pyramide liegenden Felsengrab des Ka-em-nofret (Abb. 18) nur die Szene des Pflügens detailliert dargestellt; das Motiv der Ernte wird allerdings indirekt verdeutlicht. Vor dem wie Anch-Chephren auf einen Stock gelehnten Grabherrn steht in einer senkrechten Inschriftenzeile, die vier Register zusammenfaßt: »Beschauen des Pflügens durch den Freund und Leiter des Palastes: Ka-em-nofret«. Hinter ihm sind Diener mit Wedel, Stab und Kleidersack abgebildet. Links von der Inschrift, also in Blickrichtung des Grabherrn, befindet sich die in vier Register unterteilte Darstellung. Dabei geben inhaltlich eigentlich nur das 3. und 4. Register jenes Motiv wieder, das durch die Hieroglyphen beschrieben wird. Im 3. Register entspricht die Beischrift der Abbildung – »Pflügen« und »den Pflug niederdrücken«. Darunter sieht man das Säen und das Eintreten der Saat durch eine Widderherde. Auch hier die Beischrift »Pflügen«. Die oberen beiden Bildstreifen passen nur bedingt zur »Überschrift«. Wiedergegeben sind dem Grabherrn zugewandte Schreiber und eine Eselsherde, die von ihm weggetrieben wird. Darunter erklärt die Inschrift »Aufhäufen einer Getreidemiete« die Tätigkeit zweier Arbeiter, denen eine dritte Person zuschaut. Hinter dieser werden von Eseln die Getreidegarben oder Korn in Säcken herbeigeschafft. Die ganz rechts stehende, dem Grabherrn zugewandte Person ist durch Beischrift als Schreiber gekennzeichnet. Die Abfolge der einzelnen Bilder von rechts nach links beziehungsweise die Bildstreifen von oben nach unten geben kein zeitliches Nacheinander wieder. Es wird alles versammelt, wovon man wünscht, daß es für den Toten auch im Jenseits geschehe (Abb. 19).

In einem Brief, den Lepsius im Expeditionslager bei den Pyramiden von Gize am 28. Januar 1843 schrieb, teilt er nach Berlin mit: »Für morgen abend habe ich zehn Kamele

19 Betrachten von landwirtschaftlicher Tätigkeit durch Ka-em-nofret

hierher bestellt, um übermorgen früh vor Tage mit unsrer schon ziemlich bedeutenden Sammlung von Originaldenkmälern und Gipsabgüssen nach Kairo aufzubrechen, wo wir sie bis zu unsrer Rückkehr aus dem Süden deponieren wollen. Dies wird der Anfang unseres Aufbruchs nach Sakkara sein.« Doch die so lange und ungeduldig erwartete Fortsetzung der Arbeiten in einer anderen Totenstadt verzögerte sich noch bis etwa Mitte Februar. Zu umfangreich war das zu verstauende gesammelte Material, zu kostbar waren die vielen Originale, die leicht durch übertriebene Eile hätten Schaden nehmen können. Zudem wurde die Zeit des Verladens genutzt, um weitere Studien in der Nekropole bei den Pyramiden zu machen. Neue Gräber wurden gefunden, mußten vermessen und in ihrem Dekor zeichnerisch aufgenommen werden.

Es sei nochmals an jenen Brief vom 2. Januar 1843 erinnert, in dem Lepsius über die zuvor von anderen durchgeführten Arbeiten im Gräberfeld berichtet: »Auf der besten früheren Karte führen zwei Gräber, außer den Pyramiden, noch besondere Bezeichnungen.« In genau drei Monaten sind von der Expedition in diesem Areal außer den Pyramiden und jenen zwei Gräbern insgesamt fünfundneunzig »Häuser der Ewigkeit« zum ersten Mal wissenschaftlich dokumentiert worden. Nach über einem Jahrhundert ist nun diese Zahl dank umfangreicher archäologischer Feldforschung erheblich angewachsen – weit über fünfhundert Mastabas, Felsengräber und Grabschächte sind entdeckt, aufgenommen, numeriert und publiziert worden. Mit ihren Inschriften und den teils hervorragenden bildlichen Darstellungen aus jener Welt vor fünftausend Jahren haben sie geholfen, die Kenntnisse über diese Zeit zu vervollständigen.

Zwar wird durch diesen Zahlenvergleich die außerordentliche Effektivität der von Lepsius geleiteten wissenschaftlichen Expedition ausreichend verdeutlicht, dennoch sei auch auf einen anderen Gesichtspunkt hingewiesen. Bereits in der Antike war Ägypten ein Land, dessen Kultur und Geschichte wissenschaftliches Interesse entgegengebracht wurde. Jedoch waren alle damals gewonnenen Erkenntnisse nicht nur nach und nach verschüttet, sondern zudem durch die phantastischsten Vorstellungen ersetzt worden. Die Entzifferung der Hieroglyphen durch den Franzosen Champollion war gerade zwanzig Jahre vor Entsendung der Lepsius-Expedition geglückt. Der Bahnbrecher archäologischer Feldforschung, Heinrich Schliemann, sollte erst ein Vierteljahrhundert später seine Grabungen beginnen. Aus diesen Zeitbezügen ergibt sich die wissenschaftshistorische Bedeutung der unter Leitung von Lepsius durchgeführten Arbeiten.

Die Sammlung einzigartiger Denkmäler und deren genehmigte Ausfuhr nach Berlin – immerhin waren damals in Ägypten bereits allen Privatreisenden, Antiquaren und selbst diplomatischen Personen Erwerb und Ausfuhr von Altertümern verboten – gaben seinerzeit Anlaß »zu manch mißgünstigem Urteil«; in der Folge wurden der Expedition sogar Schäden zur Last gelegt, die bereits dreitausend Jahre vorher angerichtet worden waren. »Namentlich hat man uns einen Zerstörungseifer zugeschrieben, der unter den angegebenen Umständen eine eigentümliche Barbarei bei unsrer Gesellschaft voraussetzen würde. Denn, da wir alle Monumente, welche größtenteils vorher ganz unsichtbar waren, nicht wie manche Rivalen in Eile, bei Nacht und mit bestochener Hilfe, sondern mit Muße und offener Unterstützung der Behörden sowie unter den Augen zahlreicher Reisenden ausgraben und wegschaffen ließen, so würde allerdings jede Rücksichtslosigkeit gegen die zurückbleibenden Denkmäler, deren Teil sie etwa bildeten, um so tadelnswerter gewesen sein, je leichter sie zu vermeiden war. Über den Wert der einzelnen Denkmäler durften wir uns aber wohl ein richtigeres Urteil zutrauen, als der größte Teil der gewöhnlichen Reisenden oder Sammler zu besitzen pflegt, und waren end-

20 Blick auf den Mastaba-Friedhof vom Eingang der Cheops-Pyramide aus

21 Ansichten und Schnittdarstellungen des Mer-ib-Grabes

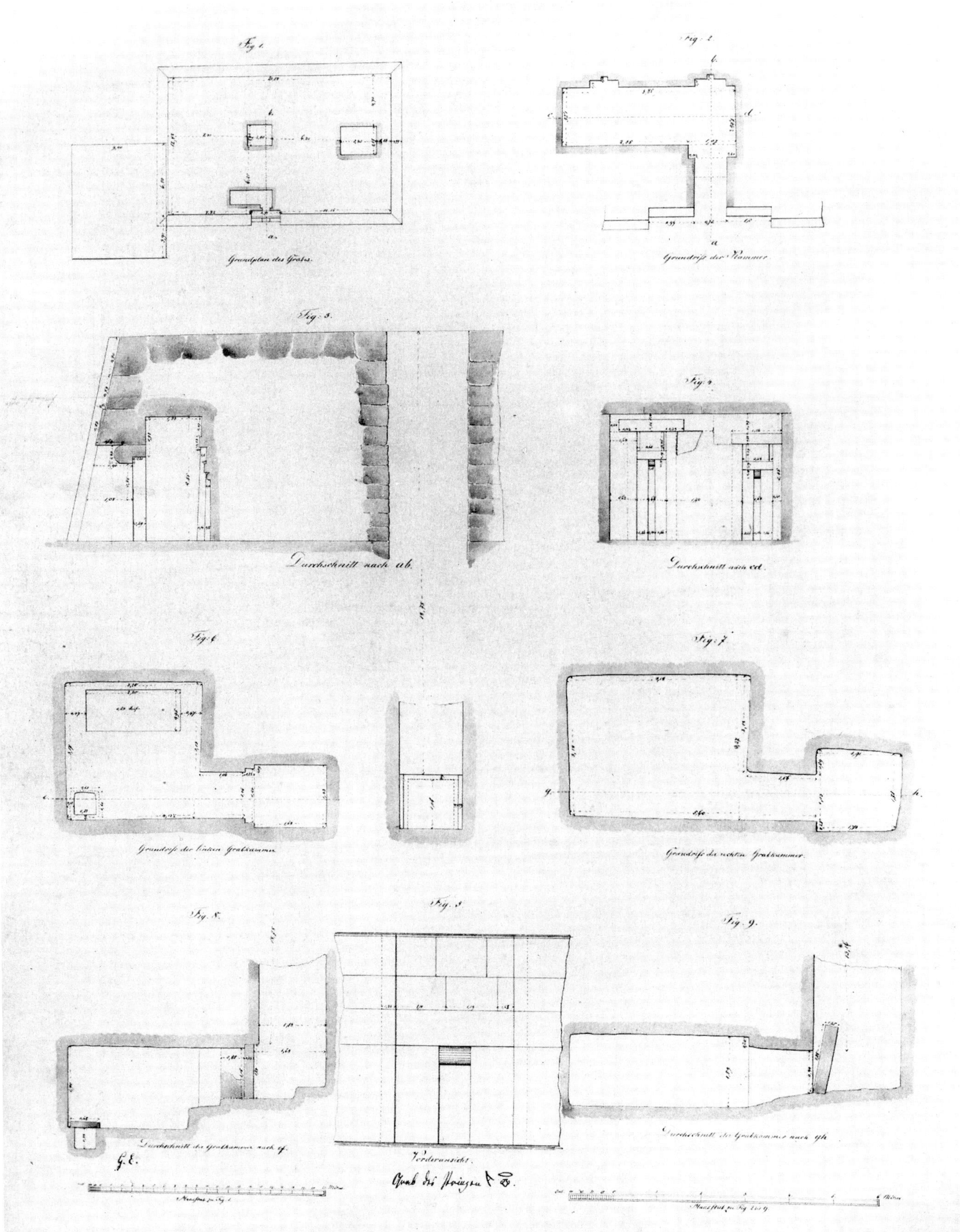

lich auch nicht in Gefahr, uns dieses durch persönlichen Eigennutz trüben zu lassen ...«

Ein derartiges Denkmal, das sich heute auf der Berliner Museumsinsel befindet und nach umfangreichen Restaurierungsarbeiten als Gipsabguß anläßlich des 100. Todestages von Lepsius wieder der Öffentlichkeit zugänglich gemacht werden konnte, ist die Grabkammer des Prinzen Mer-ib. Einst war sie Bestandteil der westlich der großen Pyramide befindlichen Mastaba, die inmitten des dortigen Mastaba-Friedhofs höchster Staatsbeamter der 4. und 5. Dynastie liegt (Abb. 20). Das aus Stein errichtete Grabgebäude selbst hat eine Länge von über 22 m und eine Breite von fast 15 m. Es erhebt sich noch heute in eine Höhe von mehr als 4,5 m; die Befürchtung von Lepsius, daß dieses Grab wie andere des Pyramidenfeldes zur Gewinnung billigen Baustoffs eines Tages zerstört werden würde, erwies sich – bei aller Berechtigung zu seiner Zeit – als unbegründet. In dem Körper sparten die Baumeister Hohlräume für die oberirdische, jederzeit frei zugängliche Kammer und für die beiden zu den unterirdischen Grabkammern führenden Schächte aus. Diese gehen vom Dach der Mastaba aus bis in eine Tiefe von fast 14 m beziehungsweise 19 m und waren ursprünglich durch Steinplatten verschlossen (Abb. 21). In den am Fuße der Schächte liegenden Grabkammern befanden sich einst Sarkophage samt den für Tote unerläßlichen Beigaben.

Leider war auch diese Anlage, wie die meisten anderen dort, schon im Altertum beraubt worden, so daß die Expedition nur noch Schädelreste des Grabherrn bergen konnte. Bedeutungsvoll jedoch ist sie durch die mit Inschriften und Darstellungen verzierten Wände der oberirdischen Kultkammer, die Lepsius sogleich von Johann Jacob Frey zeichnen ließ. Leider sollte sich der Wert dieser Wiedergaben, die die Farben der altägyptischen Grabkammer »ebenso frisch und vollständig« festhielten, bald erweisen. Als die Originalreliefs – mühevoll und mit großem Sicherheitsaufwand abgebaut – nach langer Schiffsreise in Berlin ankamen, waren die Farben verschwunden: »Das ungleiche Korn des Steines hatte veranlaßt, daß alle Darstellungen, ehe sie gemalt wurden, mit einer dünnen Lage Kalk zur Grundierung überzogen wurden; dieser Kalk hat sich durch den Transport und durch die feuchte Seeluft abgeblättert, so daß nur die rohe Skulptur übriggeblieben ist« (Abb. 22).

Die kolorierten Zeichnungen, die Frey seinerzeit unter schwierigen Lichtverhältnissen noch im Innern der Kultkammer angefertigt hatte, wurden somit zum einzigen Beleg der einstigen Schönheit. Nach diesen Vorlagen fertigte man dann später in Berlin die Lithographien, die jedoch nicht – wie man heute sieht – die Bemalung in ursprünglicher Frische treu wiedergeben. Geringe Farbreste auf einem kleinen Abklatsch sowie mikroskopische Spuren am Original – sie wurden von den Restauratoren der Staatlichen Museen bei der Rekonstruktion der Grabkammer berücksichtigt – weisen sogar darauf hin, daß selbst die Farbwerte der Zeichnungen nicht genau den Ton treffen. Jedoch bleibt zu berücksichtigen, daß bei den auf Papier aufgetragenen Farben im Verlaufe der letzten hundertvierzig Jahre Veränderungen in Leuchtkraft und Farbwert eingetreten sein können. Für die Betrachtung der Malereien unter wissenschaftlichem Aspekt sind allerdings diese Dinge ohne Bedeutung; wesentlich ist nur die Angabe der Grundfarbe, das heißt Grün muß als Grün, Rot als Rot und so weiter klar erkennbar sein. Unwesentlich sind die stets möglichen Nuancen. Daher tragen auch manche Bleistiftzeichnungen der

22 Archivfoto eines Grabkammerreliefs mit Darstellung des Mer-ib und seiner Mutter

23 Ursprünglicher Zustand des Grabkammerreliefs des Mer-ib

Expedition, die später im Druck herrlich koloriert erscheinen, lediglich mit Positionsangaben versehene Farbbezeichnungen. Ein derartiges Verfahren war möglich, da Farben im pharaonischen Ägypten im wesentlichen nur in ihren Grundwerten unterschieden wurden. Farben hatten zudem seit ältester Zeit einen Symbolwert, und zur Aussage eines wiedergegebenen Gegenstandes konnten auch noch Informationen auf Grund seiner Farbgestaltung gegeben werden. So ist Rot die Farbe des Gefährlichen, jedoch auch der Sieges- und Lebenskraft. Schon durch die Gegensätzlichkeit der Begriffsfelder werden die Schwierigkeiten bei einer Interpretation der Farbsymbolik sichtbar. Auch Hieroglyphen, stets Abbilder konkreter Gegenstände, verbinden mit ihrer Form naturgemäß eine bestimmte Farbe. Allerdings kann sie entsprechend der gewünschten Symbolik verändert werden. Ein Beispiel dafür findet sich in den Inschriften der von Lepsius 1842 entdeckten Kultkammer. In der Inschrift über der Darstellung des Grabherrn und einer Frau (Abb. 23) ist die Figur eines liegenden Schakals völlig schwarz ausgemalt. Dieses Tier gilt als heiliges Wesen des mit dem Totenkult aufs engste verknüpften Gottes Anubis und wird als Hieroglyphe – wie im vorliegenden Falle – auch im Sinne eines Ideogramms verwendet. Schwarz ist hierbei als Farbe der Unterwelt zu verstehen. Deshalb wird zum Beispiel auch Osiris, ein anderer Totengott, häufig »der Schwarze« genannt und in bildlichen Darstellungen in dieser Farbe gemalt.

Möglicherweise sollte die Schwarzfärbung des Schakals die Göttlichkeit des Tieres unterstreichen, da schwarze Caniden in der Natur äußerst selten sind. Jedoch werden hier schon frühzeitig beide Vorstellungen zusammengeflossen sein.

Die Zeichengruppe mit dem Bild des Anubis ist schwer zu deuten. Folgt man der Zeichnung, ergibt sie den Titel »Diener des Anubis«, der jedoch in dieser Zeit nicht noch einmal vorkommt. Eine Kontrolle am Original in Berlin ergab bald, daß der Zeichner die Form der länglichen Hieroglyphe nicht exakt erfaßt hat. Daran zeigt sich, daß – trotz des anerkannten Strebens nach höchster Genauigkeit – die zeichnerische Aufnahme der Reliefs und Malereien Fehler durch Interpretationen aufweisen kann. Das wußte man auch schon zur Zeit der Expedition und berücksichtigte es, indem man die wirklich treu kopierenden Papierabklatsche anfertigte. Gleichwohl haben Papierabklatsch, Zeichnung und der Vergleich mit dem Original nicht helfen können, diesen mit Anubis verbundenen Titel zu entschlüsseln. Sonst bereitet die Inschrift keine Schwierigkeiten: »Der leibliche Sohn des Königs, der Freund und Vorlesepriester, der ... des Anubis, der Große der Zehn von Oberägypten, der Königsbekannte, der Leiter des Palastes, der Siegler der Gottesschiffe ›Ba-netjeru‹ und ›Dua-taui‹, der Vorsteher des Heeres, der von seinem Herrn geliebt wurde und immer noch geliebt wird: Mer-ib.« Dieser Text beginnt mit der vierten senkrechten Zeile von links, also über der rechten Schulter des Grabherrn; er endet weiter rechts unmittelbar über dem Gesicht der Frau, die dem Toten folgt. Diese Frau, in der man unbefangen zunächst die Gemahlin des Bestatteten vermutet, ist entsprechend dem Schönheitsideal in ihrer Hautfarbe wesentlich heller und in gleicher jugendlicher Frische wie der Verstorbene dargestellt. Über ihr nennt eine Inschrift das familiäre Verhältnis zum Grabherrn: »Seine Mutter, die leibliche Königstochter, die Gottesdienerin der Neith, die nördlich der Mauer ist: Sedit«. Und obwohl der Verstorbene wahrscheinlich verheiratet war – der vor ihm stehende nackte Knabe legt das nahe –, findet sich im ganzen Grab kein Hinweis darauf, wie seine Ehefrau hieß. Sie bleibt unerwähnt. Immer wird nur seine Mutter, stets als leibliche Königstochter bezeichnet, in Bild und Text dargestellt.

Auf die vier vor dem Toten opfernden Personen bezieht sich der Rest der Inschrift. Die Hieroglyphen korrespondieren in ihrer Richtung mit dem Blickfeld der Opferpriester. Der Text beginnt in der dritten Zeile von links und endet am linken Bildrand: »Ein Opfer, das der König täglich gibt« zu den verschiedenen Totenopfer-Festen »und an allen Festen der Ewigkeit«. Was zu diesen Festen dargebracht werden soll, verraten die Gegenstände, die bei den Priestern abgebildet sind: Wasser, Gänse, Weihrauch und Leinen.

Auf der Nordseite der Kultkammer ist der Grabherr allein sitzend dargestellt. Die Schriftzeile vor ihm besagt, daß er die Listen des Opfermahles ansieht. Man erkennt Schreiber, die ihm derartige zusammengerollte Listen hinreichen (Abb. 24). Hinter einem von ihnen befindet sich auch ein entsprechender Aktenbehälter. Die auf zwei Grundlinien vor dem Toten sitzenden beziehungsweise stehenden Personen sind nicht hintereinander, sondern übereinander abgebildet. Es ist die Meinung geäußert worden, daß eine solche Anordnung räumlich aufzufassen sei. Danach stünden auch die Gabenbringer unter der Szene und jene zwei mit der Zerlegung eines Opferrindes beschäftigten Personen auf der rechten Seite des Verstorbenen. Schließlich würde dann der Hintergrund durch die oben dargestellten Opfergaben – Tische mit Früchten, Broten in Näpfen und ganz oben Fleisch, an einem Gestell hängend – gebildet werden.

24 Darbringung der Opfergaben für Mer-ib

25 Personifizierte Totenstiftungen vor Mer-ib (Ausschnitt)

Über dem ganzen Geschehen, wie bereits gewohnt, eine Inschrift. Auffallend ist der durch einen Königsring hervorgehobene Name des Pharao Cheops. Der Wortlaut dieser Bildlegende ähnelt stark dem Text auf der Südseite: »Der leibliche Sohn des Königs, der Freund und Gottessiegler der Flotte, der Vorsteher des Heeres, der Leiter des Palastes, der Große der Zehn von Oberägypten, der Königsbekannte, der ... des Anubis, der Vorsteher der Fischer, der Vorsteher aller Arbeiten des Königs, der Sprecher der Leute von Buto, der, der den Großen von Heliopolis sieht, der Priester des Cheops, der, der von seinem Herrn geliebt wurde und immer noch geliebt wird, der Balsamierungspriester des Anubis: Mer-ib«. Die Schrift beginnt hier rechts und endet am linken Bildrand; sie korrespondiert wiederum mit der Blickführung des Verstorbenen. Generell ist die Schriftrichtung hieroglyphischer Texte sehr leicht feststellbar – stets blicken die Lebewesen in Richtung des Textanfangs.

Auch die Inschriften zur Darstellung auf dem südlichen Teil der Ostseite (Abb. 25) bieten den nun schon gewohnten Wortlaut. Über dem von seiner Mutter begleiteten Grabherrn finden wir die bekannten Titel, ebenso über dem durch eine Bildzeile mit fünf Registern optisch von dieser Szene abgetrennten und mit Priesterornat bekleideten Verstorbenen. Ein neuer Textinhalt wird in den Beischriften zu den oberen drei Registern der mittleren Bildzeile ausgedrückt. Zwischen den Abbildern des Grabherrn befinden sich Gabenträger, jeweils mit Dorfnamen bezeichnet. Es handelt sich bei ihnen um die Personifizierung der zur Totenstiftung des Mer-ib gehörenden Güter. Diese Gemeinden führen Bezeichnungen wie »Die beiden Inseln des Cheops«, »Die Frische des Cheops«, »Fest an Sandalen ist Cheops«, »Die Lebenskräfte des Cheops« oder »Die Gründung des Cheops«. Insgesamt werden sechzehn Orte benannt, die Hälfte von ihnen weist den Namen des Pharao Cheops als Bestandteil auf. Diese Häufung muß auffallen und ist selbstverständlich auch von Lepsius, der seinerzeit den Namen des Toten statt Mer-ib noch Mer-het las, bemerkt worden. Er schlußfolgerte über die Herkunft des Grabinhabers: »... und da dieser ein Priester des Chufu [Cheops] war, einen seiner Söhne Chufu-mer-nuteru nannte und acht Dörfer besaß, deren Namen mit dem des Chufu zusammengesetzt sind, auch die Lage des Grabes an der Westseite der Pyramide des Chufu und der Stil der Darstellungen vollkommen dazu passen, so ist es mehr als wahrscheinlich, daß Merhet ein Sohn des Chufu war, wodurch die ganzen Darstellungen noch interessanter werden.«

Fast ein Jahrhundert lang teilten die Ägyptologen in aller Welt diese Ansicht; Mer-ib, der Inhaber der Mastaba, galt als Sohn des Königs Cheops, und sein Grabbau erlangte dadurch eine besondere Bedeutung. Doch die Ruhestätte eines Herrschers bildete im Alten Reich stets den Mittelpunkt der Nekropole. Hier stand die Pyramide, umgeben von den Mastabas, die den einzelnen Mitgliedern des Hofes gehörten. Konnte deren Lage zufällig und unabhängig von ihrer Stellung zum König bestimmt sein? Das war kaum anzunehmen. Den bevorzugtesten Platz nahmen die Grabmäler der Ehefrauen des Königs ein. Bei der Cheops-Pyramide finden sich deren Ruhestätten in Form dreier kleiner Pyramiden östlich davon (Abb. 26). Und noch weiter östlich schlossen sich, geordnet in regelmäßigen Straßenzügen, weitere Mastabas an. Hier brachten Grabungen den Nachweis, daß dieser Ostfriedhof den engeren Familienmitgliedern des toten Herrschers vorbehalten gewesen war. Warum aber war dann Mer-ib auf dem westlich der Pyramide gelegenen Friedhof als Königssohn inmitten sicherlich hochstehender, aber bei weitem nicht so nah mit dem Pharao verwandter Hofleute bestattet worden? Die ausschließlich auf philologische Argumente gestützte Zuweisung des Mer-ib zum engsten Familienkreis des Cheops war also nicht richtig. Intensive Forschungen im Ergebnis jahrelanger Grabungen der Akademie der Wissenschaften zu Wien auf dem Friedhof des Alten Reiches bei den Pyramiden von Gize führten zur Korrektur der Schlußfolgerungen von Lepsius. Doch derartige umfangreiche archäologische Untersuchungen waren zur Zeit der Expedition nicht möglich und auch nicht vorgesehen. Ihr Ziel war die Sichtung und Aufnahme des Vorhandenen; nur im bescheidenen Maße konnten Feldforschungen durchgeführt werden. Diese erfolgten aber fast stets an jenen Stellen, an denen später gegraben wurde und die für die sich gerade herausbildende Ägyptologie hohen wissenschaftlichen Wert gewinnen sollten.

Wäre Mer-ib ein Sohn des Erbauers der größten Pyramide gewesen, so ließe sich sein Grabbau zeitlich sicher ansetzen. Die Dekoration im Innern der Mastaba wurde daher als Fixpunkt zur Datierung anderer Gräber genutzt. Da aber die Lebenszeit des Mer-ib neu bestimmt werden konnte, ergaben sich zwangsläufig weitreichende Korrekturen.

In welcher Zeit aber lebte Mer-ib, warum konnte er »leiblicher Sohn« eines Königs und zudem von einer leiblichen Königstochter geboren sein? Die archäologischen Untersuchungen erbrachten, daß die Mastaba des Mer-ib in zwei Baustufen entstand. Der Kern der Anlage – aus kleinen, harten Kalksteinwürfeln errichtet – kann zweifelsfrei in die Zeit des Cheops datiert werden und ist in seinen ursprünglichen Abmessungen wesentlich kleiner gewesen, als der Bau heute erscheint. Die Anlage muß also, nachdem sie bereits fertiggestellt war, nochmals erweitert worden sein. Hierzu nahm man größere Kalksteinblöcke, die sich deutlich von dem anderen Material abheben. Zudem geben die Wandmalereien im Kultraum der Mastaba stets, wenn nicht der Verstorbene allein dargestellt ist, nur die Mutter des Mer-ib, niemals aber seine Ehefrau wieder. Es ist daher wohl folgerichtig, wenn man annimmt, daß der ursprüngliche Grabbau eben dieser Frau gehörte. Deren Sohn erweiterte später die Anlage, die ja schließlich an einem höchst bedeutungsvollen Platz lag, und nutzte sie für sich selbst. Bewiesen werden kann diese Hypothese allerdings auch nicht. Die menschlichen Überreste aus dem Grab sind nach den Beschreibungen von Lepsius nicht bestimmbar; zudem sind sie heute verschollen. Im Ergebnis der österreichischen Grabungen konnte ferner festgestellt werden, daß zur Verkleidung und Ausgestaltung der umgebauten Mastaba ein anderer Kalkstein Verwendung fand, als er beim Bau des Residenzfriedhofes zur Zeit der 4. Dynastie üblich war. Außerdem wissen wir heute, daß die Bezeichnung »leiblicher Sohn des Königs« nicht immer Ausdruck einer direkten leiblichen Abstammung vom Herrscher sein mußte, sondern gleichfalls als Ehrentitel verwendet werden konnte. Es ist daher auch fraglich, ob die Mutter von Mer-ib tatsächlich eine leibliche Tochter des Königs war. Am ehesten könnte man – setzt man alle Fakten zusammen – an eine Enkeltochter des Cheops denken. Damit wird die von Mer-ib ausgebaute Mastaba auf den Beginn der 5. Dynastie (etwa 2480 v. u. Z.) datiert, was in Übereinstimmung mit vielen technischen und künstlerischen Details steht.

Die Arbeiten der Expedition im Grabe des Mer-ib begannen im Dezember 1842 und dauerten – schließt man die Bemühungen um eine Sicherung der Kultkammer für einen späteren Abtransport nach Berlin ein – bis zum Ende des folgenden Monats. Dies ist die Zeit, da in Nordägypten die drückende Hitze (über 40 °C) durch milde Sommertemperaturen unserer Breiten bei Tag und durch empfindlich kalte Nächte abgelöst wird. In dieser Witterungsperiode kann der fast stets wolkenlose Himmel sich beziehen und das sonst kräftige Sonnenlicht fast zum Erlöschen kommen, so daß das Wetter zum Gesprächsstoff wird. Auch Lepsius weiß

26 Die Grabmäler der Ehefrauen des Cheops

darüber zu berichten: »Der ägyptische Winter ist nicht immer so frühlingsartig, wie man sich in Europa zuweilen vorstellt. Um Sonnenaufgang, wenn Alles zur Arbeit eilt, haben wir schon +5°R. [6/7°C] gehabt, so daß die Zeichner ihre Finger kaum gebrauchen konnten.«

An einem Tag in diesem Dezember 1842 zog, während Lepsius die verschiedenen Arbeitsplätze im Gräberfeld von Gize überprüfte, eine große schwarze Wolke auf. Da dies ein sicheres Anzeichen für aufkommenden Sturm war, kehrte er ins Lager zurück und ließ dort sofort die Expeditionszelte nachspannen. Bald darauf setzte das Unwetter mit starkem Wind und Regen ein; die Einheimischen erschraken und flüchteten in ein nahegelegenes Felsengrab. »Plötzlich wurde der Sturm zu einem wahren Orkane, wie ich ihn in Europa nie erlebt habe, und ein Hagelwetter stürzte auf uns, das den Tag fast zur Nacht machte. Ich hatte die größte Mühe, unsre Araber aus der Grotte zu jagen, um unsre Sachen nach den Felsgräbern ins Trockene zu bringen ... Unsere Zelte liegen, gegen die schlimmsten Winde von Norden und Westen geschützt, in einer Talschlucht, nach welcher das Plateau der Pyramiden abfällt. Von dort sah ich plötzlich einen reißenden Bergstrom auf unsre schon halb zerstörten und in den Sand gestampften Lagerstätten wie eine Riesenschlange auf ihre sichere Beute herabstürzen ... Nun denken Sie sich lebhaft diese Szene! Vom Sturm und Schloßenwetter unsre Zelte niedergeschmettert zwischen reißenden Bergströmen, die sich sogleich an mehreren Stellen bis an sechs Fuß tief in den Sandboden einwühlten und unsre Bücher, Zeichnungen, Skizzen, Wäsche, Instrumente aller Art, sogar unsre Hebebäume und eisernen Brechstangen, kurz alles, was sie erfaßten, in den trüben, schaumbedeckten Schlammsee hinabrissen. Dazu wir selbst mit triefenden Kleidern, ohne Hüte, unsre schwereren Sachen befestigend, den leichteren nachjagend, in Strom und See bis an den Leib hineinwatend, um herauszufischen, was der Sand noch nicht verschlungen hatte, und alles dies das Werk einer Viertelstunde, nach deren Verlauf sogleich wieder die Sonne schien und durch einen prächtigen glänzenden Regenbogen das Ende dieser Flutszene verkündigte.«

27 Blick nach Memphis von Sakkara aus

Auf dem Weg nach Süden

UNWEIT VON KAIRO, in einer Entfernung von etwa 20 km Luftlinie, liegt inmitten des fruchtbaren Niltales eine der ältesten Hauptstädte der Welt. In ihrer Gründung geht sie – folgt man den Angaben des griechischen Historikers Herodot – auf die Errichtung einer Festung unter dem legendären Reichseiniger und ersten Pharao von Ober- und Unterägypten, dem König Menes, zurück. Doch von der ruhmvollen Vergangenheit, von den prächtigen Bauten, in denen die Herrscher residierten, ist wenig erhalten geblieben. Es wird angenommen, daß die Könige des Alten Reiches in Bauten aus leicht vergänglichem Material in der Nähe ihrer Begräbnisplätze wohnten. Der uns heute geläufige Name dieser Stadt entstand aus dem Pyramidennamen »Men-nefer-Pepj« – »Es bleibt die Schönheit des Phiops«. Er wurde später verkürzt und im Munde der Griechen zu Memphis. Die Schönheit des Phiops, der als König der 6. Dynastie 2298–2258 v. u. Z. hier regierte, ist vergangen. Auch die Schönheit der Stadt wurde von Erde überdeckt, auf der inzwischen Palmenwälder gewachsen sind (Abb. 27). Geblieben und einstige Macht und Reichtum der hier Regierenden verkündend ist das für die Ewigkeit Erbaute: die Nekropole von Sakkara.

Blickt man aus der Ebene des Niltales zu dieser Totenstadt, so scheinen hier keine so kolossalen Bauten wie in Gize das Panorama zu bestimmen. Hohe Felswände, an die sich mächtige abgeschrägte Sandverwehungen anlehnen, dominieren (Abb. 28). Auf der Höhe des Plateaus zeichnen sich Grabstätten ab, scheinbar ungeordnet, unzählbar.

28 Gräberfeld von Sakkara

29 Pyramidenreste von Abu-Roasch

Nicht jahrhunderte-, jahrtausendelang wurden hier die Toten der Stadt der Ewigkeit übergeben. Nähert man sich auf der schmalen, heute asphaltierten und daher von der Fruchtlandgrenze an deutlich sich markierenden Straße diesem Plateau, so verschwinden die Häuser der Ewigkeit, und die Zahl kleiner und kleinster Löcher in der Felswand nimmt erheblich zu: Felsengräber über Felsengräber. Man ist hier an dem Ort, wo nicht nur der Erfinder der Pyramide bis heute unentdeckt seine letzte Ruhe gefunden hat, sondern wo sich auch die von ihm konstruierte Pyramide weithin erkennbar erhebt. Ob von Gize oder sogar nördlich davon, dort, wo beim Dorfe Abu Roasch die nördlichsten Pyramiden des Alten Reiches in ihren Basislagen noch stehen (Abb. 29), oder ob vom südlich Sakkara gelegenen Dahschur – stets ist dieser wohl älteste Monumentalbau der Welt nicht nur zu sehen, sondern auf Grund seiner Bauweise auch deutlich von den vielen anderen Pyramiden zu unterscheiden.

Um vom Pyramidenfeld bei Gize zur Nekropole von Sakkara zu gelangen, benutzte die Expedition den unbefestigten Weg durch die Wüste. Zweifellos reizvoller ist es, durch das Niltal nach Süden zu fahren. Hier bieten Palmenwälder erfrischenden Schatten, der Blick kann über den ruhig dahinfließenden Nil gleiten, und zudem sieht man in nicht zu weiter Ferne auch das Libysche Wüstenplateau, wo die Kette der Pyramiden nicht abzureißen scheint. Doch die Expedition hatte sich die Aufgabe gestellt, in der bei den Pyramiden von Gize erprobten Weise auch all jene größeren und kleineren Nekropolen aufzunehmen, die sich südwärts anschlossen. So gelangte sie über Zawyet el Aryan, ein Gräberfeld, das sich etwa 5 km südlich von Gize befindet und von den Resten zweier Pyramiden bestimmt wird – eine davon, unvollendet und keinem Pharao bisher zuzuordnen, war nach ihren Kantenlängen von fast 200 m beinahe mit gleicher Höhe projektiert wie die Chephren-Pyramide –, zum königlichen Friedhof bei Abusir.

Hier wurden keinerlei archäologische Untersuchungen durch Lepsius vorgenommen. Man beschränkte sich auf eine meßtechnische Aufnahme der sichtbaren Baureste mehrerer Pyramiden, die in ihrer äußeren Gestalt wenig ansprechend sind (Abb. 31). Baedekers Reiseführer schreibt 1897: »Eine nähere Besichtigung lohnt nicht. Ihr weniger sorgfältig gefügtes Gemäuer hat stark gelitten, und dichter Sand bedeckt ihren Fuß. Könige der V. Dynastie haben sie errichtet. Die Eingänge befinden sich an der Nordseite. Die Innenräume sind fast gänzlich zerstört.« Erst rund sechzig Jahre nach Lepsius sollte der deutsche Ägyptologe Ludwig

30 Blick auf die Pyramiden von Abusir

Borchardt hier den Spaten ansetzen. Fotos aus dieser Zeit verdeutlichen die einstige Monumentalität der Bauten (Abb. 32) und die Arbeitsweise nicht nur dieser Expedition (Abb. 30). Auch Lepsius' einheimische Grabungshelfer verrichteten so ihr Werk, und selbst die eigentlichen Erbauer mußten vor rund fünftausend Jahren derartiges allein mit Menschenkraft vollbringen.

Noch heute wird in Abusir gegraben, und dies mit großem Erfolg. Nachdem hier 1976 eine bislang völlig unbekannte und vom Sand total verdeckte Königinnenpyramide in ihren Basislagen gefunden werden konnte, wurde 1982 das Archiv der Pyramidenanlage des Ra-neferef entdeckt, der in der 5. Dynastie regierte. Auf diesen bisher ältesten beschrifteten Papyri finden sich umfangreiche Informationen zum Totenkult des Herrschers. Schon eine Grabungskampagne früher konnte die hier arbeitende tschechoslowakische Expedition im Totentempel der Königin Chentkaues etwa zweihundert Papyrusfragmente aus gleicher Zeit sicherstellen, und Borchardt hatte im Totentempel des Königs Nefer-ir-ka-Re Aktenmaterial aus dem Ende der 5. Dynastie bis hin zum letzten Pharao der 6. Dynastie geborgen. So wurde Abusir auf Grund seiner Papyrusfunde zu einem Platz, der von gleicher Bedeutung für die Ägyptologie ist wie Gize oder Sakkara.

Rund einen Kilometer südöstlich der Pyramiden von Abusir, direkt an der Grenze zum Gräberfeld von Sakkara, begann die Expedition unter Richard Lepsius wieder mit zeitaufwendigen näheren Untersuchungen. Hier befreite sie die aus Stein erbaute Mastaba des Fetekta vom Sand. Fetek-

31 Erbkams Plan des Gräberfeldes von Sakkara und Abusir (Ausschnitt)

32 Totentempel des Königs Sahure bei Abusir

ta war in der Mitte der 5. beziehungsweise zu Anfang der 6. Dynastie als Wirtschaftsleiter in der Residenz tätig gewesen. Zwar fanden sich an dieser Stelle weder Papyri noch prunkvolle Grabbeigaben – schon in altägyptischer Zeit muß das Grab total beraubt worden sein –, dafür aber herrliche Wanddekorationen, die angesichts später entdeckter und besser erhaltener Gräber zu Unrecht in Vergessenheit geraten sind. Obgleich die Ruhestätte des Fetekta in Größe und Dekoration wesentlich bescheidener als diese gestaltet ist, dokumentiert auch sie die seit der Mitte der 5. Dynastie feststellbare Ausweitung des Themenkreises bei der Ausgestaltung. Im Vergleich zu Gize (Abb. 21) wird die Konstruktion der Kultkammer durch Pfeiler bestimmt, die die Decke abstützen. Auch sie sind in die Dekoration einbezogen. Während auf der Ostseite des Pfeilers die Jagd auf Rinder, Ziegen und Gemsen in der Wüste dargestellt ist, erkennt man auf der stark beschädigten Nordseite unter einer Szene, in der ein Rind auf dem Rücken liegend gefesselt wird, Hyänen (Abb. 33). Diese Tiere wurden in Ägypten seit frühester Zeit gefangen und zur Jagd abgerichtet. Außerdem aber mästete und schlachtete man sie auch.

Beim Betrachten der Marktszenen auf der West- und Südwand des Pfeilers meint man das lärmende Geschehen fast körperlich zu spüren. Die Beischriften nennen die Produkte, die gehandelt werden. Auf der Südwand ruft der sitzende Mann, der in der Rechten einen Kuchen anbietet, seinem Tauschpartner zu: »Siehe den süßen Kuchen!« Ihm wird geantwortet: »Siehe die festen Sandalen!« Von der Kette allerdings, die beide Personen mit der linken Hand festhalten, findet sich kein Wort. In der darunter befindlichen Szene preist mit ähnlichen Worten die rechts stehende Figur einen Wedel an. Gehandelt werden Ketten aus blauen und roten Gliedern gegen einen Korb Zwiebeln.

Um die Art des Handels im Innern des Landes richtig werten zu können, muß man berücksichtigen, daß die Menschen als Lohn Lebensmittel erhielten. Sie arbeiteten zum großen Teil auf den Ländereien des Staates oder der Tempelgüter oder in deren Auftrag. Objekte des Austausches waren daher nicht die notwendigen Lebensmittel, sondern Dinge, die man in gewisser Weise als Luxusgegenstände bezeichnen kann. Dazu gehörten auch verschiedenste Gemüse, die wohl in kleinen Gärten bei den Wohnhäusern angebaut wurden, sowie Süßigkeiten, Produkte des privaten Handwerks und Kosmetika. So werden zwei mit Salben gefüllte Töpfchen hier von einer Frau mit der Bemerkung »Entgelt, damit du zufrieden bist!« einem sitzenden Mann gereicht. Dieser hält in beiden Händen ein schlankes, hohes Gefäß zur Aufbewahrung von Salbölen unterschiedlichster Art. Daneben ist der Fischhandel dargestellt. Die stehende Frau trägt auf ihrer Schulter einen kleinen Gitterkasten, wohl ihre »Einkaufstasche«. Der feilgebotene Fisch wird flink ausgenommen. Fische waren und sind auch heute noch in Ägypten ein beliebtes Nahrungsmittel. Aus zahlreichen Reliefs und Wandmalereien ist die Fangtechnik überliefert. Früher, in der vorgeschichtlichen Ära, hatte man Speere benutzt, und die hierfür notwendige Fertigkeit erhielt sich dann über lange Zeit als Sport. Neben dem Fischen mit Netzen und Reusen hat man auch geangelt; die Haken werden in der Szene darunter feilgeboten.

Durch solche Bilder weiß man, daß in dieser Zeit auf dem Markt Ware gegen Ware getauscht wurde. Geld in unserem Sinne kam erst mit den Persern und Griechen ins Land. Die ägyptische Kultur entwickelte nur Frühformen in der Art gestempelter Metallstücke. Diese Stempelungen enthielten Herkunfts- und Gewichtsangaben und sind seit etwa 1000 v. u. Z. nachweisbar. Früher galten Getreide sowie Gold, Silber oder Kupfer – natürlich ungestempelt – als Wertmesser. Das Verhältnis von Getreide- und Metallwert konnte dabei nach den jeweiligen Ernteergebnissen stark schwanken. Die Metalle – in Form von Ringen oder Barren – standen untereinander stets in einem bestimmten Verhältnis, das weniger Schwankungen ausgesetzt war.

Die Malereien auf dem Halbpfeiler an der Nordwand der Kultkammer zeigen, wie damals Wein gekeltert wurde. In diesem Falle kann man einen Handlungsablauf von oben nach unten verfolgen. Nachdem die reifen Trauben gelesen waren, wurden sie in gemauerten Wannen ausgetreten. Die Arbeiter konnten sich darüber an einem Holzgestell festhalten. Der Rebensaft gelangte durch einen Abfluß in Gärbottiche. Bevor man diese aber mit großen, durchlöcherten Nilschlammsiegeln verschloß, wurde das verbliebene Fruchtfleisch noch einmal in Wringsäcken ausgepreßt und der so gewonnene Saft dem anderen hinzugefügt. Unter Zuhilfenahme von Stöcken mühen sich mehrere Personen ab. Sobald die Gärung abgeschlossen und die dabei entstandenen Gase vollständig durch die Löcher im Siegel entwichen waren, wurde der Wein, dieses vornehmste Getränk der alten Ägypter, in kleinere Krüge abgefüllt. Wiederum mußte man dann versiegeln. Dies geschah unter Angabe des Jahrgangs, der Herkunft der Trauben und des für das Keltern verantwortlichen Beamten. Auf dem unteren Register ist dieser Vorgang links dargestellt und mit der Beischrift »Siegeln des Grabkapellen-Weines für das Schatzhaus« versehen. Danach erst wurde das Produkt zu seinem Verbraucher, hier dem Grabherrn, transportiert. Auch das wird durch Inschriften deutlich ausgewiesen: »Bringen des Weines ...«.

In einem Land mit derart hohen Durchschnittstemperaturen ist naturgemäß der Flüssigkeitsbedarf groß. Geht man heute durch eine ägyptische Stadt, so fallen einem die vielen Wasserkrüge auf, die am Straßenrand stehen. Sie sind aus Nilschlamm so gebrannt worden, daß immer ein Teil des Inhalts durch die Wandung nach außen dringen kann. Dank diesem Prinzip wird die Flüssigkeit im Innern durch die Verdunstung abgekühlt, und es ist ein wahrer Genuß, das so temperierte Wasser zu trinken. Sicherlich wird man dies auch im Altertum nicht anders empfunden haben, obwohl Nachrichten über Wasser zum Verzehr nur spärlich sind. Als Nationalgetränk der alten Ägypter ist das Bier überliefert. Es wurde schon in vorgeschichtlicher Zeit am Nil gebraut. Dazu zerkleinerte man Getreide und feuchtete es an.

33 Pfeilerdekoration im Grab des Fetekta

Dann wurde die Masse in kleinen Stücken angebacken, um sie, mit Wasser versetzt, ähnlich den Trauben in Bottichen zu zertreten. Nach der Gärung wurde der Brei über einem Sieb durchgeknetet, und das fertige Bier floß ab. Hinweise auf den Versatz des Gebräus mit haltbarkeitsfördernden Stoffen fehlen, wohl aber konnte zur Gärung Dattelschrot hinzugegeben werden. Dadurch wurde das Bier süßer und stärker. Über den Alkoholgehalt von Bier und Wein sind verständlicherweise keine genauen Angaben bekannt. Da aber in altägyptischen Texten Warnungen vor übermäßigem Biergenuß ausgesprochen werden, war man sich der berauschenden Wirkung offenbar durchaus bewußt. Allerdings wäre es falsch, aus den Totenwünschen nach tausend Krügen Bier oder Wein auf übermäßigen Alkoholgenuß zu Lebzeiten des Grabinhabers zu schließen. Diese Angaben waren rein fiktiv und rituell begründet, wie man unschwer daran erkennen kann, daß andere Opfergaben in gleichhohen Mengen erbeten werden.

Neben Wasser, Bier und dem edlen Wein gab es noch verschiedene andere Getränke. In erster Linie muß der süße

34 Rinderhaltung im Alten Reich; Wandmalerei aus dem Grab des Fetekta

Dattelwein genannt werden. Auch aus den Früchten des Johannisbrotbaumes oder aus Mohn stellte man mehr oder minder berauschende Gebräue her. Außerdem trank man Milch; auf der Nordseite der Kultkammer des Fetekta ist das Melken einer Kuh – ihre Hinterbeine sind zur Sicherheit gefesselt – abgebildet (Abb. 34). Links anschließend findet sich eine Szene, in der man die Praxis altägyptischer Geburtshilfe bei Rindern erkennt. Viehzucht, insbesondere die Rinderzucht, wurde in Ägypten seit altersher betrieben. Hierfür gab es den Berufsstand der Hirten, die durch eine besondere Haar- und Barttracht in den Wandmalereien auffallen. Unterhalb der Melkszene weiden drei Kälber. Während die zwei im oberen Register mittels Fußfesseln am Boden festgepflockt sind, ist das dritte zum »Trinken« geführt worden, wie die Inschrift erklärt. Daneben bemühen sich gleichzeitig zwei Hirten um eine Kuh; die Inschrift besagt, daß sie von den Männern – der eine mit dem Treiberstock, der andere mit einem um die Hörner gelegten Seil – zurückgehalten werden soll. Warum und weshalb ist unklar; vielleicht war man bestrebt, die Kälber von einem bestimmten Alter an zur Verbesserung der Milchausbeute vom Muttertier zu trennen.

Wie schon bei Anch-Chephren ist auch bei Fetekta in der Kultkammer die Schiffahrt abgebildet, allerdings ist hier wesentlich mehr erhalten (Abb. 35). Deutlich werden die einzelnen Bootstypen unterschieden, aber auch die Gewässer. Während beladene Papyrusboote, durch lange Stechpaddel vorangetrieben, sich auf einem reich mit Wasserpflanzen bewachsenen Kanal in unterschiedliche Richtungen bewegen, ist darunter das Segeln auf dem Nil dargestellt. An Bord des linken Schiffes, wo unter einem Baldachin der Grabherr Fetekta auf einen Stab gestützt dem Trei-

35 Schiffahrtsszene aus dem Grab des Fetekta

ben an Bord zuschaut, ruft der am Bug stehende Mann den Steuerleuten zu: »Nach Backbord halten!«

Klar erkennbar sind die Unterschiede in den Schiffskonstruktionen beider Register. Während die Boote auf dem Kanal aus Papyrus gefertigt wurden, sind die großen Segler aus Holz gebaut. Thor Heyerdahls »Ra« wäre in diesem Konvoi merkwürdig aufgefallen: Zu dynastischer Zeit stellte man große Schiffe stets aus Holz her, nicht aus Papyrus. Allerdings stieß man bei ihrem Bau naturgemäß auf Schwierigkeiten, da dafür brauchbares Material in Ägypten nicht wuchs. Nur aus dem Libanon eingeführtes Holz konnte verwendet werden, um lange Planken oder Kiele aus einem Stück herzustellen. Daher verband man vielfach kleine und kleinste Bretter und Bohlen kunstvoll mit Holzzapfen und Seilen, wie es auch bei der Sonnenbarke des Cheops zu sehen war (vergleiche Abb. 8, 9). Sofern die quellenden Materialien dennoch Wasser durch die Wandung dringen ließen, wurden die Stellen mit Harz abgedichtet.

Bei den Schiffen, auf denen der Grabherr allein beziehungsweise mit seiner Ehefrau steht, handelt es sich um seetüchtige Fahrzeuge, wie die Tauverspannung vom Bug zum Heck bezeugt. Erkennbar ist auch, daß sie sich gleichermaßen durch Segel wie durch Ruder fortbewegen ließen. Die Segel hingen an einer waagerecht angebrachten Rahe und waren unten an der Bordwand nochmals befestigt. Um die Segelfläche in die jeweilige Windrichtung zu bringen, befand sich auf dem Dach der Kajüte eine Person. Durch Seilzug konnte sie die Stellung der Rahe verändern. Zum Steuern dienten seitlich am Heck gezurrte lange Stechruder, die – wie im vorliegenden Fall – von zwei Männern betätigt wurden. Flußaufwärts, also gegen die Strömung, wurde unter Ausnutzung des stets recht kräftigen Nordwindes gesegelt.

In Richtung Meer wurde der Mast umgelegt, und man ruderte oder ließ sich einfach von der Strömung des Flusses treiben. Die ständige Neubildung von Sandbänken im Nil zwang zum häufigen Loten der Wassertiefe; diese Aufgabe übernahm der am Bug stehende Mann, der gleichzeitig über den richtigen Kurs wachte. Wie alle Bereiche des gesellschaftlichen Lebens in Ägypten war auch die Schiffahrt auf dem Nil genauen Regelungen unterworfen. Der Verkehr wurde sorgsam kontrolliert; später mußte man auf den Schiffen sogar Bordbücher führen. Jene Inschrift ganz rechts über dem kleinen Boot, das offensichtlich von dem Segler davor gezogen wird, hat aber hierzu keinen Bezug: »Kommen im Stromauffahren nach dem Papyrusraufen für die gute Hathor, die Herrin der Sykomore«. Diese Angabe steht im Zusammenhang mit einer Ritualhandlung für die Göttin Hathor, zu der der Grabherr zu Lebzeiten feierlich ins Delta ausfuhr, wo die Landschaft einst mit weitflächigem Papyrusdickicht bestanden war.

Die Bedeutung dieser Ritualhandlung sowie die Verbindung der Göttin zum Papyrus sind bis heute nicht eindeutig geklärt. In der Zeit des Alten Reiches ist Hathor »Herrin der Sykomore«, das heißt, ihr ist ein in Memphis heimischer Baumkult zugesellt worden. Als Totengöttin wird sie ab Mittlerem Reich vor allem im südlicher gelegenen Theben verehrt, dann allerdings ohne den Bezug »Herrin der Sykomore«. Im Alten Reich sind die vornehmsten Damen der memphitischen Gesellschaft Priesterinnen der Hathor gewesen, was auf einen lebendigen Kult der Hathor in Memphis hinweist. Doch erklärt das alles nicht den Ritus des Papyrusraufens. Man darf annehmen, daß sich in der Ritualhandlung eine alte, ehemals lebensnotwendige Tätigkeit überliefert hat. In der frühen Zeit altägyptischer Kulturentwicklung wurde Papyrus als Rohstoff für Kleidung benutzt. Da alle Gaben des Feldes zu bestimmten Festen den Göttern dargebracht wurden, könnte auch geernteter Papyrus darunter gewesen sein. Als man die Kleidung dann aus anderen Materialien herstellte, wäre der eigentliche Sinn des Ritus erloschen, obgleich dieser weiterhin gepflegt wurde. Doch hat Papyrusraufen sicher auch bei der Vogeljagd, dem Fischstechen und anderen Tätigkeiten im Papyrusdickicht eine Rolle gespielt. Es könnte deshalb ebensogut Bestandteil eines Jagdkultes gewesen sein.

Es ist auffallend, daß die Schiffsmannschaften des Fetekta vorwiegend nackt wiedergegeben werden. Nur vereinzelt sieht man den sonst gebräuchlichen Schurz oder zumindest eine Phallustasche, die durch eine Leibbinde am Körper gehalten wird. Auch in anderen Gräbern des Alten Reiches findet man völlig unbekleidete Schiffer. Erinnert sei nur an die Reliefs aus dem Grabe des Anch-Chephren. Gelegentlich ließ sich der Grabherr auch selber nackt darstellen. Sogar einige so gestaltete Statuen, darunter auch Bilder von Pharaonen, blieben erhalten. Diese Nacktheit spielt allerdings wohl in den Bereich des Sexuallebens hinein. Es ist die Ansicht geäußert worden, daß durch die deutliche Abbildung der Geschlechtsorgane gesichert werden sollte, daß der Bestattete auch im Jenseits Geschlechtsverkehr haben konnte. Aus den sogenannten Sargtexten, die seit der 11. Dynastie (ab 2134 v. u. Z.) aufgeschrieben wurden, ist bekannt, daß der Ägypter tatsächlich deswegen Sorgen hatte. Doch im Vergleich zu den recht zahlreichen und naturalistisch gestalteten Begattungsszenen bei Tieren hielt man sich in Bezug auf den Menschen in Bildäußerungen sehr zurück. Dabei können erläuternde Texte zu völlig harmlosen Darstellungen und vor allem eigenständige literarische Werke sehr eindeutig sein. Freilich zeigt das Bemühen, sich insbesondere in der Liebeslyrik in kunstvollen Metaphern auszudrücken, daß es in diesen Fällen immer um eine zwar naturalistische, nicht aber vulgäre Beschreibung ging. Zudem muß bei den Malereien und Reliefs stets berücksichtigt werden, daß sie überwiegend religiös bestimmt waren. So wird man Äußerungen zur Sexualität immer dann finden, wenn sie unabdingbar zum jeweiligen Themenkreis gehören, wie zum Beispiel bei Abbildungen des die Fruchtbarkeit symbolisierenden Gottes Min. Im allgemeinen maß man der Bekleidung im Alten Reich, zumindest unter der einfachen Bevölkerung, keine große Bedeutung bei. Zu bestimmten Arbeiten konnten der Schurz oder die Phallustasche abgelegt werden. Entweder war die Bekleidung hinderlich, oder es bestand Gefahr, sie zu verschmutzen oder zu beschädigen.

Bei festlichen oder rituellen Anlässen galt dies natürlich nicht. Das zeigt beispielsweise auch die Darstellung eines Transports der Grabausrüstung im Grab des Fetekta (Abb. 36). Vor dem Grabherrn, von dem sich nur noch ein Teil des rechten Beines erhalten hat, tragen Schreiber in Listen ein, was gebracht wird. Diese Dinge werden in den unteren zwei Registern mehr oder weniger deutlich abgebildet. Die Inschrift unterhalb des Fußes von Fetekta lautet »Aufhäufen der Grabausrüstung« und bezeugt, daß es sich bei den Waren um Dinge der Grabausstattung handelt. Im dazugehörigen Bild legen zwei Männer Tuchwaren in eine der Truhen, die versiegelt und anschließend fortgeschafft werden, wie auf dem unteren Streifen zu erkennen ist. Angeführt wird die Prozession vom »Vorsteher der Siegler«.

36 Transport der Grabausrüstung des Fetekta

Im Vergleich zur Schiffahrtsszene fällt auf, daß hier alle Personen mit einem Schurz bekleidet sind.

Es ist wohl psychologisch zu erklären, daß diese Differenzierungen die Nacktheit zu einem Minderwertigkeit ausdrückenden Standessymbol machen konnten. Bei dem straff durchorganisierten Arbeitsleben war aber nur der nicht in der Lage, sich zu bekleiden, der entweder nicht arbeiten konnte und keine für ihn sorgende Familie besaß oder dem auf Grund einer allgemeinen Wirtschaftskrise entsprechende Mittel fehlten. Aber welcher Grabherr wollte schon dokumentieren, daß er Bedienstete hatte, die aus Armut nackt herumliefen? Folglich wurden in den bildlichen Darstellungen dann auch die einfachen Leute bekleidet wiedergegeben, obwohl in Wirklichkeit vielleicht wegen der zu verrichtenden Arbeit Kleidung hinderlich war. In ihren Biographien rühmten sich die Grabherren, dem Nackten Kleidung gegeben zu haben. In der Ramessidenzeit (1305–1080 v. u. Z.) schließlich übermalte man ältere Darstellungen des nackten menschlichen Körpers – vielleicht aus einer anerzogenen Prüderie heraus. Dies gilt natürlich nicht für den nackten weiblichen Körper, der bei der Wiedergabe von Dienerinnen, Tänzerinnen und Musikantinnen weiterhin begegnet. Kinder waren bis in die Zeit der griechischen Herrschaft über Ägypten unbekleidet.

Obgleich die Lepsius-Expedition im Umkreis der Mastaba des Fetekta noch Gräber feststellte, nahm man hier nichts weiter auf, denn nach dem Abbruch des Lagers im Pyramidenfeld von Gize war die kleine Karawane bis ins Zentrum des Gräberbereiches bei Sakkara gezogen. Die Zelte waren östlich der Stufenpyramide des Djoser, fast unmittelbar am Steilhang, errichtet worden. Auf der von Ernst Weidenbach festgehaltenen Ansicht der Nekropole von Sakkara kann man erkennen, wie die Unterkünfte rings um den Flaggenmast stehen (vergleiche Abb. 28). Damit ergab sich zwischen dem Gebiet um das Grab des Fetekta und dem Lager eine Entfernung von etwa 3 km (Luftlinie); der Sichtkontakt war wegen der vielen Unebenheiten im Gelände ausgeschlossen. Deshalb wurden die Arbeiten in das Areal nördlich der Djoser-Anlage verlegt. Späteren Ausgräbern blieb es vorbehalten, zwischen Abusir und Sakkara noch über hundert Gräber aus den verschiedensten Zeiten Ägyptens zu entdecken.

Wie wichtig es war, Arbeitsplatz und Lager an einem Ort zu haben, hatten die Expeditionsteilnehmer bereits bei dem Unwetter in Gize erfahren. Doch auch die Feindseligkeiten der in und um Sakkara siedelnden Arabergruppen brachten Gefahr. Lepsius berichtet über einen Vorfall, der sich in der Nacht vom 8. zum 9. April 1843 dort ereignete: Es waren »zwischen zwei und drei Uhr morgens plötzlich eine Anzahl Schüsse in der nächsten Nähe unsrer Zelte gefallen und gleichzeitig ein Haufen von mehr als zwanzig Leuten über das Lager hergestürzt«. Der Angriff »traf zuerst unser gemeinschaftliches Eßzelt, das uns zugleich als Salon diente. Dieses stürzte bald über den Haufen. Dann folgte das andre große Zelt, in welchem Erbkam, Frey, Ernst Weidenbach und Franke schliefen. Auch dieses wurde niedergerissen und bedeckte seine Bewohner, die sich in der allgemeinen Verwirrung mit Mühen aus den Stricken und Zelttüchern herauswinden konnten. Überdies waren sämtliche Gewehre ... tags zuvor in ein Zelt gebracht und in Ordnung an der Mittelstange befestigt worden, so daß sie niemand zur Hand waren. Die Wächter, feige Gesellen, die sich nach hiesiger Polizeiordnung schon der Strafe verfallen wußten, wenn uns selbst ohne ihre Schuld etwas der Art betraf, waren sogleich mit großem Geschrei nach allen Seiten entlaufen und sind noch jetzt nicht wieder zurückgekehrt.« In diesem Bericht, der nach einer knappen Woche niedergeschrieben wurde, faßte Lepsius auch die Verluste des nächtlichen Überfalls zusammen: »Die geraubten Sachen werden aber die Erwartung der Räuber bitter getäuscht haben. Die großen Koffer enthielten fast nur europäische Kleider und andre Dinge, die kein Araber gebrauchen kann. Am meisten sind eine Anzahl Farbenskizzen zu beklagen, die bisherigen künstlerischen Sonntagsstudien des talentvollen Frey.«

Trotz dieses Vorfalls und seiner sich daran anschließenden, bereits oben geschilderten gerichtlichen Untersuchung im Lager ging die Arbeit ohne größeren Verzug weiter. Als eines der ersten Gräber wurde die Mastaba des Metjen, die ringsum bis in Deckenhöhe vom Sande eingeschlossen war, freigeschaufelt. Nachdem die Anlage in Ausmaßen und Dekoration dokumentiert worden war, entschloß sich Lepsius auch hier, die Kultkammer- und Eingangsreliefs abbrechen und nach Berlin schaffen zu lassen. Im Innern des Grabgebäudes fand man eine kleine sitzende Granitstatue des Verstorbenen; sie wurde ebenfalls nach Berlin gebracht. Ursprünglich stand die Plastik in einem kleinen, völlig verschlossenen Raum hinter der Nordwand der Kultkammer. Nur ein schmaler Sehschlitz stellte die Verbindung zu diesem Teil der Ruhestätte her. Da man sich die Statue belebt dachte, glaubte man, daß der Dargestellte durch diesen Spalt an den Vorgängen in der Kultkammer teilhatte und die Opfer, die hier vollzogen wurden, genießen konnte. Derartige vermauerte Räume werden als Serdab bezeichnet. Sie finden sich in Gräbern wie in Tempeln. Nachdem in den unterirdischen Räumen der Pyramiden der Serdab sich zur Statuennische entwickelt hatte, ersetzte seit der 5. Dynastie auch in den Privatgräbern die Nische den Serdab.

Lepsius bemerkte, daß die Anlage der Mastaba und der Stil der Hieroglyphen und der Dekoration von dem ihm bisher bekannten abwich. Die Dekoration ist »erhaben und größtenteils sehr hoch und rund, wodurch die Arbeit schwerfällig und etwas stillos erscheint. Im Einzelnen ist sie aber sehr ausgearbeitet, Muskeln, Nägel an Händen und Füßen, Falten im Innern der Hände und viele andere Einzelheiten sind angegeben.« Diese Beobachtungen sind exakt – Lepsius hatte, ohne es zu wissen, das älteste Grab geöffnet, das er während seiner Expedition finden sollte; zudem waren einst die Arbeiten daran nicht vollendet worden.

Farbreste wurden nur sehr wenige gefunden. So ist bei der Serdab-Statue lediglich ein Armband am linken Handgelenk aufgemalt. Auch sind hier die Augenbrauen nur durch Bemalung angedeutet. Bei den Reliefs findet man unter den Augen der Menschen grüne Farbspuren, während bei einigen Tieren die Pupillen schwarz waren. Auf der Nordseite der Kultkammer sind um den stehenden Grabherrn herum Hieroglyphen rot vorgeschrieben (Abb. 37). Sie sollten ebenfalls noch plastisch aus dem Stein herausgearbeitet werden; doch scheint Metjen vor Beendigung der Arbeiten an seinem Grab gestorben zu sein, so daß es nie dazu kam. Auch Plastik und Reliefs blieben daher im wesentlichen unbemalt. Da sich die bildlichen und schriftlichen Darstellungen nur auf den Verstorbenen, seine Herkunft und seine Titel sowie auf die für ihn zu erbringenden Leistungen beziehen, vermutete Lepsius, daß Metjen keine Familie gehabt hat. So war nach seinem Tode niemand in der Lage, weiterhin die Handwerker zu entlohnen – die Arbeit an der Mastaba wurde eingestellt.

Wer aber war dieser Metjen, wann lebte er und wodurch war es ihm möglich, seine letzte Ruhestätte in so unmittelbarer Nähe zum Grabbezirk des Djoser errichten zu lassen? Wiederum geben die Inschriften in der Kultkammer Auskunft. Und dies in einem solchen Maße, daß sie für das Wissen um die Gesellschaft Ägyptens zur Zeit des Alten Reiches von erheblicher Bedeutung wurden.

Der Verstorbene ist auf der nördlichen Seitenwand stehend beim Empfang des Totenopfers in jugendlicher Fri-

37 Nordseite der Kultkammer des Metjen

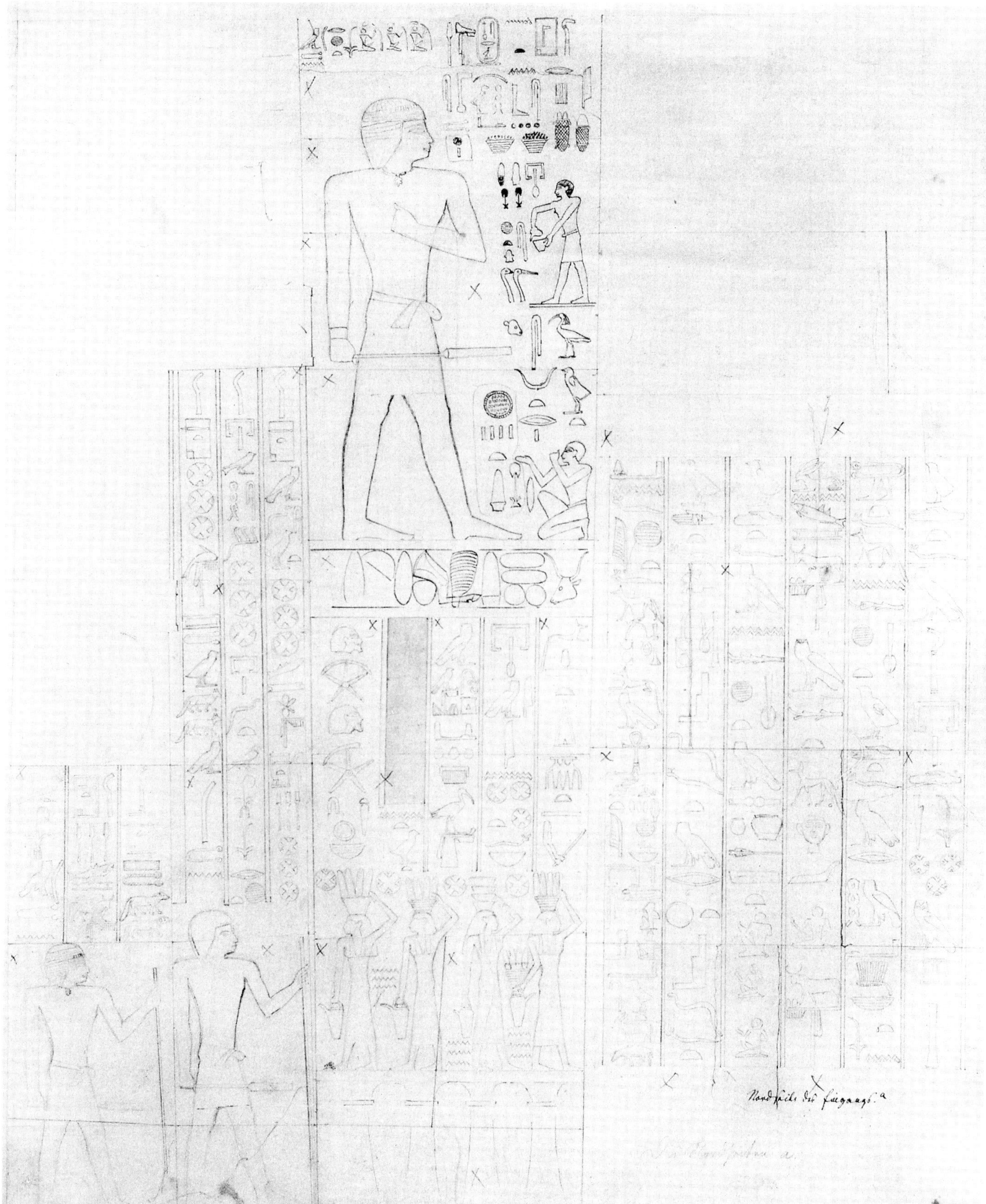

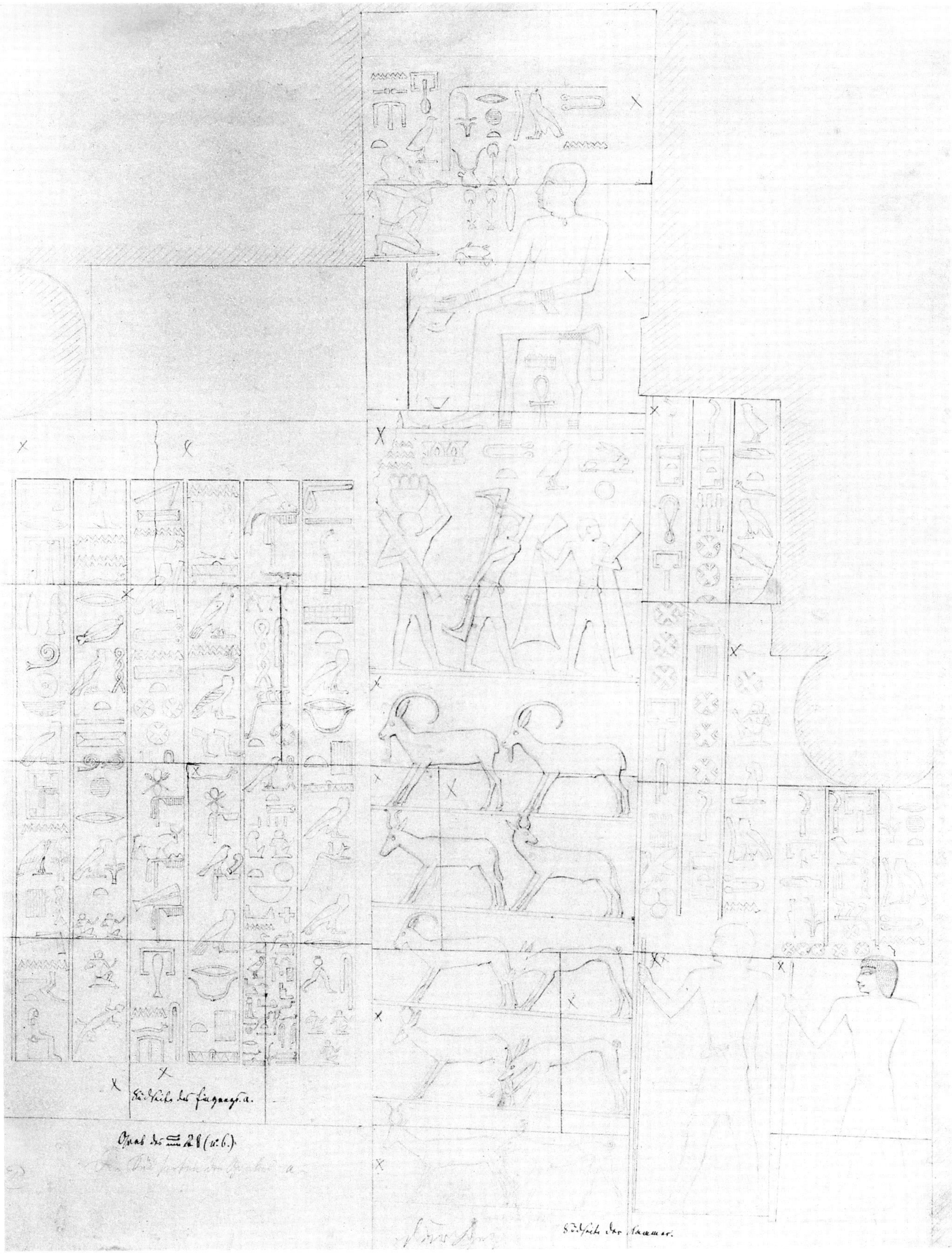

38 Südliche Eingangswand zum Grab des Metjen

sche dargestellt. Vor ihm befinden sich zwei Diener, die feierliche Handlungen ausführen. Der obere, stehende Priester hält ein Waschgerät zur zeremoniellen Reinigung in der Hand. Unter ihm – und dies bedeutet auch hier ein räumliches Davor – kniet ein Balsamierungspriester. Die Inschrift sagt aus, daß er das sogenannte Mundöffnungsritual vollzieht. Das ist der bisher älteste Hinweis auf ein Ritual, durch das der abgebildete Grabherr wieder essen und trinken, wieder sehen und hören, also alle seine Sinne und Organe wieder zur Verfügung haben sollte. Diese Handlung wurde an allen Abbildungen des Menschen vorgenommen, also an Statuen und Reliefs, aber auch an seiner Mumie.

Unterhalb des Grabinhabers sind vier Frauen zu erkennen, die jeweils einen mit Brot gefüllten Korb auf dem Kopf und in der rechten Hand eine Wasserkanne tragen. Es handelt sich wieder um die Personifikationen von Dörfern, die für den Unterhalt des Toten zu sorgen haben. Sie bringen symbolisch eben jene Opfergaben, die der Verstorbene in Form seiner durch die Mundöffnung beseelten Grabstatue erst verzehren kann; dieses Bildwerk befindet sich genau hinter dem Relief. Der Sehschlitz zum Serdab ist jene unbeschriftete, in der Zeichnung (Abb. 37) leicht getönte Fläche oberhalb der beiden linken Gabenbringerinnen. Die links auf der Originalzeichnung erkennbaren Inschriftenzeilen über dem zweimal stehend dargestellten Grabherrn nennen seine Titel, die jeweils mit dem Namen des Toten enden; sie gehören zur Scheintür, über deren Bedeutung und Gestaltung später noch Näheres gesagt werden wird. Rechts von den Gabenbringerinnen, unter denen Opfergefäße rot vorgezeichnet sind, befindet sich eine Inschrift, nach der Metjen in hohe Verwaltungsfunktionen des Landes eingesetzt wird. Eine ähnliche Inschrift findet sich auch auf der südlichen Eingangswand (Abb. 38). Sie hat die Belehnung des Metjen mit Amt und Pfründe sowie die Genehmigung zum Hausbau mit genauen Angaben zur Größe des dazugehörigen Anwesens zum Inhalt.

In beiden Fällen sind die Darstellungen knapp und einfach. Deutlich markieren sich die Unterschiede zu den vielgestaltigeren und lebendigeren Wanddekorationen im Grabe des Fetekta. Und doch gibt es klare Bezüge zu den jeweiligen Motiven. So erkennt man eine Jagdszene, in der verschiedene Huftiere und Jagdhunde abgebildet sind. Aber um wieviel schlichter, um wieviel statischer! Wir stehen hier am Anfang einer Stilentwicklung, in der die bisher betrachteten Gräber nur einzelne Etappen bildeten. Ihr eigentliches Ende findet sie erst mit dem Untergang der altägyptischen Kultur.

Die Mastaba des Metjen ist durch die Erwähnung des Pharao Snofru in der Inschrift vor dem stehenden Grabherrn auf der nördlichen Kammerwand und auf Grund ihres Stils in den Anfang der 4. Dynastie zu datieren. Snofru begründete sie und regierte das Land etwa von 2600 v. u. Z. an für ungefähr ein Vierteljahrhundert. Unter seiner Herrschaft begann das Königshaus, besonders bedeutende Beamte des Staates mit Land und den darauf ansässigen Bauern zu belehnen; die Grabkammer des Metjen liefert mit ihren Inschriften den frühesten Beleg hierfür. Ernennungen in hohe Verwaltungsfunktionen standen niemand anderem zu als dem Pharao. Metjen hat wahrscheinlich diesbezügliche königliche Urkunden in ihrem ursprünglichen Wortlaut in seinem Grabe verewigen lassen. Folgendes legte der König zu Lebzeiten des Metjen fest: »Man soll ihm geben die Dinge seines Vaters, des Richters und Schreibers Inpu-em-Anch (›Anubis ist im Leben‹), jedoch nicht Gerste und Weizen oder irgendwelche Sachen des Hauses, Leute zur Feldarbeit oder Kleinvieh. Dies soll geschehen, indem man ihn einsetzt über die Schreiber der Versorgungsbüros als Verwalter, indem man ihn einsetzt als Aufseher der Ärzte – der Gauverwalter des 6. unterägyptischen Gaues folgt dabei dem Richter über Gefangene im 6. unterägyptischen Gau im Amt, da dieser das Amt eines Aufsehers über die Richter einnehmen wird –, indem man ihn einsetzt als Vorsteher aller Flachsarbeiten des Königs und indem man ihn einsetzt als Fürsten mit Amtsstab über den Ort Per-dessu.«

Es folgen weitere Ortschaften, über die Metjen in verschiedenen Funktionen als Administrator eingesetzt wird; diese Angaben finden sich auf dem hier nicht abgebildeten östlichen Teil der Eingangswandung. Doch schon in dem zitierten Teil der Inschrift, die also ein königliches Dekret zur Übertragung des väterlichen Besitzes auf den Sohn beinhaltet, zeigen sich die Schwierigkeiten für ein sachgerechtes Verständnis solcher altägyptischen Texte. Was hatte vor fünftausend Jahren im Lande am Nil zum Beispiel ein Verwalter, was ein Aufseher oder Vorsteher zu tun? Diese Begriffe haben in unseren Tagen einen so allgemeinen Charakter, daß keine Gefahr besteht, den ägyptischen Gehalt allzusehr zu verengen. Doch welche Aufgaben hatte ein Richter? Ist seine Tätigkeit mit der eines heutigen Richters zu vergleichen? Auch im Altertum mußte in Streitfällen oder bei Verletzung geltender Normen Recht gesprochen werden. Aber bisher ist für diese Zeit noch kein kodifiziertes Recht nachgewiesen worden. Daher müssen wir annehmen, daß ein Gewohnheitsrecht – bestimmt durch altehrwürdige moralische Normen – unter den Mitgliedern einer Gemeinschaft

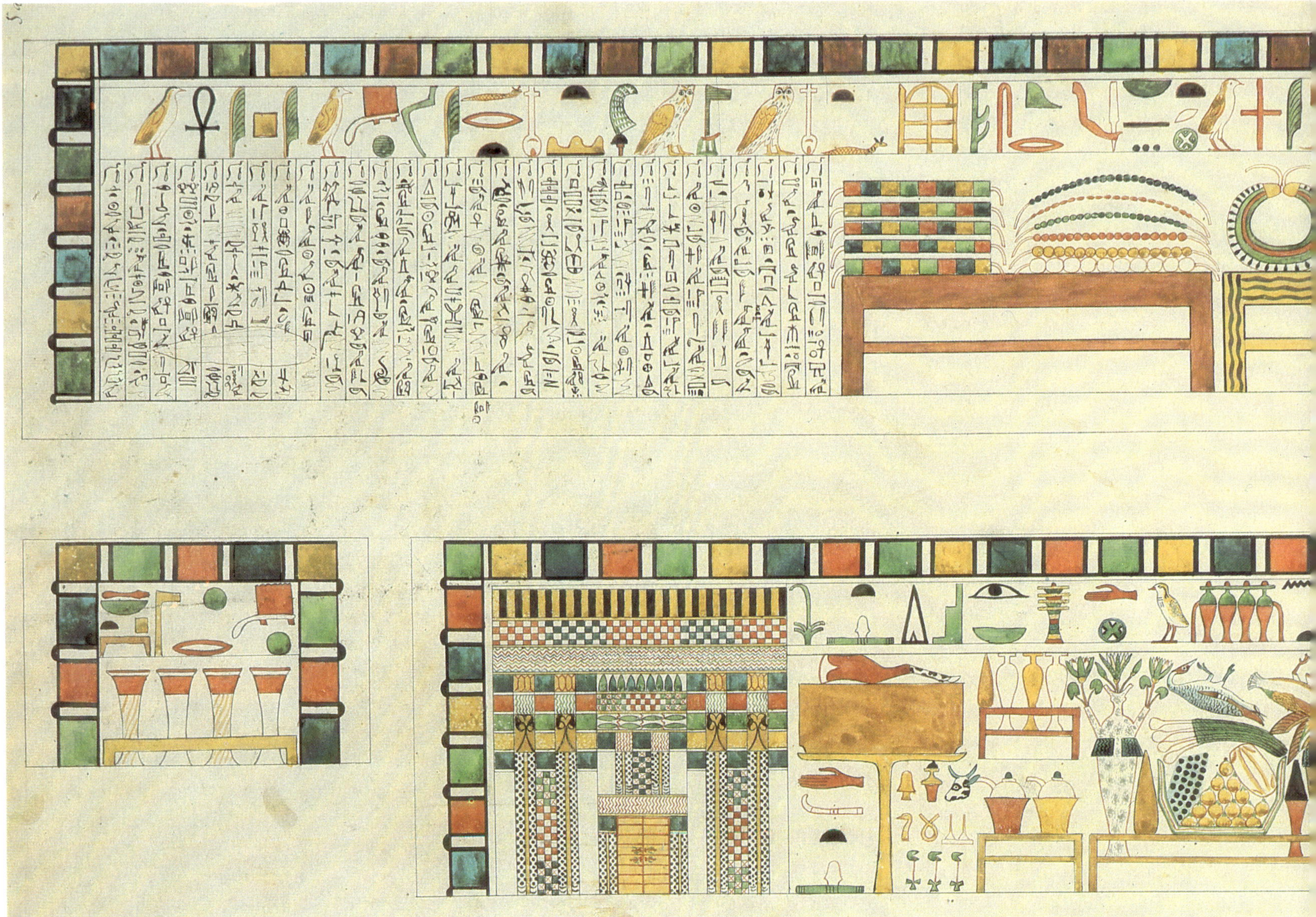

39 Sarkophag des Ipi-anchu

galt. Dieses wurde sicherlich von einem besonders erfahrenen Mann als lokale Rechtsinstitution vor Verletzungen geschützt. Andererseits mußten aber auch staatliche Weisungen durchgesetzt, ihre Ausführung überwacht und Abweichungen davon geahndet werden. Möglicherweise war das die Aufgabe des Vaters von Metjen. Sein Titel ist später als Ehrenbezeichnung benutzt worden, die nur eine besondere Stellung in der Gesellschaft kundtat, ohne noch dem ursprünglichen Inhalt zu entsprechen.

Andere Schwierigkeiten gibt es bei der Übersetzung des Titels »Aufseher der Ärzte«. Das altägyptische Wort ist an dieser Stelle nicht zweifelsfrei determiniert. Es gibt andere Vorschläge, die sich letztlich aus der Etymologie des Stammwortes ergeben. So wäre es auch möglich, statt »Ärzte« hier Personen anzunehmen, die sich mit der Zerkleinerung von Getreide beschäftigen, das heißt, in unserem Sprachgebrauch wären dann Müller gemeint. Ursache hierfür ist der Umstand, daß beiden Berufsgruppen dieser Tätigkeitsbereich eigen war. Der Arzt mußte seine Medizin schließlich durch Zerkleinern verschiedenster Substanzen herstellen. Die Wahl des Wortes stellt also stets auch eine Interpretation dar, um so mehr, wenn sie wegen der Allgemeinverständlichkeit gänzlich auf die Benutzung altägyptischer Termini verzichtet und wenn der jeweilige Text aus gleichem Grunde noch sprachlich geglättet werden muß.

Metjen ist der erste Ägypter, von dem bisher direkt über-

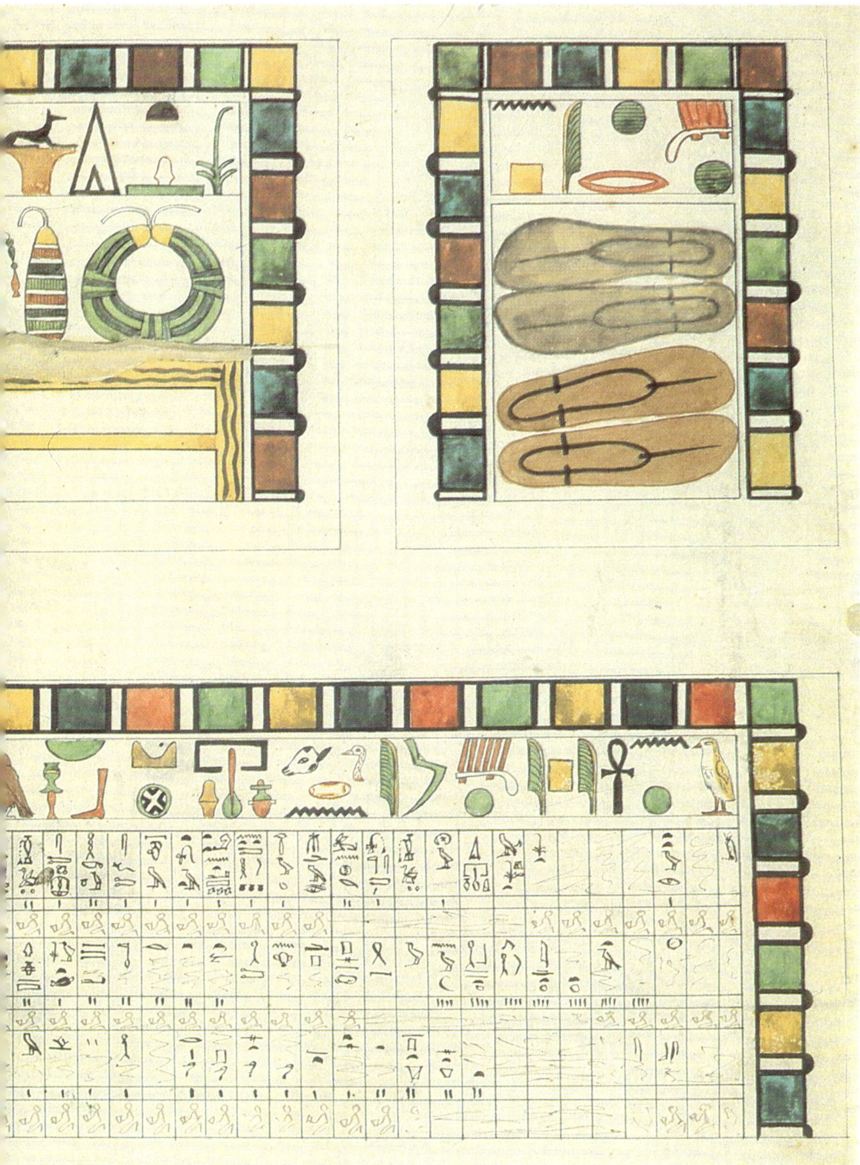

liefert ist, daß der Pharao ihn nicht nur mit Naturalien entlohnte, sondern ihm auch Grundbesitz übergab. Im Laufe der Zeit wuchs die Zahl derer, die neben dem König über eine so wesentliche Einnahmequelle, wie es der fruchtbare Boden war, verfügen konnten. Damit verringerte sich die ökonomische Basis der Königsmacht, was zu ihrem Schwund führte. Dies wiederum ermöglichte den Beamten, immer stärker auf den Erhalt von Eigentumsrechten an belehntem Boden, also auch auf Vererbbarkeit, zu drängen. Indirekt findet sich hierfür ebenfalls in den Inschriften des Metjen-Grabes ein Beleg: Der König schließt die Übergabe von Ernteerträgen früherer Zeit, von Feldarbeitern und Kleinvieh im Dekret über die Weitergabe des väterlichen Besitzes an Metjen aus. Warum aber sollte er dies ausdrücklich betonen, wenn bei Fehlen einer solchen Angabe nicht gerade daraus sich hätten Eigentumsansprüche ableiten lassen? Die hier äußerst knapp gezeichnete wirtschaftliche Entwicklung des Landes verlief über einen längeren Zeitraum. Erst zwei-, dreihundert Jahre später gelangte dieser Prozeß an seinen vorläufigen Endpunkt. Die Macht des Königs war wegen des Verlustes der ökonomischen Basis derart geschwächt, daß einzelne Großgrundbesitzer sich gegen ihn auflehnten und selber den Thron beanspruchten. Diese Machtkämpfe beendeten das Alte Reich. Mit der 7. Dynastie, in der um 2155 v. u. Z. siebzig Könige für siebzig Tage geherrscht haben sollen, beginnt jene Periode der ägyptischen Geschichte, die »Erste Zwischenzeit« genannt wird. In Kenntnis dieses gesellschaftlichen Entwicklungsprozesses zeigt sich die Bedeutung des Metjen-Grabes. In seinen Inschriften gibt es Aufschluß über die Anfänge jenes Geschichtsverlaufes, der unter der einfachen Bevölkerung zu extremer Verarmung, zu schweren Hungersnöten und in logischer Folge davon zu teils heftigen Unruhen führte.

Mit dem Grab des Fetekta war von Lepsius die Begräbnisstätte eines Beamten aus dem Beginn der 6. Dynastie, also jener dem Zusammenbruch des Alten Reiches unmittelbar vorhergehenden Zeit, entdeckt worden. Es fanden sich im Gräberfeld von Sakkara aber auch Beisetzungen aus den folgenden Perioden. Man kann von einer über die Jahrtausende hinweggehenden Benutzung des Friedhofes sprechen. Während die Arbeiten am Metjen-Grab begonnen wurden, fand man an anderer Stelle in einer unterirdischen Felsenkammer die Ruhestätte des Beamten Ipi-anchu, der am Ende der Ersten Zwischenzeit lebte. In der Höhlung standen insgesamt drei hölzerne Sarkophage; in allen befanden sich einst Mumien. Offensichtlich waren hier neben Ipi-anchu später auch dessen Frau und der ebenfalls Ipi-anchu genannte Sohn bestattet worden.

Während die Sarkophage von Frau und Sohn und auch deren Mumien nur stark zerstört geborgen werden konnten, wies der des Grabherrn einen sehr guten Erhaltungszustand auf. Im Innern – es handelt sich um einen Doppelsarkophag, der aus zwei ineinandergestellten Kästen bestand – fand sich die Mumie des Ipi-anchu. Sie war in ein großes Tuch mit Fransen eingeschlagen. Ursprünglich ruhte sein Kopf wohl mit dem Gesicht nach Osten gewandt auf einer Kopfstütze aus dunkelbraunem Holz, die man ebenfalls im Sarkophag fand. Die Mumie hatte eine Perücke aus schwarzer Schnur. Ihr Gesicht war bedeckt von einer vergoldeten Mumienmaske. Um den Hals lag ein breites Schmuckband aus kleinen blaugrünen Tonröhren und Perlen. Dem Toten hatte man auch Pfeil und Bogen mitgegeben, damit er im Jenseits seiner Lieblingsbeschäftigung nachgehen konnte.

Der Fund der Sarkophage in der sonst undekorierten Felsenkammer war Lepsius gemeldet worden. In einem Brief aus Sakkara teilt er dies mit. Der eigentliche Zweck seines Schreibens galt jedoch weniger einer detaillierten Darlegung der Grabungsergebnisse als vielmehr einem überraschenden Naturereignis: »Ich war mit Abeken in einen Mumienschacht gestiegen, um einige aufgefundene Sarkophage zu öffnen, und war nicht wenig erstaunt, mich beim Heraussteigen in einem wahren Schneegestöber von Heuschrecken zu finden, die, fast den Himmel verfinsternd, über unsern Köpfen von Südwest aus der Wüste nach dem Tale zu Hunderttausenden zogen. Ich hielt es für einen einzelnen Zug und rief in Eile die anderen aus ihren Gräbern herbei, daß sie das ägyptische Wunder auch schauen möchten, ehe es vorübergezogen wäre.« Diese Eile jedoch war nicht vonnöten, denn das Schauspiel währte über sechs Tage. »Wie eine neue lebendige Vegetation bedecken diese Millionen geflügelter Grünfresser selbst die angrenzenden Sandflächen dergestalt, daß vom Boden fast nichts zu sehen ist, und wenn sie von einem Punkte aufsteuben, fallen sie rundum auf die nächste Umgebung wieder nieder ...«

Trotz dieser widrigen Umstände gingen die Arbeiten zügig voran. Neben vielen Kleinfunden wurden auch die Sarkophage aus über 6m Tiefe ans Tageslicht geholt und von den Brüdern Weidenbach gezeichnet. Heute ist die damals entstandene Zeichnung (Abb. 39) der einzige Beleg für die einst so prächtige Gestaltung der Innenseiten; vom Außensarkophag und den äußeren Seiten des Innensarkophags ist nur noch bekannt, daß sie beschriftet waren. Wie im Falle der Grabkammer des Mer-ib haben auch diese Gegenstände den Seetransport nach Berlin nicht gut überstanden. Die Farben lösten sich zusammen mit der dünnen Stuckschicht ab, so daß nur noch das blanke Holz mit bescheidenen Resten einstiger Bemalung erhalten ist.

Unter dem Schriftband der Formel »Ein Opfer, das der König gibt für Anubis, ..., den Imiut ..., den Herrn des heiligen Landes, damit er dem ehrwürdigen Ipi-anchu auf dem Friedhof im schönen Westen sein gutes Begräbnis gibt« kann man wohlgeordnet auf Tischen liegend Dinge erkennen, deren der Tote im Jenseits bedarf: Armbänder und Halskragen. Es wäre falsch, hierin ein übertriebenes Bedürfnis des verstorbenen Ipi-anchu nach Schmuck sehen zu wollen. Zwar trugen in Ägypten seit altersher Männer wie Frauen gerne derartigen Zierat, doch er wurde schon früh zu einem Symbol. Der König belohnte seine Untertanen im Falle besonderer Ergebenheit und Treue mit Schmuckstükken. Sie konnten außerdem wie Amulette gestaltet sein und damit Schutzcharakter haben. Eine große Anzahl derartiger Geschmeide zu besitzen verdeutlicht so einerseits die hohe Würdigung der erbrachten Leistungen zu Lebzeiten, andererseits beinhaltet sie auch einen entsprechenden Schutz des Toten im Jenseits. Links neben den überladenen Tischen sind senkrechte Inschriftenzeilen zu erkennen, die stets mit den gleichen Hieroglyphen beginnen: »Worte sprechen«. Damit soll der folgende Text als direkte Rede hervorgehoben werden.

Die Praxis, dem Toten auf dem Sarkophag geschriebene Sprüche mitzugeben – auf Grund des Anbringungsortes spricht man von Sargtexten –, setzt in jener Zeit ein, in der Ipi-anchu lebte. Später werden die sogenannten Sargtexte durch das auf Papyrusrollen geschriebene »Totenbuch« abgelöst. Inhaltlich sind die Texte eine Art religiöses Grundlagenwissen, ohne das der Tote im Jenseits nicht überdauern würde. Es versteht sich, daß davon fast jeder eine andere Auffassung hatte. Betrachten wir kurz, was dem Ipi-anchu und seiner Familie als wesentlich erschien: »Ha, Osiris Ipi-anchu, du erwachst lebend! Du bist ja der Sohn des Gottes Geb, geboren von der Göttin Nut! Du bist der, der den Himmel erreicht, der hervorging aus der Göttin Nut ...« Es folgen weitere Sprüche, die dem magischen Schutz des Toten, der Befriedigung seiner Bedürfnisse im Jenseits und der Garantie des Fortlebens seiner Seele dienten.

Auf der anderen Längswand des Innensarkophages ist die prunkvolle Fassade eines Hauses mit einer Tür zu erkennen. Sie diente dem Toten symbolisch als Ausgang aus dem Sarg. Diesen benötigte er, denn es heißt im Text: »Steh doch auf, nicht erleidest du das Schicksal deines Todes!« Unter der auch auf dieser Seite vorhandenen Opferformel finden sich zahlreiche Tische abgebildet. Auf ihnen sind kunstvoll verschiedenste Opfergaben abgelegt, unter anderen erkennt man einen liebevoll mit Blumen geschmückten Wasserkrug. Rechts davon folgt zur Sicherstellung der Totenversorgung nochmals in Schriftform eine komplette Opferliste.

Bereits am Ende der 6. Dynastie hatte man damit begonnen, diese Angaben unmittelbar auf den Wänden des Sarkophages anzubringen. Früher waren diese Angaben – in Anfängen läßt sich die Verwendung der Opferliste bis in die Zeit der 1. Dynastie (etwa 3000 v. u. Z.) verfolgen – in der Grabkammer auf bestimmten Wänden plaziert worden. Die sich später herausbildende Gewohnheit, dafür die Sargwände zu nutzen, entspringt wohl dem Wunsch des Verstorbe-

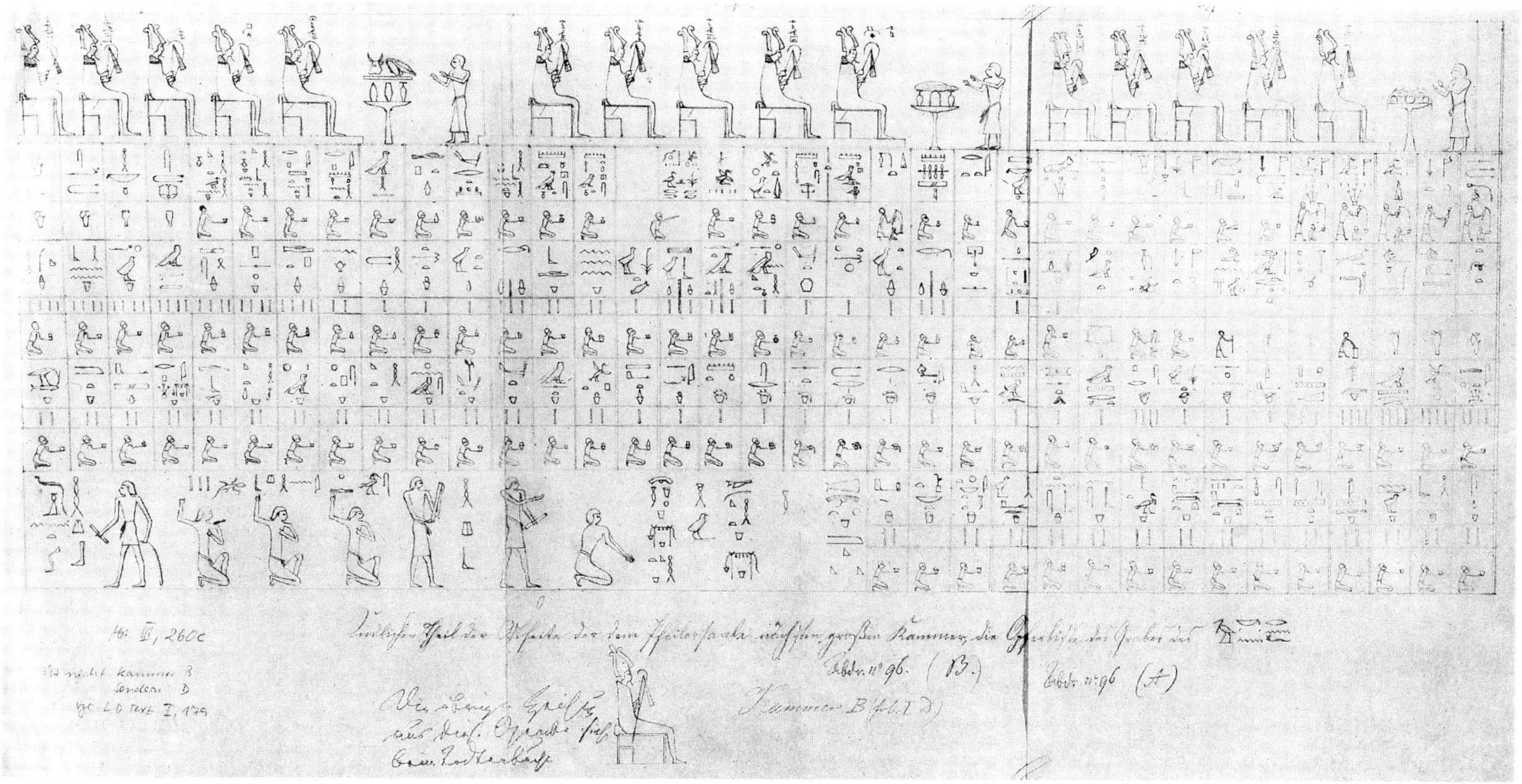

40 Opferliste des Bak-en-renef

nen, in allernächster Nähe sich einer regelmäßigen Versorgung versichert zu sehen – für ihn waren die abgebildeten Gaben ja real existent. Es ist die Ansicht geäußert worden, daß sich darin die stetige Abnahme des Vertrauens in geordnete staatliche Verhältnisse zeige; zu tief waren Erfahrungen aus Wirtschaftskrisen in das gesellschaftliche Bewußtsein gedrungen.

Am Ende ihres Aufenthaltes entdeckte die Expedition in Sakkara das Felsengrab des Bak-en-renef (»Der Diener seines Namens«), der als Wesir dem Pharao Psammetich I. (664–610 v. u. Z.) diente. Unter der Abbildung von Opferhandlungen vor fünf durch Beinamen unterschiedenen Osiris-Darstellungen werden all jene Dinge genannt, die der Tote im Jenseits benötigt (Abb. 40). Sogar die Diener werden mit abgebildet, denn wie zu Lebzeiten, so sollte der Verstorbene sie auch im Tode nicht missen. Und natürlich erfolgt stets eine genaue Mengenbezeichnung unter jedem Opfer; entsprechend der ägyptischen Schreibweise für Einer wird sie durch senkrechte Striche gegeben.

Trotz der vielen bis dahin gemachten Entdeckungen enthielt dieses Felsengrab eine außergewöhnliche Kostbarkeit. Hierbei handelte es sich nicht um ein besonders wertvolles einzelnes Objekt, sondern um eine überaus farbenfrohe, ornamentreiche und sehr gut erhaltene Deckendekoration. Man kann sich vorläufig nur nach den Skizzen der Expedition ein Bild davon machen. Erst in den siebziger Jahren unseres Jahrhunderts wurden die Arbeiten im Grab, deren Abschluß noch aussteht, durch eine italienische Mission wieder aufgenommen. Sicherlich haben die Decken der Wohnräume als Vorbild für diese Dekoration gedient. Während Lepsius, als er über das Metjen-Grab schrieb, nur das konstruktive Element der Decke behandeln konnte – aneinanderstoßende Wölbungen ahmen die Deckenbalken nach, die in den Wohnungen wohl durch Matten dem Blick entzogen waren –, stellte man im Grab des Bak-en-renef fest, daß bei der Dekoration die Konstruktion durch Ornamentik ersetzt worden war. So findet sich hier das die Mattenverkleidung wiedergebende vielfarbige Flechtwerkmuster. Daneben beeindrucken besonders die mit gegenständigen Lotusblüten bemalten Deckenflächen. Andere Motive sind aus Kreisen sich bildende Rosetten oder Blüten in verschiedenfarbigen Quadraten (Abb. 41).

Man muß hier noch einmal auf das Problem der Farbechtheit in den Kopien zurückkommen. Wie bei den Skizzen aus dem Grab des Mer-ib fallen nach den verschiedenen Arbeitsgängen erhebliche Veränderungen ins Auge. So zeigen

41 Deckenverzierungen aus einem Grab in Sakkara

42, 43
Details von Deckenverzierungen

44 Detail einer Deckenverzierung

die vor Ort angefertigten Farbskizzen (Abb. 42, 43) eindeutig dunklere, in sich nicht einheitlich abgestufte Töne. Man hat den Eindruck, die Verschmutzungen des Originals durch den Staub der Jahrtausende wiederzuerkennen. Die in Berlin für den Druck geschaffene erste Vorlage (Abb. 41) – danach wurden dann die für die Publikation notwendigen Lithoplatten unter Aufsicht von Lepsius hergestellt – bietet klare, wie vom Schmutz gesäuberte Farben. Und vergleicht man schließlich noch diese Vorlagen mit den Tafeln des im Oktober 1850 erschienenen Großfoliobandes, so zeigen sich abermals deutliche Abweichungen.

All dies gilt auch für jene Deckendekoration, die einen Sternenhimmel nachahmt, in dessen Mitte ein Band von zehn Geiern mit ausgebreiteten Schwingen eingeschlossen ist. Davon ist hier nur die erste, vor Ort gefertigte Farbskizze reproduziert (Abb. 44). Die Decke eines Wohnhauses ist so niemals bemalt worden, und auch im Grab einer nichtköniglichen Person wurde bisher kein zweites solches Beispiel gefunden. Geier galten als heilige Tiere der Göttin Nechbet, die in dieser Gestalt schützend über dem Pharao schwebt. In der Deckendekoration der Tempel breitete diese Königsgöttin so ihre Schwingen über dem Königsweg aus. Geierfiguren sind aus dieser Vorstellung heraus als Herrschaftssymbole in den Königsschmuck eingegangen, es gibt sie auch in Form von Amuletten, die Gefahr von dem Toten abwenden sollten. Das letztere tritt ganz unabhängig von der sozialen Stellung des Verstorbenen auf, da er im Tode zum Gott Osiris wurde, der mit dem toten Herrscher gleichzusetzen ist. Auf diese Weise konnte der Tote königliche Vorrechte für sich beanspruchen – so eben die Protektion der Nechbet.

Ebenfalls mit goldenen Sternen auf nachtblauem Hintergrund dekoriert war das Deckengewölbe einer Säulenhalle im Grab dieses hohen Beamten. An den Längsseiten nach unten schließen sich Bildstreifen an (Abb. 45, 46). Die Zeichnung gibt von ihnen nur einen Ausschnitt wieder. Man kann das Ganze aber rekonstruieren, denn die weiblichen Figuren sind Personifikationen der Tages- und Nachtstun-

45 Personifizierte Tagstunden

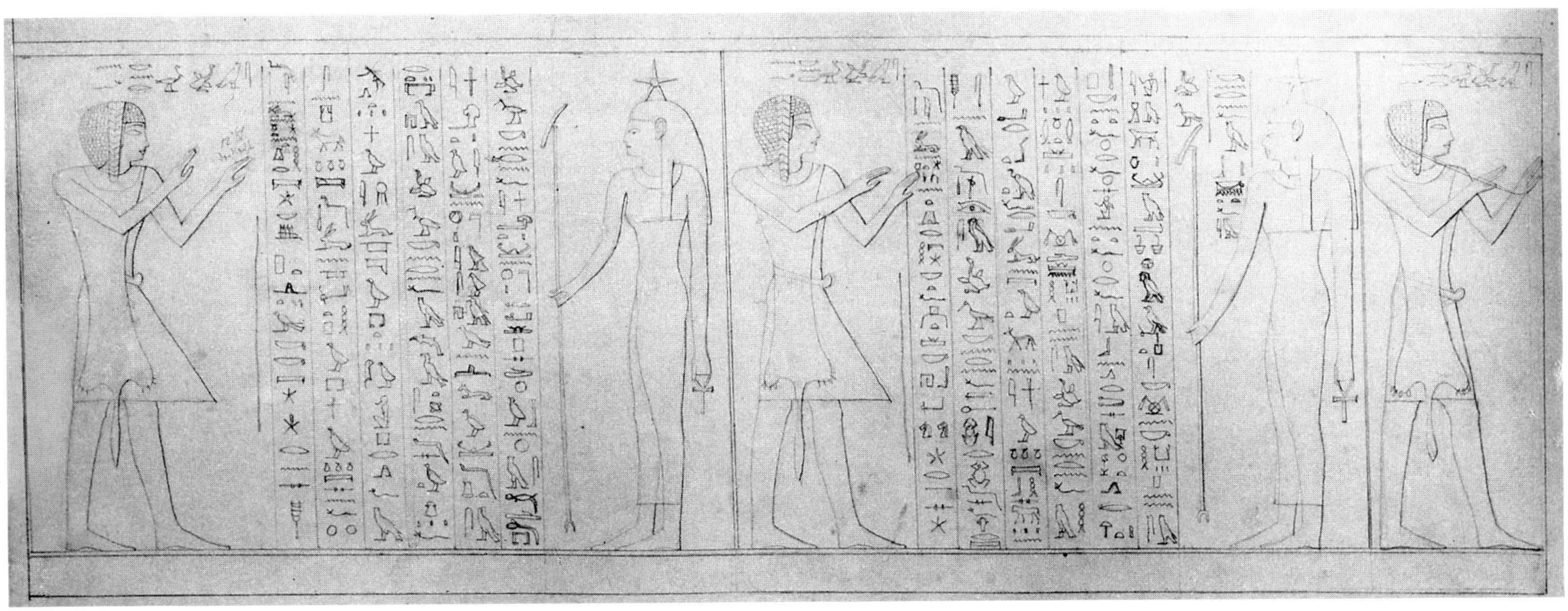

46 Personifizierte Nachtstunden

den. Deshalb dürften sich rechts und links vom Sternenhimmel jeweils zwölf Felder mit je zwei Personen befunden haben. Bei der männlichen Figur handelt es sich, wie die über dem Kopf stehenden Hieroglyphen und das um den Leib gelegte Pantherfell sichtbar machen, um den verstorbenen Wesir in der Funktion eines Priesters. Er hat hier die Aufgabe, durch Rezitation eines bestimmten Textes die vor ihm stehende Göttin für sich günstig zu stimmen. Den jeweils gültigen Spruch enthalten Hieroglyphenzeilen, die trennend zwischen beiden Personen stehen. Während es in Abb. 45 einleitend heißt »Spruch der 11. Stunde des Tages«, wird die rechte Szene als für die 12. Stunde geltend charakterisiert. Die Felder in Abb. 46 nennen die 11. und 12. Stunde der Nacht. Die Texte der Nachtstunden ließen sich als Kapitel des sogenannten Totenbuches identifizieren.

An dieser Stelle ist über eine Leistung der alten Ägypter zu sprechen, die wesentlich früher anzusetzen ist als das Grab des Bak-en-renef. Es handelt sich hierbei um die Untergliederung des Tages und der Nacht in jeweils zwölf gleichlange Zeiteinheiten. Tag und Nacht wurden durch

Sonnenaufgang und Sonnenuntergang voneinander natürlich getrennt, so daß ein Teil jeweils ein Zwölftel der dazwischen verstreichenden Zeit bildete. Damit schwankte zwar die Länge einer Stunde im Ablauf der Jahreszeiten, da man dies aber wußte und auch berücksichtigte – unter Amenophis I. (1526–1505 v. u. Z.) wurden nach Monaten veränderliche Skalen für die Wasseruhr erfunden –, war diese Art der Zeitmessung sehr zuverlässig. Verbunden mit der Untergliederung von Nacht und Tag ist die eines Jahres. Schon früh wurde in Ägypten, beeinflußt durch eine landwirtschaftliche Zeiteinteilung – man rechnete von einem Überschwemmungstermin des Nils bis zum nächsten –, der an der Sonne orientierte Kalender erfunden. Man unterteilte das ursprünglich 360 Tage zählende Jahr in 36 Dekaden. Die Dekaden wurden ihrerseits in Dreiergruppen zu 12 Monaten zusammengefaßt. Beide Summen ergeben sich, wenn man die durch den Zyklus der Mondphasen konkret sichtbaren, natürlichen Zeitabschnitte aufrundet. Das spricht für ein sehr früh entwickeltes Abstraktionsvermögen, welches auch auf anderen Gebieten dieser antiken Kultur zu belegen ist.

Noch vor dem Beginn der Pyramidenzeit hatte man die Ungenauigkeit eines solchen Mondkalenders erkannt. Es ist weniger die Beobachtung der scheinbaren Sonnenumläufe um die Erde, sondern vielmehr die der Gestirne gewesen, an der man eine Differenz von fünf Tagen bemerkte. Man hatte nämlich festgestellt, daß der Beginn der Nilschwemme mit dem Aufgang des Sirius nach einer langen Phase der Unsichtbarkeit zusammenfiel. Und da man für die Landwirtschaft an einer genauen Vorhersage der Nilschwemme interessiert war, wurde der Mondkalender korrigiert. Man fügte dem Jahr außerhalb der Monatszählung fünf Zusatztage hinzu. Dieser objektiv am Sonnenumlauf der Erde orientierte Kalender mit 365 Tagen war allerdings immer noch um einen viertel Tag zu kurz, was zu einem Durchlaufen des ägyptischen Kalenderjahres durch das astronomische Jahr nach rund 1460 Jahren führen mußte (Wandeljahr). Da dieser schematisierte Kalender per Dekret als offiziell bindend eingeführt wurde und man annehmen darf, daß er damals in Übereinstimmung mit dem astronomischen Jahr stand, findet sich hier der Schlüssel zur ägyptischen Chronologie. Als wahrscheinlichsten Zeitpunkt für die Einrichtung des ägyptischen Kalenders sieht man heute das Jahr 2772 v. u. Z. an. Als ein Hilfsmittel für die Einordnung historischer Ereignisse in die dann folgenden Jahrtausende sind zudem Zeugnisse überliefert, in denen exakt Siriusaufgänge durch den ägyptischen Kalender angegeben werden. Eine dieser Quellen gestattet beispielsweise, das 7. Regierungsjahr des Königs Sesostris III. genau auf 1872 v. u. Z. festzusetzen.

Die 12 Monate des ägyptischen Wandeljahres wurden drei unterschiedlichen Jahreszeiten – Überschwemmung, Sproßzeit und Erntezeit – zugeordnet. Die Monatsuntergliederung in drei Dekaden hatte für das gesellschaftliche Leben kaum Bedeutung. Arbeitsfreie Tage nach Ablauf einer ägyptischen Woche waren unbekannt; diese verknüpften sich vor allem mit religiösen Festen, die wahrscheinlich nach jenem alten Mondkalender geordnet waren. Jahresfeste zu Ehren großer Gottheiten konnten die Produktion regional für Wochen zum Stillstand bringen, da sie zum Teil mit umfangreichen Festumzügen oder Pilgerfahrten verbunden waren. Herodot berichtet über eine alljährliche Pilgerfahrt nach Bubastis im Delta, an der sich bis zu 700000 Personen beteiligt haben sollen.

47 Stufenpyramide des Pharao Djoser

Von Pyramide zu Pyramide

IM APRIL 1843 zwang eine heftige Erkältung Lepsius, das Expeditionslager zu verlassen, um sich in Kairo zu erholen. Von hier teilt er nach Berlin die weiteren Pläne mit: »Das Schlimmste ist, daß wir nun noch immer unsre Weiterreise verschieben müssen, obgleich wir insgesamt Sakkara schon lange gern verlassen hätten. Zwar ist alles, was ein solcher Ort bietet, von höchstem Interesse; aber der Reichtum bringt uns diesmal fast in Verlegenheit ... Wir werden nach dem Fajum, jener in die Wüste sich abzweigenden Provinz, zu Lande gehen. Noch ist die Jahreszeit unvergleichlich schön, und die Wüstenreise wird unsrer Gesundheit ohne Zweifel weit zuträglicher sein als die Nilfahrt, die wir früher im Auge hatten.« Mitte Mai kehrte Lepsius zu den Zelten bei der Stufenpyramide zurück. Nur wenige Tage vergingen, dann brach die Expedition mit einer Karawane aus »zwanzig Kamelen, zwei Dromedaren, dreizehn Eseln und einem Pferd« am 19. Mai 1843 zur nächsten Station auf. Von Pyramide zu Pyramide ziehend, ging es in das etwa 80 km (Luftlinie) südwestlich von Kairo gelegene Fajum, das »Seeland« inmitten der Libyschen Wüste, wie es die Ägypter einst nannten.

In Richtung des nach Süden einzuschlagenden Reiseweges bestimmt das stufenförmige Grabmal des Königs Djoser das Panorama von Sakkara (Abb. 47). Im übertragenen Sinne gilt das auch für die Arbeit der Expedition an diesem Ort. Doch während die Reisenden bislang immer nur »das älteste steinerne Bauwerk der Welt« interessiert hatte, entdeckte Lepsius – wie aus dem vorhergehenden Kapitel zu ersehen

48 Pyramide von Medum

war – Bedeutendes in dessen Umfeld. Auch die Baugeschichte der Stufenpyramide entschlüsselte er als erster. Schon frühzeitig entwickelte er angesichts der Baureste eine Theorie, die die vielfältigen bautechnischen Probleme ihrer Konstruktion zu lösen schien. Doch den eigentlichen Ansatzpunkt hierzu lieferte nicht die Stufenpyramide selbst, sondern jener entfernt an eine Zikkurrat erinnernde Bau bei Medum (Abb. 48). Schon kurz nach Ankunft der Expedition in Sakkara war Lepsius mit seinem Freund, dem Geistlichen Heinrich Abeken, und dem Zeichner Joseph Bonomi zu einem Ausflug nach den Pyramiden bei Lischt und Medum aufgebrochen. Die aus dem Mittleren Reich stammenden Königsgräber bei Lischt – sie wurden für die beiden ersten Pharaonen der 12. Dynastie, Amenemhet I. und Sesostris I. (1991–1926 v. u. Z.), unter Verwendung von Steinen aus Gize und Sakkara erbaut – erwähnte Lepsius in einem Brief nach Rückkehr in das Lager mit keinem Wort; dafür beschrieb er die Pyramide von Medum ausführlich.

»Aus einer Schuttumhüllung, die sie fast bis zur Hälfte, an hundertundzwanzig Fuß hoch, umgibt, steigt turmartig ein viereckiger, scharfkantiger Kern hervor, der sich nach oben nur wenig verjüngt, nämlich in einem Winkel von 74^0. In der Höhe von andern hundert Fuß folgt eine Plattform, auf der sich im gleichen Winkel ein dünnerer Turm von mäßiger Höhe erhebt, der wieder in der Mitte seiner flachen Oberseite die Reste einer dritten Erhebung trägt. Die Wände des Hauptturmes sind größtenteils glatt poliert, werden aber durch rauh gelassene Bänder unterbrochen, wovon der Grund zunächst kaum erklärlich schien. Bei näherer Untersuchung fand ich aber auch im Innern des halbzerstörten Baues, der den Fuß umgibt, geglättete, im gleichen Winkel wie der Turm aufsteigende Wände, vor welchen wieder andere Wände lagen, die wie Schalen aufeinander folgten. Zuletzt ergab sich mir, daß der ganze Bau von einer kleinen Pyramide ausgegangen war, die in Stufen von etwa vierzig Fuß Höhe errichtet und dann erst durch umgelegte Steinmäntel von fünfzehn bis zwanzig Fuß Breite nach allen Seiten zugleich vergrößert und erhöht wurde, bis man endlich die großen Stufen zu einer gemeinschaftlichen Seitenfläche ausfüllte und dem Ganzen die gewöhnliche Pyramidengestalt gab.«

Diese Theorie war das Ergebnis der eintägigen Exkursion zu der Pyramide am 2. März 1843. Bei der Verlegung des Lagers in das Fajum wurde der Ort nochmals besucht, wurden jene Überlegungen, die den Schlüssel zur baugeschichtlichen Erklärung der Stufenpyramide bei Sakkara lieferten, erneut von Lepsius zusammen mit dem Architekten der Expedition, Georg Erbkam, überprüft und in Details korrigiert. Und vergleicht man die Gedankengänge und Berechnungen des Expeditionsleiters mit der heute allgemein gültigen Theorie, so beeindrucken die Übereinstimmungen.

Sieht man ab von der spektakulären, erst vor wenigen Jahren entwickelten Theorie, daß uns in der Medum-Pyramide die materiellen Reste einer Baukatastrophe aus der Zeit des Alten Reiches überliefert seien, so läßt sich folgende Baugeschichte rekonstruieren: Eine ursprünglich siebenstufige Pyramide wurde nach Abschluß der Arbeiten zunächst durch Vergrößerung der Basisfläche zu einer achtstufigen Anlage erweitert. Dieser Bau erreichte bei einer Kantenlänge von 118,5 m trotz der treppenartigen Verjüngung durch den äußerst steilen Neigungswinkel von etwa 74^{0} eine Höhe von 82 m. Nachdem auch die zweite Stufenpyramide eine polierte Außenverkleidung erhalten hatte, begann die letzte Ausbauphase. Die einzelnen Stufen wurden ausgefüllt, so daß sich schließlich erstmals das uns gewohnte Bild einer Pyramide ergab. Diese besaß bei einer Kantenlänge von fast 145 m und einem Neigungswinkel von knapp 52^{0} eine Höhe von beinahe 92 m. Durch gezielte Grabungen in dem noch heute die Pyramide einschließenden Schuttkegel – er ist das Resultat eines natürlichen Verfalls und vor allem eines immensen Raubbaus späterer Generationen an den unteren Steinlagen – konnte bereits Lepsius diese Baustufe rekonstruieren (Abb. 49).

Es ist die Entdeckung verschiedener Bauphasen gewesen, die Lepsius aus Medum mit nach Sakkara brachte und die seine Arbeit hier befruchten sollte. Auch die Stufenpyramide des Djoser (Abb. 50) – so ergaben seine Überlegungen – könnte in verschiedenen Etappen errichtet worden sein. Nachdem er bereits bei einer ersten genaueren Besichtigung der Pyramide auf deren Südseite in der untersten Stufe sich noch heute deutlich markierende ältere Außenwände (Abb. 51) bemerkt hatte, versuchte er nach den Erfahrungen aus Medum, die ursprünglichen Formen des Baus zu rekonstruieren. Die Lage der Grabkammer – entgegen altägyptischer Gewohnheit befindet sie sich nicht im westlichen, sondern im östlichen Teil der sechsstufigen Anlage – sowie andere Besonderheiten führten ihn zu der Annahme, daß die Pyramide zuerst als besonders große Mastaba geplant worden war.

Umfangreiche Grabungen seit Mitte der zwanziger Jahre unseres Jahrhunderts bestätigten dann diese Vermutung

49 Reste der Außenwand im Schuttkegel der Pyramide von Medum

50 Stufenpyramide des Pharao Djoser

51 Außenwände verschiedener Baustufen

von Lepsius. Über einer Mastaba mit annähernd quadratischem Grundriß, die zweimal unter Beibehaltung dieser Baukonzeption vergrößert worden war, erhoben sich nach einem dritten Ausbau zunächst vier gigantische Stufen. Auf ihnen konnte der König nach seinem Tode, wie es später in altägyptischen Texten beschrieben wird, zum Himmel emporsteigen – dorthin, wo der Sonnengott regierte. Folgt man der antiken Überlieferung, so erdachte der hernach vergöttlichte Hohepriester und Architekt Imhotep die bautechnische Umsetzung dieser Idee. Noch zu seinen Lebzeiten wurde der steinerne Monumentalbau ein weiteres Mal vergrößert. Zudem errichtete man um die nun sechsstufige Pyramide auf einer Fläche von fast 150000 m² ein für das Jenseits in Stein ausgeführtes Pendant des irdischen Königspalastes, der nur aus ungebrannten Lehmziegeln bestand. Die ganze Anlage, deren Restaurierung 1939 projektiert worden war und jetzt weitgehend abgeschlossen ist, umgab einst eine über 10 m hohe und fast 2 km lange Umfassungsmauer (Abb. 52). Doch nicht allein die Größe des Vorhabens und die Umsetzung des ideologischen Konzeptes sind bedeu-

52 Rekonstruierte Umfassungsmauer der Djoser-Anlage

tungsvoll. Hervorzuheben ist die Leistung, hier erstmals das bis dahin einzig übliche Baumaterial, den luftgetrockneten Nilschlammziegel, vollständig durch Stein ersetzt zu haben. So sieht man in Imhotep heute den Erfinder der Pyramide wie auch den Pionier des Steinbaus. In der Tradition der Ägypter geht zudem das Grundkonzept eines jeden Tempels auf ihn zurück.

Südlich von Sakkara hebt sich am Horizont durch seine Form ein weiteres Königsgrab deutlich von den anderen benachbarten Monumentalbauten ab (vergleiche Abb. 47, 50 und 53). Es handelt sich um die sogenannte Knickpyramide, die mit ihrem ursprünglich geplanten Neigungswinkel von über 54^0 eine Höhe von 128 m erreicht hätte. Doch während des Bauens traten in einer Höhe von fast 50 m Schwierigkeiten auf; man verringerte den Neigungswinkel um etwa 11^0 und vollendete die Pyramide in dieser einmaligen Form. Noch eine zweite ungewöhnliche Pyramide bestimmt das Bild der hier gelegenen Nekropole, in der Lepsius insgesamt dreizehn mehr oder minder gut erhaltene Pyramiden feststellen konnte und die nach dem Dorf Dahschur benannt ist. Es sind der geringe Neigungswinkel (unter 44^0), die dennoch erreichte Höhe von über 100 m und dann vor allem die rötliche Farbe des seiner weißen Kalksteinverkleidung beraubten Grabmales (es wird daher auch Rote Pyramide genannt), die den besonderen Charakter ausmachen. Beide Bauwerke unterzog Lepsius einer kurzen Untersuchung. Er konnte sie keinem altägyptischen König zuweisen; ihre Entstehung ordnete er zeitlich zwischen die der Pyramiden bei Gize und der bei Medum ein. Die Fertigstellung der Medum-Pyramide hatte er dem Pharao Snofru auf Grund inschriftlichen Materials zugewiesen. Heute weiß man, daß auch jene Pyramiden bei Dahschur sich mit dem Begründer der 4. Dynastie und Vater des Cheops verbinden. Unklar aber blieb, warum Snofru zwei Pyramiden in Dahschur errichten und warum er die bei Medum in einer dritten Bauphase verändern ließ.

Etwa auf halbem Weg zwischen Sakkara und Dahschur liegt die »Mastabat el-Faraun« (Abb. 53). Nachdem Lepsius den Grabbau, den er trotz der an einer Mastaba orientierten Form in die Liste der Pyramiden aufnahm, und das dazuge-

53 Die Mastabat el-Faraun

hörige ausgedehnte Gräberfeld eingehend untersucht hatte, schlußfolgerte er: »Alles das läßt mich glauben, daß der ›Pharaonensitz‹, dessen Bau an Großartigkeit und Altertümlichkeit den Pyramiden von Gize und Dahschur nicht nachsteht, das Grab eines uralten, womöglich noch älteren, mächtigen Königs war, zu dessen Zeit die Pyramidenform vielleicht noch nicht gebräuchlich war.«

Angesichts der in Sakkara fast einhundert Jahre nach dem Aufenthalt der Lepsius-Expedition entdeckten Königsgräber aus der 1. Dynastie (2985–2805 v. u. Z.), aber auch in Kenntnis der ersten Baustufe der Djoser-Pyramide ist diese Annahme durchaus berechtigt. Am Beginn der Entwicklungslinie zur Pyramide stand eindeutig die Mastaba. Durch deren Vergrößerung und mehrfache Aufstockung gelangte man zur Stufenpyramide, die für kurze Zeit nach Djoser die bestimmende Form des königlichen Grabmales war. Der Begründer der 4. Dynastie, der Pharao Snofru, erreichte durch Umbau jener bei Medum befindlichen Pyramide erstmals die klassische Form: Die Stufen verschwanden unter einer geglätteten Kalksteinverkleidung. In den Bauten bei Dahschur wurde diese Form variiert. Snofrus Sohn Cheops übernahm dann die sich aus den drei Varianten ergebenden Erfahrungen und ließ die gewaltigste aller Pyramiden errichten. In Form und Technologie diente sie bis zum Ende des Mittleren Reiches (1991–1650 v. u. Z.) als Vorbild der Königsgräber. Noch in der 17. Dynastie (1650–1551 v. u. Z.) erbaute man in der Nekropole von Theben die letzten Pyramiden für Pharaonen. Schließlich wurde die Tradition des Pyramidenbaus als Königsgrab von der Mitte des 9. Jahrhunderts v. u. Z. weit im Süden des Landes wieder aufgenommen – möglicherweise aber abgeleitet von der thebanischen Nekropole. Anders als bei den klassischen Pyramiden mit etwa 52^0 Neigungswinkel beträgt dieser hier $60–70^0$; zudem erreichen sie bei weitem nicht jene Höhe (Abb. 54).

Für Lepsius schien sich also eine geradlinige Entwicklung zu ergeben, in die er auch die Mastabat el-Faraun nahtlos einbinden zu können glaubte. Doch umfangreiche Grabungen in den zwanziger Jahren unseres Jahrhunderts erbrachten das Ergebnis, daß sie das Grab des letzten Königs der

54 Pyramiden im südlichen Barkal

4. Dynastie, Schepseskaf, ist. Er war der Sohn des Mykerinos, der in Gize die kleinste der drei Pyramiden errichten ließ. Warum brach Schepseskaf mit einer anderthalb Jahrhunderte andauernden Tradition? Diese Frage ist um so mehr berechtigt, als seine Nachfolger bei Abusir sich wieder Grabpyramiden errichten ließen und im Westen der Mastabat el-Faraun der Pyramidenkomplex des letzten Königs des Alten Reiches, des Pharao Phiops II., liegt (Abb. 55). Er regierte über vierundneunzig Jahre die Geschicke seines Landes, und als er 2157 v. u. Z. starb, ging in Thronwirren und Wirtschaftskrisen die erste Blütezeit Ägyptens zu Ende. Doch diese Pyramiden sind nur in ihren äußeren Formen mit jenen identisch, die während der 3. und 4. Dynastie aufgeführt wurden. Baumaterial und dadurch bedingt auch die Technologie hatten sich geändert. Nur in jenen frühen Zeiten zogen Tausende von Menschen auf den zum Pyramiden-Bauplatz führenden schiefen Ebenen die mit zyklopischen Steinquadern beladenen Holzschlitten empor. Die Pyramiden der folgenden Perioden wurden nie wieder aus riesigen Natursteinen errichtet, erreichten nie wieder jene Größe wie die des Snofru, Cheops oder Chephren. Auf Schepseskaf und sein außergewöhnliches Grabmal wird später noch einmal zurückzukommen sein.

Auf ihrem Weg in das Fajum, der, einem alten Kanal folgend, an den Pyramiden von Lischt und Medum vorbeiführte, gelangte die Expedition am 23. Mai 1843 nach el-Lahun. Auch hier, weitab vom Nil, war vor Jahrtausenden eine Pyramide errichtet worden. Schon von fern erkennt man, daß Ziegelsteine als Baumaterial gedient haben müssen (Abb. 56). Fast mutet sie wie ein riesiger Schutthaufen an (dieser ist allerdings von sorgfältig aus Kalkstein gemauerten diagonalen Stützmauern durchzogen). Einst muß die Pyramide auf Grund ihrer Basisfläche und des Neigungswinkels eine Höhe von knapp 50 m erreicht haben; heute sind es nur ungefähr 16 m. Daß der Bau sich überhaupt noch so hoch erhebt, ist einer einzigartigen Konstruktion zu verdanken. Die Erbauer nutzten nämlich geschickt einen unter der Pyramide befindlichen 12 m hohen Felsblock als Fundament. Zwei diagonale und zahlreiche axiale, aus Ziegeln gefügte Stützmauern verstärkten den Unterbau. Die Zwi-

55 Die Mastabat el-Faraún; im Hintergrund die Pyramide Phiops' II.

56 Die Pyramide Sesostris' II. bei el-Lahun

schenräume wurden ebenfalls mit Ziegeln ausgefüllt. Auf dem so errichteten Pyramidenstumpf stand schließlich der in üblicher Weise erbaute obere Teil der Pyramide. Außen wurde der Bau mit weißen polierten Kalksteinplatten verkleidet; in seinem Umfeld legte man für die Angehörigen des hier bestatteten Pharao Sesostris II. (1897–1878 v. u. Z.) eine Nekropole an. Alle wichtigen Einzelheiten wurden trotz des nur kurzen Besuches von Lepsius erkannt und notiert. Er ließ Erbkam und Ernst Weidenbach zurück, damit diese in Ruhe die notwendigen Maße aufnehmen und Zeichnungen anfertigen konnten. Selbst ritt er der Karawane voraus, um auf einem anderen Weg zum Lagerplatz bei Hawara zu gelangen (Abb. 57). Hier sollte die Expedition bis zum 2. Juli 1843 verweilen.

Auch an diesem Ort erhebt sich, aus Ziegeln erbaut und ursprünglich mit Kalkstein verkleidet, eine Pyramide. Es handelt sich um die Ruhe- und Verehrungsstätte des Enkels von Sesostris II., des Pharao Amenemhet III. Während seiner Regierungszeit (1842–1797 v. u. Z.) war durch umfangreiche Meliorationsarbeiten aus dem »Seeland« inmitten der Libyschen Wüste das eigentliche Fajum entstanden: Ein künstlicher Kanal zwischen dem Nil und einem großen natürlichen See, die Ägypter nannten ihn später »Pa-jom« (Das Meer), diente zur Bewässerung landwirtschaftlichen Bodens. Die ökonomische Bedeutung dieses Gebietes für die Macht des Pharao war erheblich; die hier geleistete Arbeit ist als technische Leistung dem Bau der großen Pyramiden durchaus ebenbürtig gewesen. Die Bewohner des Fajum brachten ihren Dank in spezifisch ägyptischer Form zum Ausdruck. Bis in römische Zeit verehrten sie Amenemhet als lokale Schutzgottheit. Und vielleicht dienten die Anlagen im Süden der Pyramide, die nicht nur durch ihre Ausmaße, sondern auch durch die Verwendung von Stein als Baumaterial eine besondere Funktion vermuten lassen, als zentraler Kultort (Abb. 58). Als Herodot, der im 5. Jahrhundert v. u. Z. auch das Fajum bereiste, durch diese Bauten geführt wurde, erschienen sie ihm wegen ihrer Größe, Vielräumigkeit und Unübersichtlichkeit dem Labyrinth auf

57 Das Expeditionslager bei Hawara im Fajum

58 Ruinen des Totentempels Amenemhets III. im Fajum, das sogenannte Labyrinth

Kreta vergleichbar. Daher trägt der Tempelbezirk Amenemhets in späterer Zeit diesen Namen, und auch Lepsius bezeichnete ihn so, obwohl er nach Ausgrabungen als erster die wahre Bestimmung als Verehrungstempel vermutete und den Namen des einstigen Inhabers feststellte.

Der Weg der Expedition von Kairo bis nach Hawara war markiert von zahlreichen Pyramiden. Nicht jede konnte in all ihren Besonderheiten von Lepsius untersucht werden. Viele von den heute hier bekannten aber verdanken ihre Entdeckung und erste wissenschaftliche Beschreibung dem unermüdlichen Wirken des Expeditionsleiters. All seine diesbezüglichen Erkenntnisse faßte er noch im zweiten Jahr der Reise in einem Aufsatz »Über den Bau der Pyramiden« zusammen. Obgleich die Forschung seit Abschluß der Expedition viele neue Fakten zu diesem Thema zusammentrug und zwangsläufig mancher Ansatzpunkt, manche theoretische Überlegung von Lepsius inzwischen überholt ist, stimmen seine Ansichten mit denen, die gegenwärtig in der Ägyptologie gelten, in einem Punkt überein: Es gibt keine mystischen Geheimnisse in, an und bei den Pyramiden. Sie wurden mit einfachsten Hilfsmitteln geschaffen. Die wichtigsten Faktoren waren dabei eine außerordentliche Arbeitsorganisation, eine große Zahl von Arbeitskräften und ein relativ langer Zeitraum für die Ausführung.

Pyramiden sind Bauten, die einst als Ausdruck religiöser Überzeugung im Dienst für den Gott freiwillig und ohne grausamen Zwang durch Konzentration aller gesellschaftlichen Kräfte errichtet werden konnten und dadurch ganz wesentlich zum Aufstieg der altägyptischen Kultur beitrugen. Sie sind Bauten, die die Göttlichkeit ihres Inhabers verewigen und damit auch nach dessen Tode, mit seiner durch die Pyramide gesicherten Existenz, die Ordnung der Welt aufrechterhalten sollten. Sie sind aber auch Beweise dafür, daß das gesamte Leben der alten Ägypter von religiösem Gedankengut durchdrungen war. Das sicherste Zeugnis für die Zweckbestimmung dieser Bauwerke sind die Texte, die vom Ende der 5. Dynastie an in ihnen aufgeschrieben wurden und entsprechend ihrem Anbringungsort heute als Pyramidentexte bezeichnet werden. Sie sollten ermöglichen, daß die Mumie des Königs und seine – nach altägyptischem Glauben – freibeweglichen Seelen- beziehungsweise Körperkräfte durch Opfergaben auf ewig versorgt werden und der König die Herrschaft über alle Götter antreten konnte. Das Bildprogramm der Verehrungs- und Totentempel, die zum Pyramidenkomplex gehören, verewigt die Taten des irdischen Herrschers, um so diesem Ziel zu dienen.

Es versteht sich daher von selbst, daß die altägyptischen Pyramiden keinerlei verschlüsselte Informationen über wissenschaftliche Leistungen, die unseren heutigen vergleichbar wären, enthalten können, wie es die Vertreter der pseudowissenschaftlichen Pyramidologie glauben machen wollen. Dafür müßten sich zudem an anderen Stellen Parallelen finden lassen. Die Ägypter der Pharaonenzeit haben wie der moderne Mensch das beobachtet, was sie umgab. Sie haben die daraus gewonnenen Erkenntnisse in ihr tägliches Leben einbezogen, ihre Erfahrungen gesammelt und aufgeschrieben. Anders als heute war ihr Wissen nur an praktischen Dingen orientiert und ging nicht darüber hinaus. Für ihre Existenz war es notwendig, den Nil, sein Steigen und Fallen, sowie den Himmel mit den wandernden und nicht untergehenden Sternen zu beobachten. Nichts aber trieb sie, danach zu fragen, wie weit Sonne und Mond von der Erde entfernt wären, und solche Zahlen dann einzig im Maßsystem nur einer Pyramide – nämlich der Cheops-Pyramide – zu verschlüsseln.

Auch lag es den alten Ägyptern fern, geheimnisvolle Energiefelder, die man heute in der Cheops-Pyramide entdeckt zu haben glaubt, zu konstruieren. Das »Geheimwissen der Priester« – jene von den Griechen wegen der bezeichnenderweise Hieroglyphen genannten Zeichen erfundene Mär – hat sich als Ritualvorschrift, als Abrechnungen über Priesterdienste oder als Kontrollisten des Tempelinventars erwiesen. Es fanden sich in ihm aber auch Texte, die als Fallbeschreibungen Auskunft über den Entwicklungsstand einzelner Wissenschaften, wie der an der Praxis orientierten Medizin oder Mathematik, geben. In diesem Sinne haben die Ägypter ihre Erfahrungen in die Pyramiden verbaut. Doch sollten sie einzig dem König nützen, der als Verkörperung einer Einrichtung viele Beamte und Bedienstete in der Organisation ihrer Arbeit anleitete und die geschaffenen Produkte an alle verteilte. Er garantierte so das Leben seiner Untergebenen und – da der Ägypter noch ganz eng mit seiner Umwelt verbunden war, von ihr im eigentlichen Sinne beherrscht wurde – damit auch den Bestand der gewohnten und geheiligten Umwelt. Nur durch ihn waren die Existenz des Kosmos gesichert, das Kommen der Flut, die Fruchtbarkeit der Felder und das Auf- und Untergehen der Sonne. Und weil Leben und Tod für den alten Ägypter eine Einheit bildeten, wirkte die Garantie des toten Königs für sein Volk fort, wenn sein Körper und damit seine Seele erhalten blieben.

Die gesellschaftliche Entwicklung über mehrere Jahrhunderte führte im Laufe des Alten Reiches zu Änderungen in der Stellung des Königtums. Damit ist zum Pharao Schepseskaf zurückzukehren, der die Mastabat el-Faraun errichten ließ. Zu seiner Zeit war eine geistige Entwicklung an den Punkt gelangt, an dem sie sich in einer Veränderung bisheriger Bautradition niederschlagen sollte: Schepseskaf verzichtete auf die Pyramide. Während seiner vermutlich sehr kurzen Regierung führte er als Königsgrab wieder jene früher gebräuchliche Mastaba in gering veränderter Formgebung ein – wohl auf der Suche nach neuen Begräbnis- und Verehrungsritualen. Er setzte damit ein sichtbares Zeichen für die eingetretenen Wandlungen. Der König hörte auf, nur »Horus im Palast«, das heißt Gott auf Erden, zu sein; er wurde nun auch gleichzeitig zum Sohn des Sonnengottes Re. Diese Entwicklung hatte sich seit langem vorbereitet. Deutlich sichtbar wurde sie das erste Mal, als ein Sohn des Cheops als König den Titel »Sohn des Re« annahm, der von jetzt an zur vollständigen Titulatur des Pharao gehörte, wie vorher der sogenannte Horustitel, der allerdings nicht aufgegeben wurde. Die Nachfolger des Schepseskaf konzentrierten sich infolge des veränderten Verhältnisses des Königs zu den Göttern auf den Bau von Sonnenheiligtümern. Ihre Sorge galt daher weniger dem eigenen Grab, das aus gebrannten Ziegeln in Mauertechnik und wieder in Pyramidenform errichtet wurde, als vielmehr dem Heiligtum ihres göttlichen Vaters Re, der als Sonnengott die höchste Verehrung genoß. Mittelpunkt einer solchen Anlage war, wie Ausgrabungen in Abusir zu Beginn unseres Jahrhunderts ergaben, ein über massivem Fundament aufgemauerter Obelisk, dessen Spitze von den ersten Strahlen der aufgehenden Sonne berührt wurde. Die Menschen glaubten damals, daß dies der Moment sei, in dem sich der Sonnengott darauf niederließe. In der Form dieser oft vergoldeten Spitze überdauerte die Pyramide als Pyramidion – das den aus dem Urozean auftauchenden Urhügel darstellen sollte – die Jahrtausende altägyptischer Kulturentwicklung.

59 Felsengräber von Beni Hassan um 1925

Bei den Nachfahren der »kleinen Pharaonen«

Die Expedition kehrte nach Abschluß der Arbeiten im Fajum in die Landeshauptstadt zurück. Noch heute endet, bedingt durch den einsetzenden Sommer, die archäologische Saison für ausländische Missionen spätestens im Juni. Die Zeit in Kairo diente zur Erholung. Gleichzeitig wurden aber auch die notwendigen Vorbereitungen für eine Nilreise nach Oberägypten getroffen. In diesen Wochen erhielt Lepsius aus dem Lager bei Hawara die Nachricht, daß der zur Aufsicht dort gebliebene Zeichner Frey schwer erkrankt sei. Lepsius ließ ihn daraufhin nach Kairo holen; sein Gesundheitszustand war besorgniserregend. Offensichtlich hatten Ruhramöben zur Ausbildung eines schmerzhaften, gefährlichen Leberabszesses geführt. Der konsultierte Arzt erklärte, daß nur eine Rückreise nach Europa zur Genesung führen könne. Am 13. August 1843, drei Tage vor Beginn der Schiffsreise nach Süden, verließ Frey Ägypten. Sein Ausscheiden aus der Expedition wurde von Lepsius sehr bedauert: »Möge das heimische Klima den ebenso talentvollen als liebenswürdigen Freund, an dem wir alle viel verlieren, bald wieder kräftigen.«

Auf der Schiffsreise nach Süden, an der auch die beiden englischen Zeichner Joseph Bonomi und James Wild vereinbarungsgemäß nicht mehr teilnahmen, wurde unterwegs mehrfach Station gemacht. Man besuchte zu Fuß oder auf mitgenommenen Eseln die wichtigsten der damals bekannten Stätten am Nillauf. Nur in Höhe der heutigen Provinzhauptstadt Minia verweilte die Expedition einige Tage. Eine Reihe von größtenteils stark beschädigten Felsengrä-

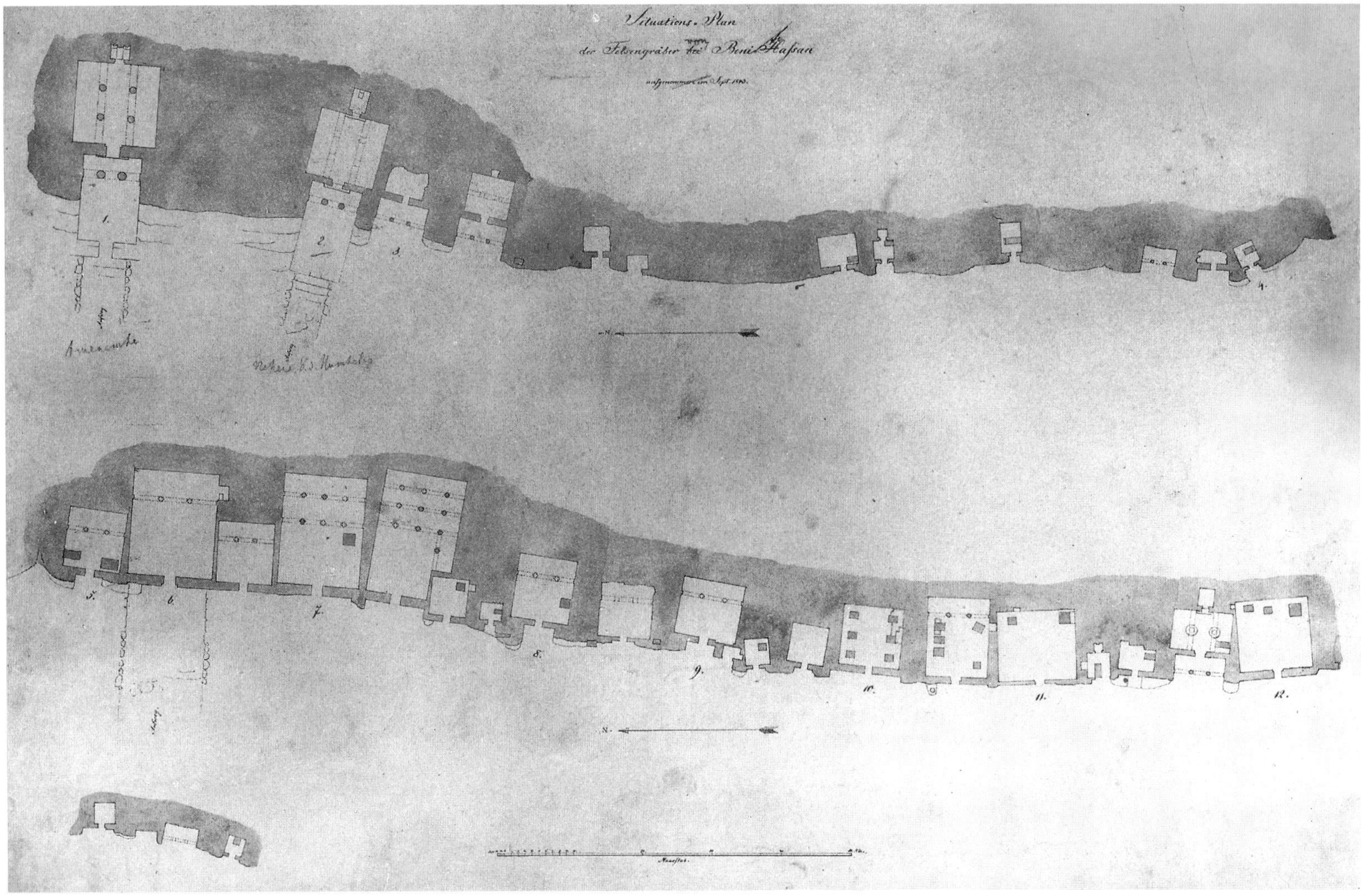

60 Situationsplan der Felsengräber von Beni Hassan

61 Eingang zum Grab des Chnumhotep um 1925

bern aus dem Alten Reich hatte das Interesse erregt. Am 30. August erreichte die Expedition das 266 km südlich von Kairo am Nil gelegene Beni Hassan und blieb hier insgesamt sechzehn Tage. Zahlreiche Reisende, unter ihnen der Entzifferer der Hieroglypen, Champollion, hatten früher schon diesen Ort besichtigt und Kunde von herrlichen Felsengräbern nach Europa gebracht. Diese befinden sich in den dicht am Nil gelegenen Felswänden des Arabischen Gebirges, also am Ostufer des Flusses (Abb. 59). In einem Brief an Alexander von Humboldt, den Lepsius lange nach seinem Aufenthalt in Beni Hassan geschrieben hat, heißt es: »In Beni Hassan habe ich ein ganzes Felsengrab vollständig auszeichnen lassen; es soll ein Specimen des großartigen Stils der Architektur und der Kunstübung überhaupt ... während der mächtigen zwölften Dynastie abgeben« (Abb. 61).

Es spricht für die Weitsicht und den Kenntnisreichtum des Expeditionsleiters, daß er unter neununddreißig Felsen-

62 Dekoration der Ostseite der Kultkammer im Grab des Chnumhotep

gräbern (Abb. 60) genau jenes ausgewählt hatte, welches in der Forschung zur ägyptischen Geschichte heute als eine der wichtigsten Quellen für die Beurteilung der gesellschaftlichen Verhältnisse während der 12. Dynastie (1991–1785 v. u. Z.), der Blütezeit des Mittleren Reiches, angesehen wird. Diese klassische Periode war durch großangelegte Wirtschafts- und Verwaltungsreformen unter den Pharaonen Amenemhet und Sesostris – ihre Pyramiden hatte die Expedition auf der Reise durch das Fajum erforscht – begründet worden. Nach den Wirren der sogenannten Ersten Zwischenzeit (2155–1991 v. u. Z.) gelang es diesen beiden Königen, die eingetretenen Veränderungen auf ökonomischem Gebiet rückgängig zu machen. Das Land war durch sie stark geschwächt und in seiner Entwicklung gehemmt worden. Nach dem Muster des Alten Reiches wurden Wirtschaft und Verwaltung wieder zentralisiert. Das zum Ende der ersten Blüte Ägyptens entstandene Großgrundeigentum, das sich hauptsächlich die Vorsteher der einzelnen Verwaltungsbezirke, die sogenannten Gaufürsten, angeeignet hatten, brachten die Herrscher des Mittleren Reiches erneut unter staatliche Kontrolle und entmachteten damit die zahlreichen »kleinen Pharaonen«. Zudem erreichten sie durch den Ausbau des Bewässerungssystems und durch die Kolonisation des Fajum eine Stärkung der Wirtschaft.

Die Gräber von Beni Hassan werfen Licht auf die Lebensverhältnisse einer Gaufürstenfamilie aus der ersten Hälfte der 12. Dynastie. Ihr Begründer, Chnumhotep I. (»[Der Gott] Chnum ist gnädig«), hatte durch militärische Dienste das Vertrauen des Herrschers erlangt und war daraufhin von diesem zum Verwalter des 16. oberägyptischen Gaus eingesetzt worden. Damit löste ein dem König treu ergebener Beamter einen auf Selbständigkeit bedachten Gaufürsten ab. Die ungewöhnlich ausführliche Biographie seines Enkels, Chnumhoteps II. – dies ist der Inhaber jenes Grabes, das durch die Lepsius-Expedition erstmals vollständig dokumentiert wurde –, läßt den weiteren Gang der Dinge erkennen. Diese Inschrift, die aus 222 vertikalen Zeilen besteht – auf Abbildung 62 sind unterhalb der Darstellung des sich auf einer Jagd vergnügenden Grabherrn links ihr Anfang und rechts ihr Ende zu erkennen –, war schon früher mehrfach kopiert worden. So auch von Champollion, der jedoch die ganze Felsengräberanlage für wesentlich jünger hielt. Auch nach dem Besuch von Lepsius, selbst nach der Publikation der Expeditionsergebnisse, hielt das Interesse an, da bei Lesungs- und Übersetzungsversuchen anhand der Kopien Schwierigkeiten auftraten. Doch stellte sich heraus, daß Max Weidenbach hier nicht fehlerhaft gearbeitet hatte. Auch im Original enthält die Inschrift manche Fehler und schlechte Hieroglyphen, besonders in den Zeilen 199–220.

Einleitend heißt es nach Angabe von Titeln und Herkunft des Grabinhabers: »Er machte das Grab als sein Denkmal, um in seinem Nekropolengrab seinen Namen gedeihen zu lassen und damit es ihn für immer verherrliche.« Nachdem Chnumhotep versichert hat, daß alle Leute seines Hauses einschließlich der Handwerker, je nach ihrer Stellung, wohl versorgt sind, heißt es in direkter Rede: »König Amenemhet II. setzte mich als Fürsten und Vorsteher der östlichen Wüsten ... in das Erbe des Vaters meiner Mutter ein ... Er stellte mir den südlichen Grenzstein auf und setzte mir den nördlichen so fest, wie es der Himmel ist. Und er teilte den Nil auf seiner Mitte als westliche Grenze. Es geschah so, wie es dem Vater meiner Mutter bereits durch einen Ausspruch getan wurde, der einst aus dem Munde des Königs Amenemhet I. gekommen war.« Aus dem weiteren Wortlaut der Rede Chnumhoteps wird ersichtlich, daß vor der Einsetzung seines Großvaters die Zustände im Gau noch recht chaotisch waren. Erst Amenemhet I. und mit ihm der Familienstammvater stellten Recht und Ordnung nach dem, »was in den alten Schriften war«, wieder her. Dieses loyale Verhalten belohnte der König, indem er dessen ältesten Sohn zum Amtsnachfolger für ihn benannte und dessen Tochter an den Hof holte. Hier wurde sie mit einem hohen Beamten verheiratet. Aus dieser Ehe stammt Chnumhotep II., der sich deshalb als »edel von Geburt an« bezeichnet. Als Fürstensohn wurde auch er in das Erbe seines Großvaters eingesetzt. Doch die letztlich aus dessen Wohlverhalten resultierende Familienkarriere war damit noch nicht beendet.

Chnumhotep II. heiratete die Tochter des benachbarten Gauverwalters, und später übernahm der älteste Sohn aus dieser Ehe dessen Funktion. Doch Chnumhotep II. hatte sechs Söhne und zwei Töchter. Der Zweitälteste folgte dem Vater im Amt. Ein anderer Sohn, der ebenfalls sein Grab in der Felswand von Beni Hassan hat, trug die Ehrentitel des Vaters und war sicher ähnlich versorgt wie die übrigen Kinder. So macht die Biographie des Chnumhotep deutlich, wie sich infolge der gesellschaftlichen Entwicklung am Ende des Alten Reiches und der Ersten Zwischenzeit die Geisteshaltung einer Amtserblichkeit herausgebildet haben mag. Doch jetzt im Mittleren Reich kommt die Abhängigkeit vom König, der die Ämter vergibt, zum Ausdruck. Erst als erneut die staatliche Ordnung während der dem Mittleren Reich folgenden Zweiten Zwischenzeit (1784–1650 v. u. Z.) stark gestört wird, setzt sich die Erblichkeit unabhängig vom König durch. Aber die Auswüchse dieser Periode – beispielsweise ist der Verkauf eines Bürgermeisteramtes für etwa 5½ kg Gold belegt – werden später als moralisch anstößig empfunden. »Ämter haben keine Kinder« – so heißt es in einer Erziehungslehre aus dem Neuen Reich.

Die Gestaltung des Grabes für Chnumhotep II. oblag dem »Schatzmeister« Baket. Dies ist am Ende der großen Inschrift, die in Art eines Postaments die Wände des Hauptraums im Grab umlaufend schmückt, vermerkt. Doch Baket hat sich auch selbst dargestellt: Unmittelbar über der in Bildmitte befindlichen Tür, die in einen Nischenraum führt, sitzt der Grabherr versteckt hinter einem Schilfschild; mit einem Klappnetz ist er auf Vogelfang. Hinter ihm steht sein ältester Sohn, gefolgt von Baket (Abb. 63). Lepsius glaubte aus der merkwürdigen Brust-Bauch-Gestaltung, der im Original hell gegebenen Körperfarbe und dem längeren Kleide auf einen Eunuchen schließen zu können. Doch über Haremswächter ist im alten Ägypten nichts bekannt; auch ist ein entsprechender Begriff im Altägyptischen nicht belegt. Die Inschriftenzeile über Baket nennt seinen Namen und Titel, und er hat sich vielleicht so fettleibig wiedergegeben, wie er war. Derart eigenwilligen Selbstdarstellungen von Künstlern kann man auch später noch begegnen.

Beiderseits des Nischeneingangs, der von Opferformeln für den Toten eingerahmt wird, ist der Grabinhaber stehend auf einem Papyrusboot abgebildet. Während er rechts Fische speert, zeigt die linke Darstellung ihn im Papyrusdikkicht mit einem Wurfholz auf Vogeljagd. In beiden Fällen wird er von Familienmitgliedern bei diesem königlichen Vergnügen begleitet. Das Boot schwimmt auf einem Gewässer, in dem sich zahlreiche Fische, aber auch Krokodile und Nilpferde tummeln.

Beide Wandflächen sind ähnlich aufgeteilt. Die Boote, die Körperhaltungen des Grabherrn sind beinahe identisch;

63 Detail
der Ostseite mit
dem Bild des
Bauleiters Baket

64, 65 Details
der Ostseite mit
Darstellungen des
Fischerstechens

66 Tägliches Leben auf der Totenstiftung des Chnumhotep

ebenso die Art, Nebenfiguren auf kurzer Standfläche ganz unvermittelt in den Raum zu stellen. Die kleinen Randszenen enthalten viel liebevoll Beobachtetes. Dort, wo der Verstorbene sich bei einer Vogeljagd im Papyrusdickicht vergnügt, erkennt man wieder das Fischfang-Motiv, das schon im Grab des Anch-Chephren so lebendig gezeichnet worden war (vergleiche Abb. 17). Die gegenüberliegende Fläche ist einem Geschehen gewidmet, das den Toten zu Lebzeiten als Zuschauer erfreute (Abb. 65): Auf drei Papyrusbooten wird im scherzhaften Wettkampf das sogenannte Fischerstechen vorgeführt. Mit Stake und Stechpaddel versuchen die einzelnen Mannschaften vorwärts zu kommen, aber auch die Boote der anderen Seite zu entern oder zum Kentern zu bringen. Das Entern scheint nicht geglückt zu sein; während die eine Mannschaft sich bemüht, ihren ins Wasser gefallenen Kameraden wieder an Bord zu holen, versucht der Gegner ihn am Fuß zurückzuziehen. Die dritte Besatzung ist noch damit beschäftigt, einen Fischer zu bergen. Die Freude darüber, daß das gelingt, ist groß. Verständlich, denn blickt man nochmals auf den darüberliegenden Bildstreifen, so erkennt man die lauernden Gefahren – Nilpferde und Krokodile.

Vor beiden war die Furcht groß. Obwohl man das Nilpferd als Göttin Thoëris, die auch mit Krokodilskopf, Löwenfüßen und Menschenarmen dargestellt sein konnte, verehrte und in ihr eine Schützerin der Entbindung sowie von Mutter und Kind sah, kannte man die Gefährlichkeit dieses Tieres. Ebenso ambivalent war die Einstellung zum Krokodil, und dies nicht nur im Vergleich von realer und mythischer Umwelt. Ursache hierfür war das Verhalten des Reptils. Allabendlich kehrt es mit Sonnenuntergang in das Wasser zurück. Morgens kommt es bei Sonnenaufgang ans Land und lagert mit meist offenem Rachen am Ufer oder auf Sandbänken. So wurde es im Mythos zu einem Wesen, das am Abend die Sonne verschluckt, um sie morgens wieder auszuspeien; es wurde zur Verkörperung der Finsternis, zum Vernichter des Sünders beim Gericht über den Verstorbenen im Jenseits. Doch das gleiche Verhalten ist es, welches aus dem Krokodil einen Herrn der Zeit macht, ein Sinnbild der Ewigkeit und der Regeneration. Als Gott Sobek, den später die Griechen Suchos nannten, genoß es von altersher sowohl im Süden als auch besonders im Fajum Verehrung. Während man lebende Krokodile als Inkarnation des Gottes in heiligen Teichen hielt, sie hier fütterte, nach dem Tode mumifizierte und feierlich bestattete, galten sie in freier Natur als Gefahr. Sie konnten, griffen sie einen beim Fischerstechen ins Wasser gefallenen Mitspieler an, trotz der an sie geknüpften religiösen Vorstellungen ohne Umstände von den Mannschaften gemeinsam getötet werden.

In einen völlig anderen Bereich des täglichen Lebens führen die Darstellungen auf der linken Seite der westlichen Grabkammerwand (Abb. 66). Im obersten Bildstreifen werden ganz rechts zwei Zimmerleute bei der Arbeit gezeigt. Dahinter befindet sich eine Szene, in der ausführlich das Waschen von Wäsche geschildert wird. Der »Vorsteher der Wäscher« bringt in einem zugeschnürten Beutel wohl die schmutzige Wäsche. Zwei andere Männer empfangen sie und weichen sie in einem Bottich ein. Dann wird die Wäsche mit Keulen geschlagen und anschließend nochmals in einem Gefäß gespült. Schließlich wird sie mit Hilfe von Stöcken ausgewrungen; das gleiche Verfahren war ja auch zum Auspressen des Fruchtfleisches bei der Weinherstellung verwendet worden. Die Arbeit überwacht der Siegler Hotep-er-au, als Zeichen seiner Würde den Stock in der Hand.

Der darunterliegende Bildstreifen berichtet über einen Besuch des Grabherrn bei den Zimmerleuten, die für ihn aus Holzbrettchen ein Boot bauen. Ein einzelnes Wort bezeichnet lakonisch die Tätigkeit: »mit dem Meißel arbeiten«. Die jeweiligen Verrichtungen sind durch die getreu wiedergegebenen Instrumente zu unterscheiden. Zwei Männer glätten mit einer handlichen Axt die Bordwände. Deutlich sieht man, wie die Klinge durch Bänder befestigt ist. Hierfür verwendete man aus Tierhäuten geschnittene Riemen, die naß aufgelegt wurden. Beim Trocknen schrumpfte das Material und garantierte der Klinge einen sicheren Halt. Ein dritter Mann umfaßt wohl den gleichen keulenartigen Gegenstand, den auch der Zimmerer am Bug gerade schwingt, um auf den Meißel zu schlagen. Das noch heute gebräuchlichste Werkzeug des ägyptischen Zimmermanns benutzt die am Heck hockende Person. Es ist eine Art Hacke (Dechsel), die sich in der Frühzeit aus einer normalen Astgabel entwickelt haben dürfte. An einem gewinkelten Holzschaft ist quer dazu eine Klinge im gleichen Verfahren wie bei der Axt befestigt. Durch leichtes Hacken und Ziehen konnte mit diesem Werkzeug die bereits bearbeitete Holzoberfläche abschließend geglättet werden. Da für den Fortgang der Arbeiten noch Material benötigt wird, fällen im Rücken des Grabherrn zwei Männer mit der kleinen, handlichen Axt weitere Bäume. Offensichtlich handelt es sich um Dattelpalmen, deren Früchte ein dritter Mann pflückt. Mehrere Antilopen versuchen, Datteln und Blätter

67 Tägliches Leben auf der Totenstiftung des Chnumhotep

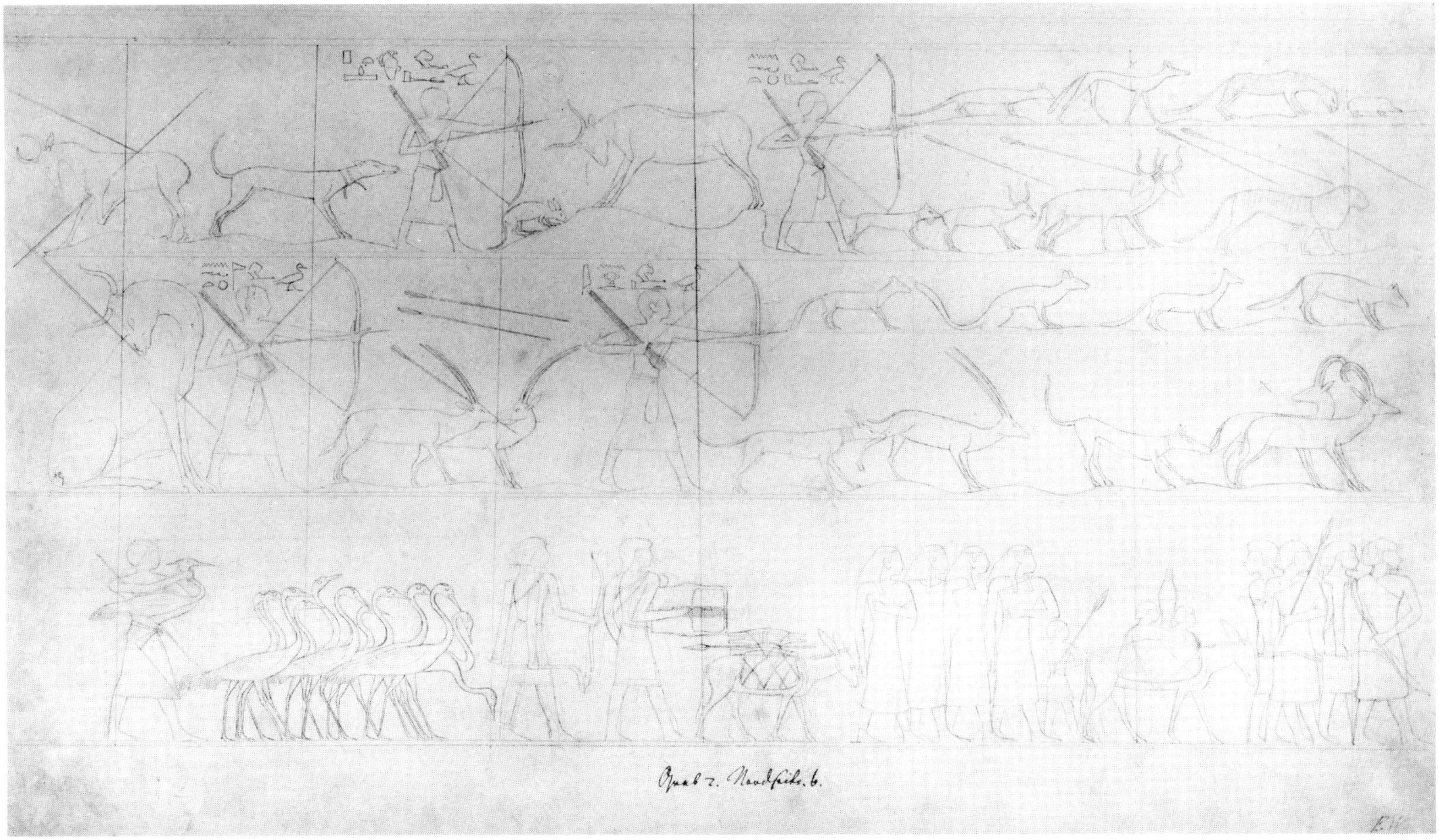

68 Wüstenjagd

abzureißen. Am linken Bildrand ist schließlich noch eine Töpferei abgebildet.

Auch die rechte Seite der westlichen Grabkammerwand ist mit Szenen aus dem täglichen Leben auf den Besitzungen des Grabherrn dekoriert (Abb. 67). Im obersten Bildstreifen erkennt man, daß landwirtschaftliche Produkte registriert werden. Laut Inschrift sollen sie der Totenstiftung Chnumhoteps zugute kommen. Eingehendes Getreide wird genau abgemessen, das Ergebnis notiert. Sodann transportieren Bedienstete es in den Speicher, und nochmals werden die Mengen zur Gegenkontrolle aufgeschrieben. Offensichtlich war die Sorge, daß unterwegs Verluste auftreten, groß. Unterhalb der Abrechnung ist wieder das Motiv der Feldarbeit zu erkennen. Doch dieses Mal ist es nicht nur die Getreide-, sondern auch die Flachsernte. Die Stengel werden, unmittelbar nachdem sie mit der Hand aus dem Boden gezogen wurden, zu kleinen Garben gebündelt. Ein Schreiber notiert die Anzahl der Büschel. Später wird daraus sowohl Leinöl als auch Leinen hergestellt. Doch scheint die Ladung auf dem Rücken des Esels nicht richtig gepackt zu sein, denn sie droht herunterzurutschen. Neben dem Treiber wird auf dem abgesichelten Feld nachgelesen. Herabgefallene oder stehengebliebene Ähren werden in einen Korb gesammelt, denn anschließend soll das Stroh geschnitten werden. Zwei Schnitter sind rechts von der Szene damit beschäftigt, allerdings muß der eine von beiden pausieren: Er hat sich mit der Sichel die Hand verletzt, mit der er die einzelnen Stoppelhalme zu Büscheln zusammengerafft hatte. Am rechten Bildrand sind Rinder mit ihrem Treiber auf der Dreschtenne zu sehen.

Feldarbeit ist auch das Thema des folgenden Registers; hier ist es die Ackerbestellung, über die berichtet wird. Rinder ziehen die Pflüge und werden durch Rufe wie »Lauft schnell!« und »Herum!« angespornt. Über dem ersten Rinderpaar steht der Anfang eines Liedes, das gern beim Pflügen gesungen wurde. Doch bevor man mit dem Aufreißen des Bodens beginnen konnte, wurde dieser von Steinen und anderen Ablagerungen der Nilflut gereinigt. Hierzu benutzte man Hacken. Am Feldrain unterhalten sich zwei Männer. Ihre Rede ist nicht aufgeschrieben; wichtiger für die Ver-

69 Wüstenjagd

ewigung der Person sind ihr Titel und Name. Links steht ein Sohn des Grabherrn, der Vorsteher der Truppe Nefer. Sein Gegenüber ist der für die Felder zuständige Vermögensverwalter Netjer-nacht (»Gott ist stark«).

Auf der fast 10 m langen und mehr als 4 m hohen Bildfläche der südlichen Kammerwand werden in schier endloser Prozession dem vor einem gedeckten Opfertisch sitzenden Grabherrn Gaben gebracht. Auf der gegenüberliegenden Wand ist unter anderem eine Wüstenjagd dargestellt (Abb. 68). Der hier gewählte Ausschnitt läßt den links stehenden Grabherrn, der soeben den Bogen gespannt hat, nicht mehr erkennen; dafür aber vier seiner Söhne. Im hügligen Gelände der Wüste stehen auch sie mit gespanntem Bogen. Die beiden ältesten, Nacht und Chnumhotep, haben schon zahlreiche Pfeile verschossen, während ihre jüngeren Brüder Neherj und Netjer-nacht noch die meisten in der Hand halten. Alle tragen sie die zeitgemäße Jagdtracht, die von den Kriegern übernommen wurde. Über dem eng anliegenden Schurz hängt ein aus Leder gefertigtes Vorderblatt, das in modischer Form beschnitten ist. Ursprünglich gehörte dieses Vorderblatt als stabiler, schützender Lederlappen, dessen Form sich aus dem verwendeten Tierhautteil ergab, zur Tracht nubischer Söldner. Wenig praktisch dürfte für die Jäger der recht lange Schurz gewesen sein. Doch die kurzen, wohl aus Fell oder Tierhaut gefertigten Jagdkleider, die man zur Zeit des Alten Reiches trug, waren längst vergessen.

Zahlreiche Tierarten konnten in der Wüste gejagt werden. Neben verschiedenen behörnten Huftieren sind auch Raubtiere und Igel erhoffte Beute (Abb. 69). Abgesehen von dem hier erlebbaren Jagdvergnügen, schien die Wüste dem Ägypter voller Bedrohung zu sein, ein Stück Chaos, das seine Phantasie mit Fabelwesen bevölkerte. Eines davon ist ein Leopard mit Flügeln und Menschenkopf auf dem Rücken, was im vorliegenden Fall sicherlich vor allem die Schnelligkeit des Tieres andeuten soll. Sehr naturgetreu sind die Gefahren auch dort geschildert, wo zwei gebärende Antilopen abgebildet sind. Ein Hund schnappt nach dem noch halb im Mutterleib befindlichen Kalb. In der Situation größter Hilflosigkeit des Muttertieres wird das flinke Wild

70 Händler aus Asien vor Chnumhotep

so leicht zur Beute von Mensch und Raubtier. Die vielen Antilopen, die im pharaonischen Ägypten gemästet wurden, hat man auf diese Weise gefangen.

Unterhalb der Wüstenjagd ist eine zum Grabherrn ziehende Gruppe von Ausländern zu erkennen. Der sie anführende Schreiber hält in der Hand einen Papyrus mit Hieroglyphen – das Original jedoch hat an dieser Stelle hieratische Zeichen; Ernst Weidenbach übertrug sie nach einer Vorgabe von Lepsius zur besseren Lesbarkeit in Hieroglyphen. Für die alten Ägypter hatten sich diese Zeichen als wenig geeignet erwiesen, rasch mit einem Pinsel Notizen, Briefe oder sonstige Informationen auf Papyrus zu fixieren. Etwa gleichzeitig mit der Erfindung der Hieroglyphen entwickelten sie auch eine Kursive, indem die mit Innenzeichnung versehenen kleinen Bilder stark vereinfacht wurden. Doch im Gegensatz zu der etwa im 7. Jahrhundert v. u. Z. sich aus dieser hieratischen Kursive bildenden demotischen Schrift – »Volksschrift« bezeichnete Herodot diese Art, da das Hieratische und die Hieroglyphen zu seiner Zeit vorwiegend im religiösen Bereich verwendet wurden – entspricht je einem hieratischen Schriftzeichen eine bestimmte Hieroglyphe.

Doch was ist der Inhalt jenes Papyrus, der dem Grabherrn vorgezeigt wird? »6. Jahr der Majestät des Horus, des Vereinigers der beiden Länder, des Königs von Ober- und Unterägypten, Sesostris II.: Die Zahl der Asiaten, die durch den Sohn des Grafen Chnumhotep wegen der Augenschminke gebracht wurden, beträgt 37 Asiaten aus dem Nachbarland Schu.« Ähnlich die Hieroglyphenzeile über der Prozession: »Kommen und Übergeben der Augenschminke, die ihm 37 Asiaten bringen.«

Die farbliche Gestaltung dieser Szene, die in ihren Umrissen in Originalgröße abgepaust worden war, ist auf den jeweiligen Flächen notiert worden. Nach Rückkehr in die

Heimat wurden verkleinerte Darstellungen im Haus von Richard Lepsius unter seiner Anleitung koloriert. Der erste Versuch dazu, der am Probeabzug der lithographierten Zeichnung gemacht wurde, ist im Expeditions-Archiv erhalten geblieben (Abb. 70). Er gibt einen guten Einblick in die schon erläuterte Herstellung der Vorlagen für die später farbig gedruckten Blätter. Zu diesem Zug von Ausländern schrieb Lepsius in dem schon erwähnten Brief an Humboldt: »Ich habe die ganze Darstellung, die etwa 8 Fuß in der Länge, 1½ in der Höhe einnimmt und noch sehr gut erhalten ist, durchgezeichnet, da sie nur gemalt ist. Der königliche Schreiber Nefruhotep, welcher die Gesellschaft vor dem hohen Beamten, dem das Grab gehört, einführt, überreicht demselben ein Blatt Papyrus. Auf diesem wird das sechste Jahr des Königs Sesurtesen II. genannt, in welchem jene Familie von 37 Personen nach Ägypten kam. Ihr Haupt und Herr hieß Ascha, sie selbst Aamu, ein Volksname, der sich bei derselben hellfarbigen Menschenrasse wiederfindet, welche mit drei anderen Rassen öfters in den Königsgräbern der neunzehnten Dynastie abgebildet ist.« Und an anderer Stelle im Brief steht zu den Flachbildern in Gräbern von Beni Hassan: »Dabei ist es interessant, in den reichen Darstellungen an den Wänden, welche die hohe Stufe der friedlichen Künste sowie des ausgebildeten Luxus der Großen damaliger Zeit vor Augen führen, auch schon den Vorboten jenes großen Mißgeschickes, das Ägypten für mehrere Jahrhunderte unter die Gewalt seiner nordischen Feinde brachte, zu begegnen.«

Aus einer im 3. Jahrhundert v. u. Z. verfaßten und in Teilen erhaltenen Geschichte Ägyptens wußte man seit langem, daß das Land am Nil einst von einem Volk aus dem Nordosten überfallen worden sein sollte. Nach dem antiken Historiker, dem ägyptischen Priester Manetho, tyrannisierte es die einheimische Bevölkerung mit Gewalt- und Greueltaten: Städte wurden niedergebrannt, altehrwürdige Heiligtümer vernichtet. Manetho benannte dieses Volk Hyksos, was er als »Hirtenkönige« erklärt. Und genau diese Bezeichnung, die Lepsius als erster richtig mit »Herrscher der Fremdländer« übersetzte, findet sich in Hieroglyphen über dem ersten Ausländer jener Gruppe, die Chnumhotep Augenschminke bringt. Doch im Gegensatz zur Überlieferung Manethos sind sie nicht als brutale Krieger, sondern als friedfertige Händler dargestellt. Aus dieser authentischen Quelle schlußfolgerte Lepsius – entgegen antiker Überlieferung –, daß die Hyksos nach und nach das Pharaonenreich unterwandert hatten. Da ein Teil der Gräber in Beni Hassan niemals fertiggestellt worden war, glaubte er sogar, das plötzliche Ende des Mittleren Reiches daran ablesen zu können. Doch die Nachfahren der »kleinen Pharaonen« waren nicht durch einwandernde Asiaten gestürzt worden.

Schon in der Regierungszeit Sesostris' II., der noch den ältesten Sohn Chnumhoteps als Gaufürsten einsetzen mußte, wurde eine Verwaltungsreform begonnen, die die Macht des Provinzadels erheblich zurückdrängte. Vollendet wurde diese Reform von Sesostris III., seinem Sohn und Nachfolger. Er regierte das Land 1878–1840 v. u. Z. mit Hilfe einer von ihm eingesetzten Beamtenschaft. Die Gaue behielten zwar ihre Bedeutung auf religiösem Gebiet, doch die Macht und Reichtum verschaffende wirtschaftliche Stellung war stark eingeschränkt. So energisch, wie die Innenpolitik Sesostris' III. gegen den Widerstand der Gaufürstenfamilien gewesen sein muß, so war auch die Außenpolitik des neuen Pharao bestimmt durch militärische Macht und Strenge. Unter seiner Führung dehnte sich Ägypten nach Süden hin aus – ganz Unternubien wurde dem Staatsgebiet angegliedert, die Grenzen nach Süden wurden wirkungsvoll gesichert. Mehrmals mußten Aufstände in diesem Gebiet niedergeschlagen werden. Auch im Nordosten, nach Palästina zu, wurde die Defensive verlassen. Ägyptisches Militär stieß bis Sichem, einer Stadt nördlich Jerusalems, vor und sicherte hier ebenfalls die Handelswege.

In dieser Zeit wäre es den Hyksos nicht gelungen, das militärisch starke Land zu unterwerfen. Erst als in der Nachfolge von Sesostris III. und seinem Sohn Amenemhet III., der über vierzig Jahre mit gleichem Erfolg wie sein Vater regierte, durch Thronwirren die Zentralgewalt erlischt, kommt es zum gesellschaftlichen Niedergang: Aufstände erschüttern das Land, Teilreiche entstehen, die Wirtschaft verfällt. Schließlich konnten in der Mitte des 17. Jahrhunderts v. u. Z. die Hyksos im Norden einen stabilen Machtbereich erringen. Von hier aus gelang es den Herrschern aus dem Fremdland durch Militäraktionen auch südlicher gelegene Gebiete in ihre Gewalt zu bringen oder sie zumindest tributpflichtig zu machen. Diese Periode erst ist die eigentliche Hyksoszeit (1650–1541 v. u. Z.), welche nach einem Jahrhundert durch den vom Süden her geführten Befreiungskampf der Könige der 17. Dynastie beendet wurde. Endgültig konnte der Begründer der 18. Dynastie (1551–1305 v. u. Z.), der in Theben residierende Pharao Ahmose, die Hyksos aus Ägypten vertreiben und das Land von Süd nach Nord wieder unter einer Krone vereinen. Das Neue Reich begann.

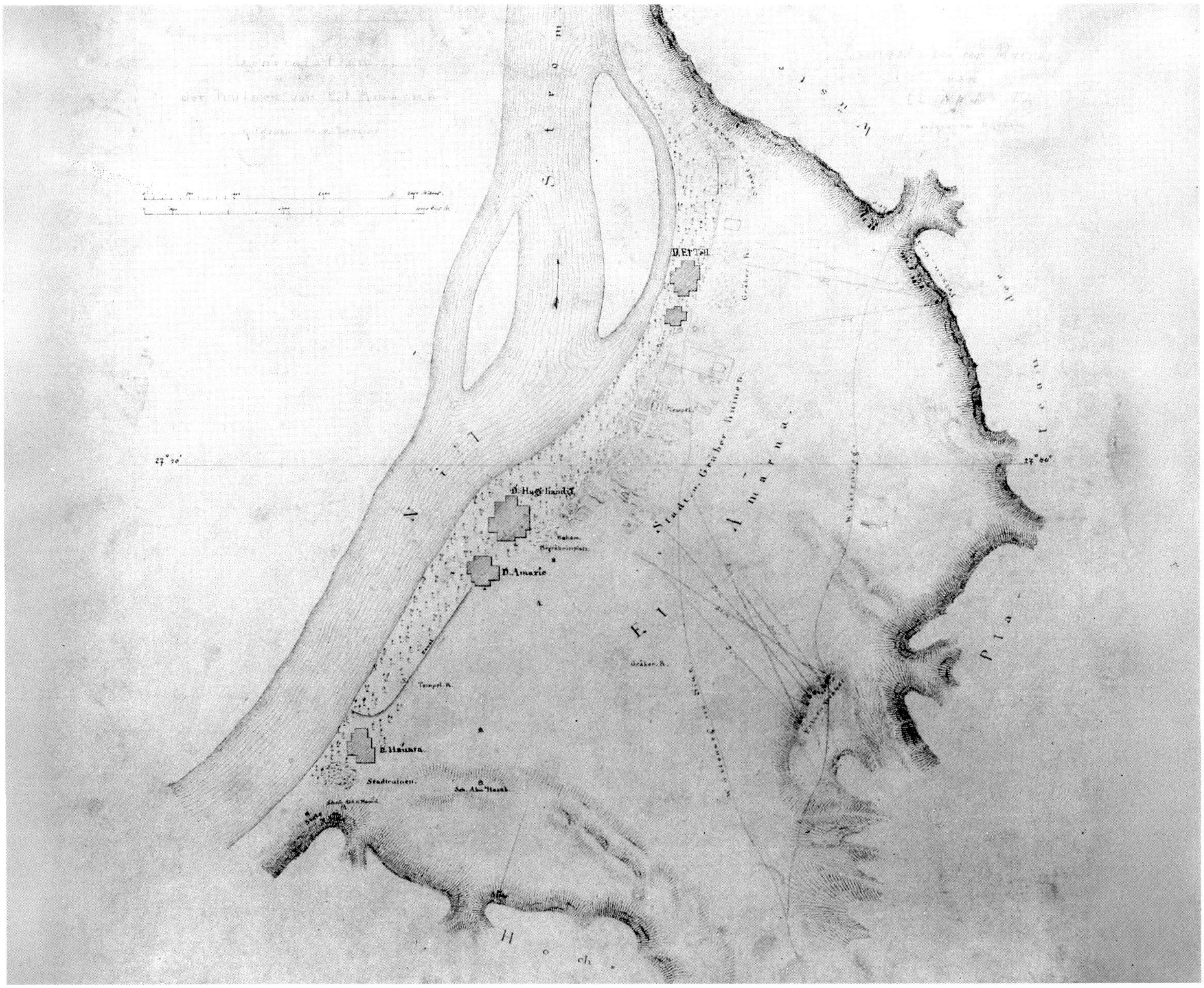

71 Plan der Ruinen von Amarna

In der Stadt Echnatons und Nofretetes

AMARNA, die Stadt vom Reißbrett, in Eile erbaut und in Eile verlassen, bewahrte im Schutz des Wüstensandes vieles, das Kenntnisse über eine Periode vermittelt, die – ebenso wie die Hyksoszeit – Ablehnung und Abscheu der Nachwelt erfahren hat. Doch während den »Herrschern der Fremdländer« mahnend und warnend durch Greuelpropaganda ein Andenken bewahrt wurde, ist Achet-Aton (»Lichtort des Aton«), wie diese Gründung einst hieß, bewußtem Vergessen anheimgefallen. Der Name ihres Stifters Echnaton (»Nützlich dem Aton«) wurde ausgemeißelt, der Name der Stadt lebte nur fort in der für den Ketzerkönig gewählten Bezeichnung »Feind von Achet-Aton«. Doch davon wußten die antiken Historiker nichts, so daß der frühen Ägyptologie die Existenz dieser einstigen Residenzstadt genauso unbekannt geblieben war wie ihr königlicher Stifter.

Daß in diesem 315 km südlich von Kairo gelegenen Gelände Ruinen als sichtbare Zeugnisse erkennbar waren, wird erstmals durch Teilnehmer am französischen Kriegszug von 1798/99 unter Napoleon berichtet. Unbekannt blieb, welcher altägyptische Ort von der Wüste bedeckt worden war. Nachdem Lepsius schon bei seinen früheren Studien in Europa Amenophis IV. (Echnaton) als einen mit den Regierungswirren am Ende der 18. Dynastie verbundenen Pharao erkannt hatte und in Inschriften bei Tell el Amarna seinen Namen wiederfand, konnte er die versunkene Stadt Echnaton zuordnen und damit ihre Entstehung und Blüte zeitlich festlegen. Die ersten Inschriften aus der Umgebung von Amarna waren schon zwei Jahrzehnte vor dem Feldzug Napoleons aufgenommen worden. Auch Champollion kopierte später hier Texte. So war die Kunde von der untergegangenen Stadt bei Kennern verbreitet; sie bemühten sich, diese mit einem durch die Griechen oder Römer überlieferten Ort zu identifizieren, zumindest aber zeitlich einzuordnen. Lepsius' Urteil hierzu: »Perring, der Pyramidenmesser, hat vor kurzem in einem Aufsatze die wunderliche Meinung, die mir aber auch hier in Kairo begegnete, ernstlich durchzuführen gesucht, daß die Monumente von El Amarna von den Hyksos herstammen; andere wollten sie gar ihrer allerdings auffallenden, doch nicht unerklärlichen Eigentümlichkeiten wegen vor Menes [das heißt vor die Zeit der Gründung des Alten Reiches] hinaufschieben ...«

Schon während der heißen Hochsommertage in Beni Hassan mußte die Arbeit in möglichst kurzer Frist bewältigt werden, sollte für den Aufenthalt im äußersten Süden des Landes die von den Temperaturen her günstige kühle Jahreszeit genutzt werden. Zudem war eine den zahlreichen und lohnenden Objekten entsprechende Aufnahme dadurch erschwert worden, daß als Zeichner nur die Brüder Weidenbach zur Verfügung standen. Der Architekt Erbkam hatte mit den vielfältigen Land- und Objektvermessungen, die stets für die exakten Pläne vorzunehmen waren, ebenfalls ein immenses Arbeitsprogramm zu erfüllen. So waren an verschiedenen Orten lediglich kurze Notizen angefertigt und von den wichtigsten Objekten zwischen Kairo und Beni Hassan Papierabklatsche abgenommen worden.

Auch in Tell el Amarna verweilte man nur kurz. Nachdem am 14. September 1843 die Arbeiten bei Beni Hassan im Interesse der Zeitplanung abgebrochen worden waren, segelte die Expedition auf dem Nil weiter südwärts. Doch bereits nach 20 km ließ Lepsius am Westufer anlegen, um das ihm aus der Literatur bekannte Felsendenkmal von Gebel Tuna zu besichtigen. Zwei Tage wurde hier gearbeitet; zum ersten Mal war man auf eine Hinterlassenschaft jenes Königs aus der späten 18. Dynastie gestoßen. Angewehter Wüstensand hatte sogar am Fuße der in eine Steilwand gemeißelten Grenzstele den Königsnamen Ach-n-Iten (Echnaton) vor der Zerstörung geschützt. An dieser Stelle endete nach der Vorstellung Echnatons das Stadtgebiet der neuen Residenz – über 20 km nordwestlich vom Zentrum entfernt. An den Nil zurückgekehrt, überquerte man den Fluß, um am Ostufer weitere Felsengräber der 12. Dynastie aufzusuchen. Am 18. September legten die Schiffe nach kurzer Wegstrecke wieder am Ostufer an, da man vom Wasser aus eine Reihe von Felsengräbern entdeckt hatte. Auch hier zeichnete man lediglich das Wichtigste auf und gelangte dann endlich am nächsten Tag zu den unweit gelegenen Stadtruinen von Achet-Aton. Man blieb nur drei Tage, denn erst die Hälfte des Weges nach Theben war überwunden, alles drängte zur Eile. Mit größeren Tagesetappen und dennoch immer wieder an den bedeutendsten Orten kurz verweilend, wurde die restliche Strecke zurückgelegt: »Seit dem 6. Oktober befinden wir uns nun in dem königlichen Theben.«

War der Besuch Amarnas in jenen Septembertagen auch nur eine kleine Episode am Rande der großen Schiffsreise nach dem Süden, so hatte er in Lepsius doch den Wunsch geweckt, auf der Rückfahrt nach Europa hier nochmals Station zu machen. Am 7. Juni 1845 legten daher die Expeditionsboote wieder am Ostufer in Höhe von Tell el Amarna an. Aus den Worten von Lepsius, die er in diesen Tagen brieflich nach Berlin sandte, spricht deutlich sein Verlangen, nach den vielen Strapazen möglichst schnell in die Heimat zu kommen. Doch volle acht Tage sollten die »merkwürdigen Felsengräber von Amarna« die Expedition in der Stadt Echnatons und Nofretetes festhalten; acht Tage, deren Ergebnis das Wissen über jene vergessene Zeit erheblich bereichern sollte.

»Mitten im Tale ziehen sich am Wüstenrand die Ruinen der Stadt hin, sie haben eine sehr große Ausdehnung, indem sie sich von El Tell bis zu dem Wadi zwischen Hagi Kandil und el Amarie erstrecken [Abb. 71] ... Von den sehr bedeutenden Ruinen ist das Einzelne sehr gut erhalten. Am nördlichen Ende der Stadt lag der Tempel ...«, notierte Lepsius bei seinem ersten Besuch im Tagebuch. 1845 fügte er hinzu: »Die Ruinen sind alle aus schwarzen Ziegeln gebaut, z. T. namentlich im nördlichen Teile mit sehr großer Regelmäßigkeit. Alles trägt das deutliche Gepräge einer gleichzeitigen Anlage; die Stadt war offenbar die neue Residenz des Königs Amenophis IV. [an dieser Stelle schrieb Lepsius zusätzlich in Hieroglyphen den Namen Echnaton], dessen Namen hier überall und allein vorkommen.«

Während Erbkam und Lepsius mit der Aufnahme der noch sichtbaren Stadtruinen beschäftigt waren, kopierten die Brüder Weidenbach altägyptische Reliefs in den nordöstlichen Felsengräbern. Hier hatten die Künstler der neuen Residenz das vergängliche Abbild dieser Stadt, in der die vergöttlichte Sonnenscheibe über Ägypten aufgegangen war, verewigt: Sonnentempel und Königspalast – für das Diesseits gebaut und von der Nachwelt mutwillig zerstört – haben hier, ägyptischem Glauben entsprechend, durch ihr Abbild die Ewigkeit erlebt.

72 (oberer Teil)
Der Sonnentempel Echnatons in Vorderansicht

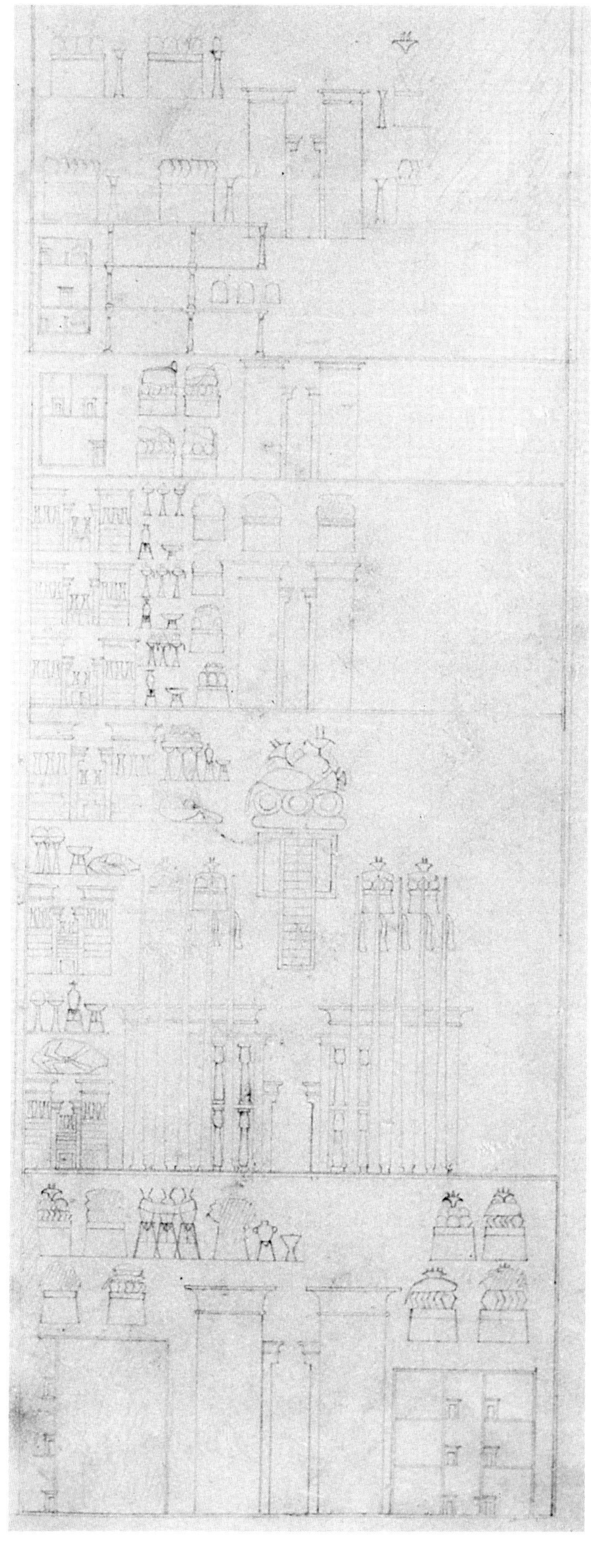

72 (unterer Teil)

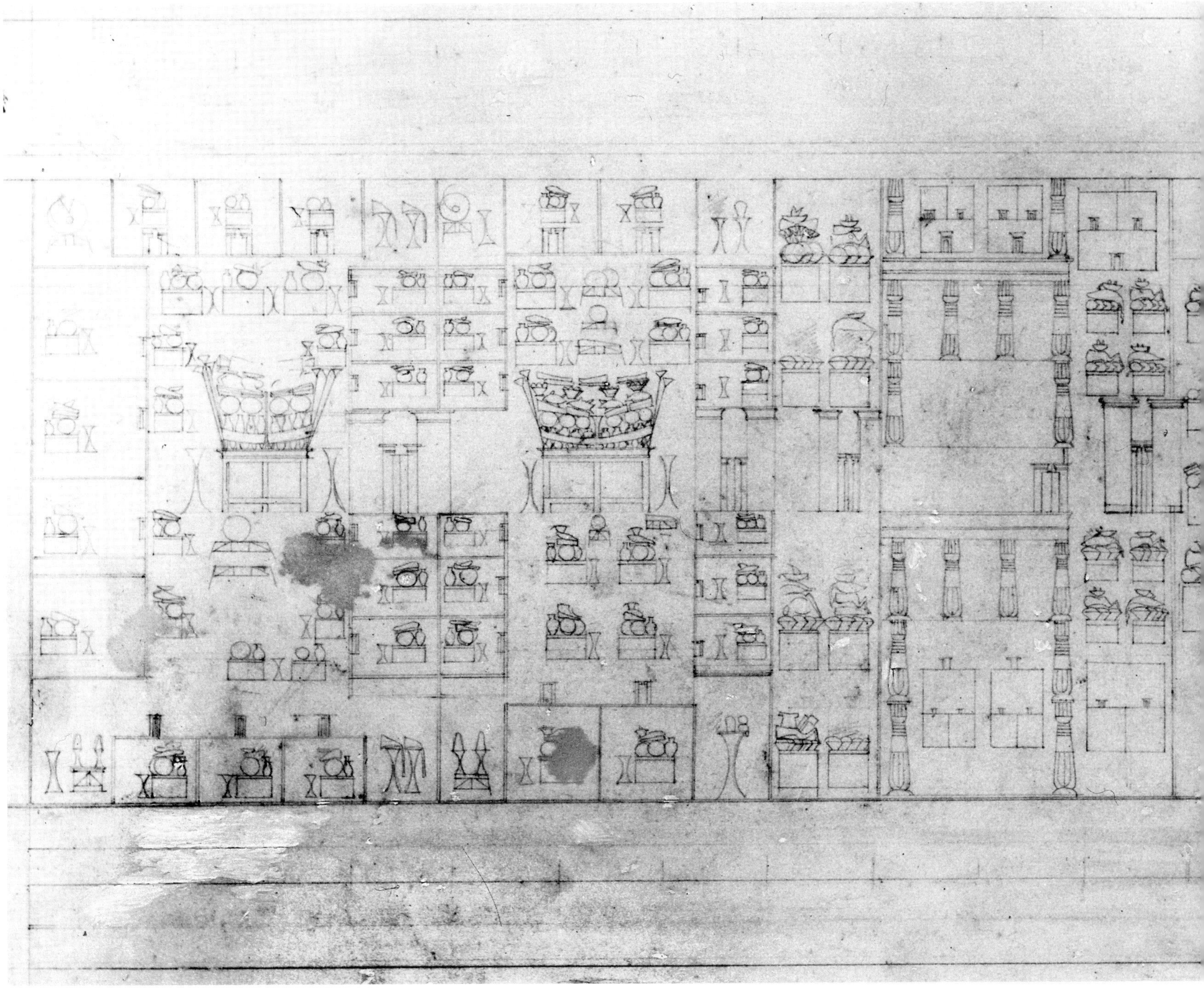

73 Der Sonnentempel Echnatons in Seitenansicht

In einer Kombination von Vogelperspektive und Vorderansicht erkennt man hinter einem links und rechts von Häusern der Wachmannschaften geschützten Eingang den mit beflaggten Masten geschmückten großen Pylon (Abb. 72). War er durchschritten, so gelangten die Anbeter der Sonnenscheibe in einen Hof, in dessen Mitte der über eine Treppe erreichbare, mit geschlachteten Rindern und Gänsen sowie mit Blumensträußen dekorierte Altar des großen Gottes stand. Die Seitenwände des Hofes bestehen aus einer Kette von Torgebäuden. Überall sind niedergelegte Opfergaben zu sehen. Sind dieser Hof und das hohe Tor an seiner Rückwand passiert, wird sogleich der Blick wieder durch einen – diesmal niedrigeren – Pylon versperrt. Er ist der Eingang zu dem mehrschiffigen und mit sechzehn Säulen gestützten Innenraum des Tempels, den die Griechen als Hypostyl bezeichneten. Dahinter erhebt sich vor einem weite-

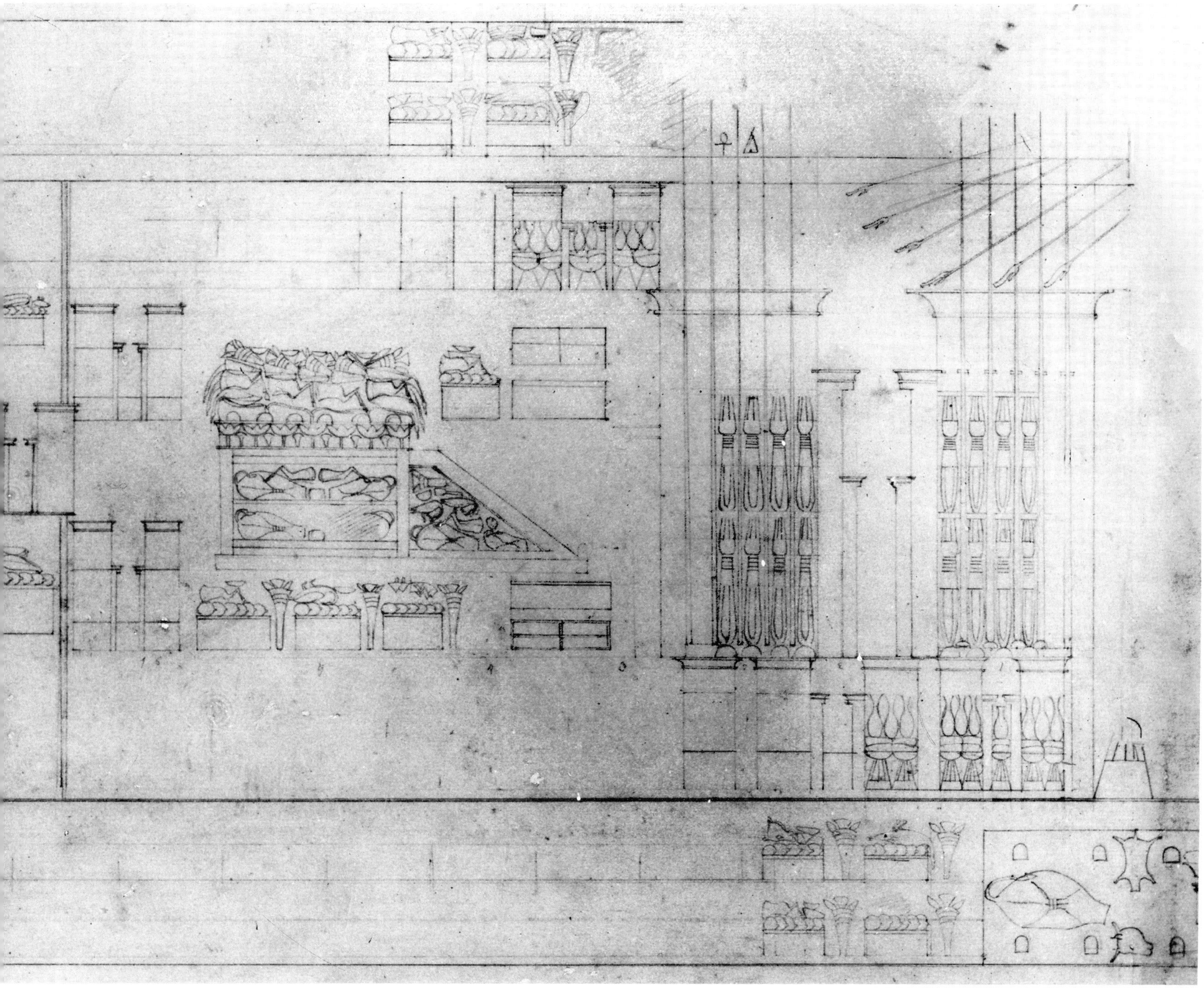

ren Innenhof erneut ein Pylon. Und war auch dieser nebst dem zum Himmel hin offenen Freiraum durchquert – an seiner Stirnwand standen sechs kleine Gebäude, in denen die Tempelgerätschaften aufbewahrt wurden –, so gelangte die Priesterschaft in den eigentlichen Kultkomplex. Zwei hintereinander liegende Höfe mit reich beladenen Opferaltären sind zu erkennen. Beidseitig vom Eingangspylon des letzten Hofes sowie an dessen Stirn- und Längswänden befanden sich Kultkammern mit weiteren Altären des Gottes Aton.

Doch nicht genug damit, auch rings um die etwa 800 × 275 m messende, »Haus des Aton« genannte Anlage befanden sich in Doppelreihe Altäre über Altäre. So zumindest vermittelt es eine weitere, dieses Mal in einer Kombination von Vogelperspektive und Seitenansicht gegebene Darstellung des Sonnentempels (Abb. 73).

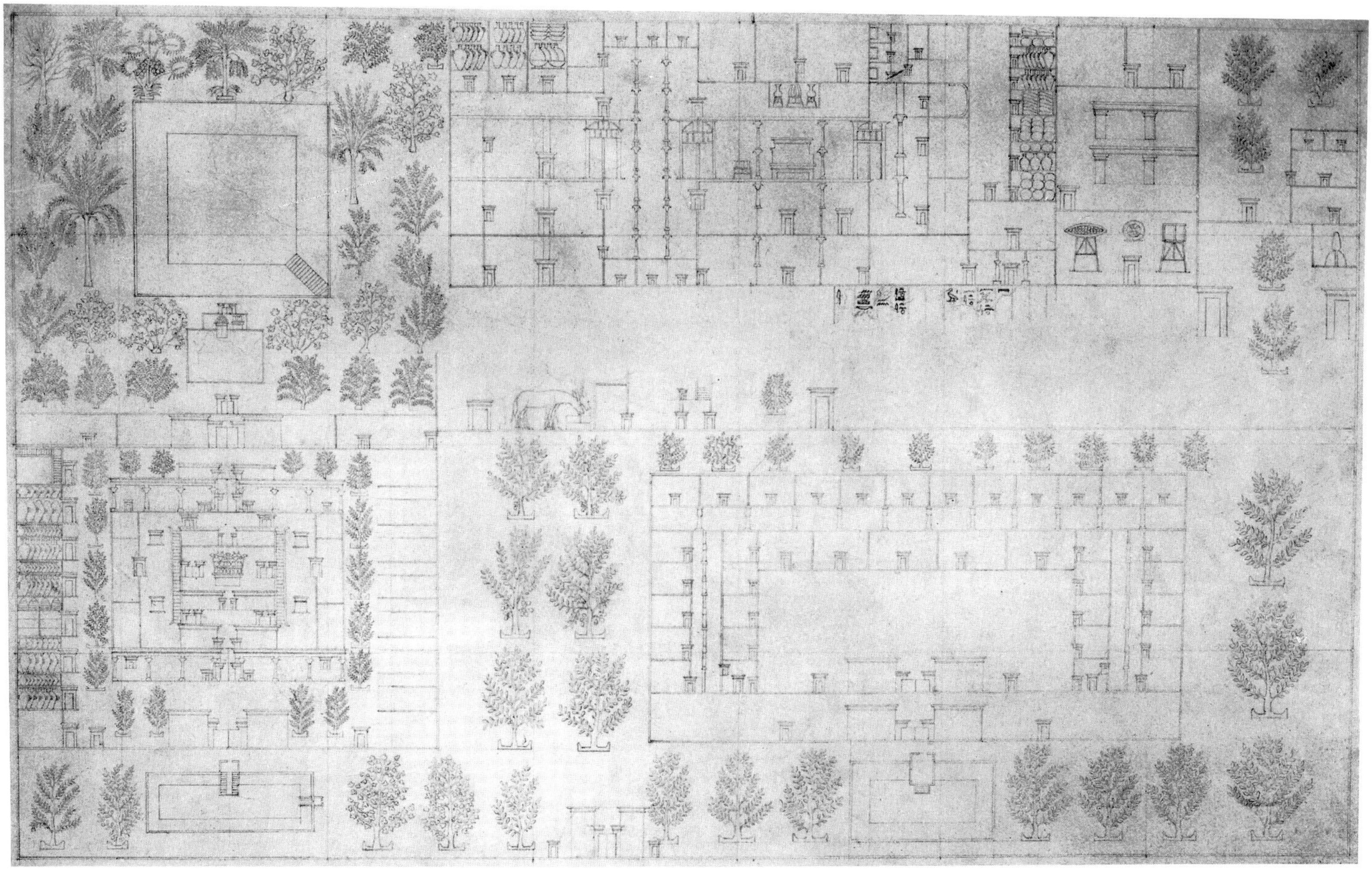

74 Der Garten des Königspalastes

Inhaber des Grabes, in dessen Reliefs Reichtum, Glanz und Schönheit der neuen Stadt und ihres Gottes trotz der späteren Verfemung sich widerspiegeln, war der Hohepriester des Aton, Meri-Re (»Geliebt von Re«). Sein Leichnam wurde im Grab nicht gefunden. Überhaupt ist unklar, ob Meri-Re jemals darin beigesetzt wurde; das Grab ist unvollendet geblieben. Nur eines ist unbestreitbar: Nach dem Tode Echnatons ist hier der Königsname gleichfalls ausgelöscht worden. Die zahlreichen mutwilligen Zerstörungen an den Inschriften bezeugen dies. Doch nicht daran liegt es, daß auch die Herkunft des Grabinhabers unbekannt blieb. Immerhin war er nach dem König der ranghöchste Priester des Aton! Die anderen Höflinge gaben in ihren Grabinschriften meist ebensowenig an, wer ihre Eltern waren – ein Umstand, der ursächlich mit der Politik des neuen Pharao verbunden ist. Wer aber war dieser Echnaton, den Lepsius nicht allein aus einer Jahrtausende andauernden Verbannung in das Gedächtnis der Menschen zurückrief, sondern dem er zugleich auch den richtigen Platz in der Weltgeschichte zuwies?

Als vierter Pharao, der seit der Geburt den Namen Amenophis trug, war Echnaton als Königssohn Vertreter einer Familie, die nach der endgültigen Vertreibung der Hyksos seit 1551 v. u. Z. als 18. Dynastie das neu geeinigte Land regierte. Die langwierigen Kämpfe mit den nordöstlichen Völkern, die seitdem immer wieder von Ägypten geführt wurden, hatten die Stellung der Militärs derart gestärkt, daß es dann zu Spannungen zwischen der in Ägypten mächtigen Amun-Priesterschaft und dem Heer kam. In diese Zeit wird der Vater Echnatons, Amenophis III. (1403–1365 v. u. Z.), hineingeboren. Etwa zwölfjährig übernimmt er den Thron. Älter geworden, wollte er im Nordosten Frieden bewahren und auch die Probleme mit den Amun-Priestern überwinden. Neben seiner Hauptfrau Teje, Tochter einer einflußreichen Beamtenfamilie, heiratete Amenophis III. in eindeutig politisch motivierten Nebenehen mehrere vorder-

75 Echnaton empfängt seine Schwiegereltern

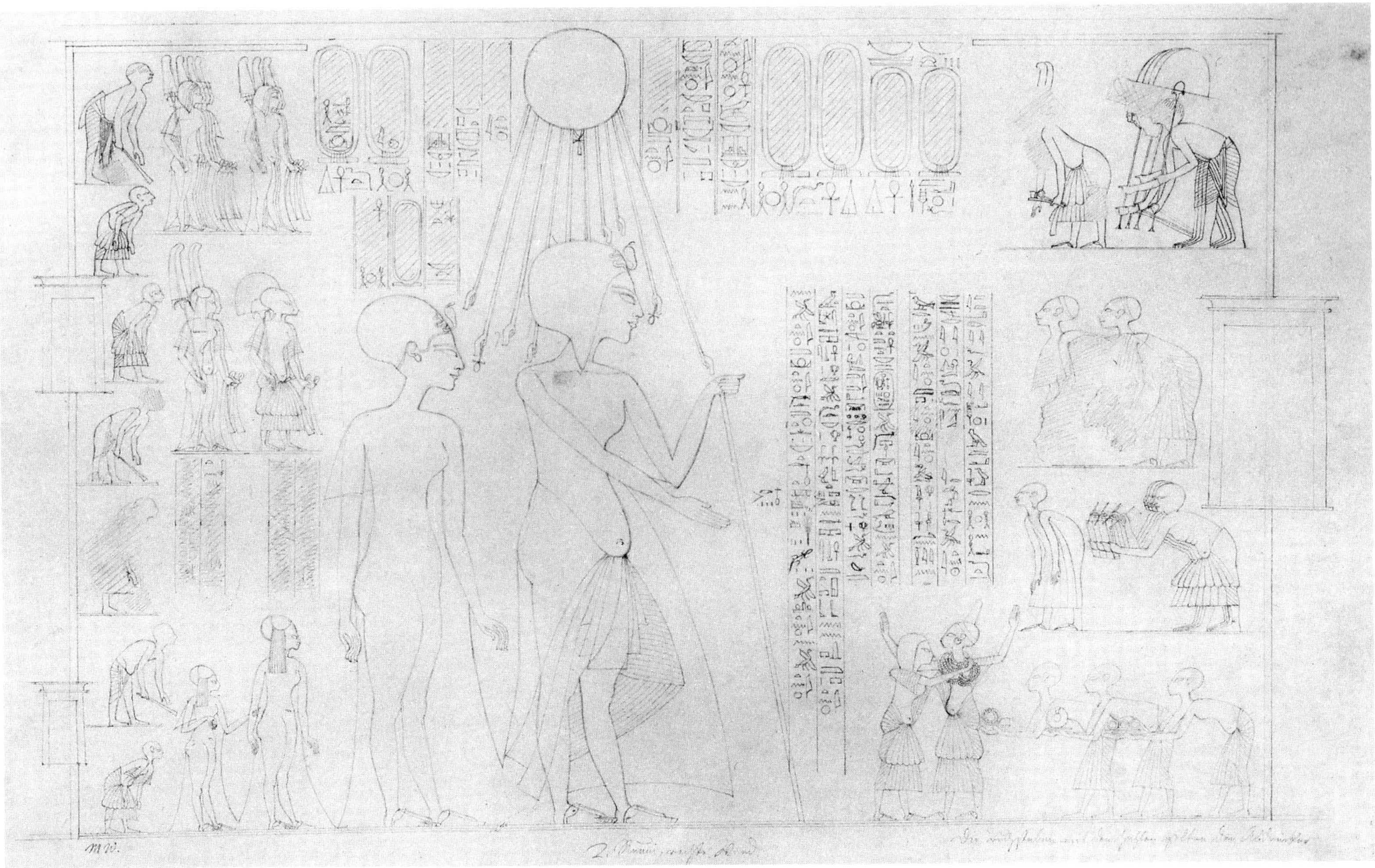

76 Echnaton empfängt Meri-Re

asiatische Prinzessinnen – von einer ägyptischen Frau außer Teje ist nichts bekannt. Auf religiösem Gebiet zeigt sich das Suchen nach neuen Formen. Indizien deuten auf die Herausbildung des Aton-Kultes im Schoße des Sonnenkultes von Heliopolis hin.

Als Echnatons Vater starb, waren verschiedene Wege vorgezeichnet. Es ist sehr wahrscheinlich, daß die spätere Entwicklung entscheidend von Teje, der Königsmutter, mitbestimmt wurde. Der neue Herrscher heiratete wie sein Vater, der dies erstmals in der ägyptischen Geschichte tat, eine Frau aus nichtköniglichem Hause: Nofretete. Die Probleme mit der Amun-Priesterschaft löste er, indem er seinen Namen Amenophis in Echnaton änderte, sich selbst zum Hohenpriester des Aton erklärte, damit der Aton-Religion einen neuen Stellenwert verlieh und die Tempel des Amun schloß. In seinem sechsten Regierungsjahr verließ er schließlich die Residenz und zog in die Stadt Atons, mit ihm seine Mutter Teje und natürlich auch seine Frau sowie die treuesten, in den Aton-Kult hineingewachsenen Anhänger. Ungleich höher aber war wohl die Anzahl jener einfachen Leute, die dem König nicht nur wegen ihrer Hinwendung zum neuen Gott nach Achet-Aton folgten. In verantwortlichen Verwaltungsfunktionen machten hier viele Karriere. Zahlreiche Zeugnisse gibt es dafür, wie dankbar und treu ergeben sie dem Pharao waren, da er sie aus dem »Nichts erschaffen hatte«.

Im Zentrum der Residenz hatte Echnaton einen großartigen Palast erbauen lassen. Vielleicht hat sich ein Bild des königlichen Gartens, der sich mit seinen Speichern und Vorratsräumen unmittelbar daran anschloß, im Grab des Meri-Re erhalten (Abb. 74). Inmitten schattenspendender Palmen, Platanen und Granatapfelbäume liegt ein künstlicher See. Auch sonst sind die Flächen zwischen den einzelnen Gebäuden mit Bäumen bestanden. Von den Räumen des eigentlichen Königspalastes aus konnte der Herrscher zu einer Fensternische gehen, die sich wie ein Balkon in den vorderen Hof öffnete. Hier empfing er seine Günstlinge, aber auch seine Schwiegereltern, und beschenkte sie mit Schmuckwaren, »Lobgold« genannt (Abb. 75). Und obgleich auch andere Pharaonen vor und nach ihm in gleicher Pose vor dem Volk erscheinen, bewahrt Echnaton bei dieser Haltung seine ihm eigene Art: Stets tritt er in Begleitung seiner ganzen Familie auf, so den Eindruck einer perfekten Harmonie vermittelnd. Liebevoll streicht Nofretete über den Kopf ihrer Tochter Anches-en-pa-Aton, die ihrerseits das Kinn der Mutter berührt. Vielleicht etwas eifersüchtig versucht Meket-Aton, die ihren Arm um den Hals der Mutter gelegt hat, ihre Schwester abzulenken. Über allen schwebt der Sonnengott Aton, der mit seinen Strahlen Leben spendet.

Auch Meri-Re erhielt von Echnaton derartige öffentliche Belobigungen. Voller Stolz ließ er sie in seinem Grab für die Ewigkeit festhalten. In Festkleidung, mit Ohrringen und einem von Bändern auf dem Kopf gehaltenen Salbkegel geschmückt, tritt er vor das Königspaar, das seine bis dahin geborenen Töchter mitgebracht hat (Abb. 76). Auch die Wechselreden von Meri-Re und dem Pharao vor der sich demütig verbeugenden Dienerschaft sind festgehalten: »Es spricht der König von Ober- und Unterägypten, der von der Wahrheit lebt, der Herr der beiden Länder, mit dem Thronnamen ›Vollendet an Verkörperungen ist Re – Einziger des Re‹: Der Vorsteher des Schatzhauses soll dem Hohenpriester des Aton in Achet-Aton, Meri-Re, Gold an seinen ganzen Hals und Gold an seine Füße legen wegen seines Gehorsams gegenüber der Lehre des Pharao ...« Und der so Belobigte antwortet: »Heil dem ›Einzigen des Re‹, dem wahren Sohn des Aton. Möge er vollenden ein langes Leben, möge es ihm für immer in Ewigkeit gegeben werden.«

Es ist nicht nur die Religionspolitik »jenes königlichen Puritaners, welcher alle Götter Ägyptens verfolgte und nur die Verehrung des Sonnendiskus gestatten wollte«, die ihm – wie wenigen Pharaonen heute noch – eine nach wie vor ungebrochene Aufmerksamkeit sicherte. Es ist auch die Eigenart des künstlerischen Stils, die jedem Betrachter der Kunstwerke diese Zeit so nahe bringt. Nicht nur in den von Privatleuten bestellten Denkmälern ist die Distanz schaffende, gleichbleibende Schönheit des Menschenbildes aufgegeben worden. Auch die offiziellen Werke, und primär sie, zeigen ägyptisch verklärt die damalige Gegenwart. Schönheit und Häßlichkeit vereinen sich. In den Bildern der Grenzstelen (Abb. 77) betet die Königsfamilie ihren Sonnengott an. Die Körper sind merkwürdig degeneriert gezeichnet (Abb. 78). Kraftlose Arme sind zur Verehrung erhoben. Unter einer schmalen Taille ist der in anderen Darstellungen noch stärker betonte Hängebauch zu erkennen. Dünne Beine gehen in voluminöse Schenkel über. Der Ge-

77 Grenzstele im Süden von Amarna um 1925

78 Echnaton und Nofretete mit ihren Töchtern auf einer Grenzstele

sichtsschädel ist extrem lang und hat ein ausgeprägtes Kinn. Da das Königspaar Kronen trägt, wird der scheinbar deformierte Schädel – wie er sich deutlicher bei der kleinen Tochter zeigt – verdeckt. Doch ist es keine spezifische Krankheit der Familie Echnatons. Auch Meri-Re und all die anderen Höflinge wären – folgt man den Darstellungen der Grabreliefs – davon befallen gewesen. Es ist vielmehr der Ausdruck eines bestimmten Kunstwollens, bei dem sich zu der übersteigerten »Schönheit für die Ewigkeit« in gleich übersteigerter Art ein schonungsloser Realismus gesellt hatte. Unschöne Züge Echnatons wurden besonders hervorgehoben, übersteigert und idealisiert. Sie galten dann in der Kunst Amarnas als Maßstab des Menschenbildes.

Wie der Körper aus seiner Anonymität des Schönheitsideals herausgerissen wurde, so wird auch der sonst undurchdringliche Schleier gehoben, der das Familienleben des Königs bisher den Blicken der Öffentlichkeit entzogen hatte. Liebevoll dekantiert Nofretete ihrem Gemahl den er-

79 Echnaton mit seiner Familie

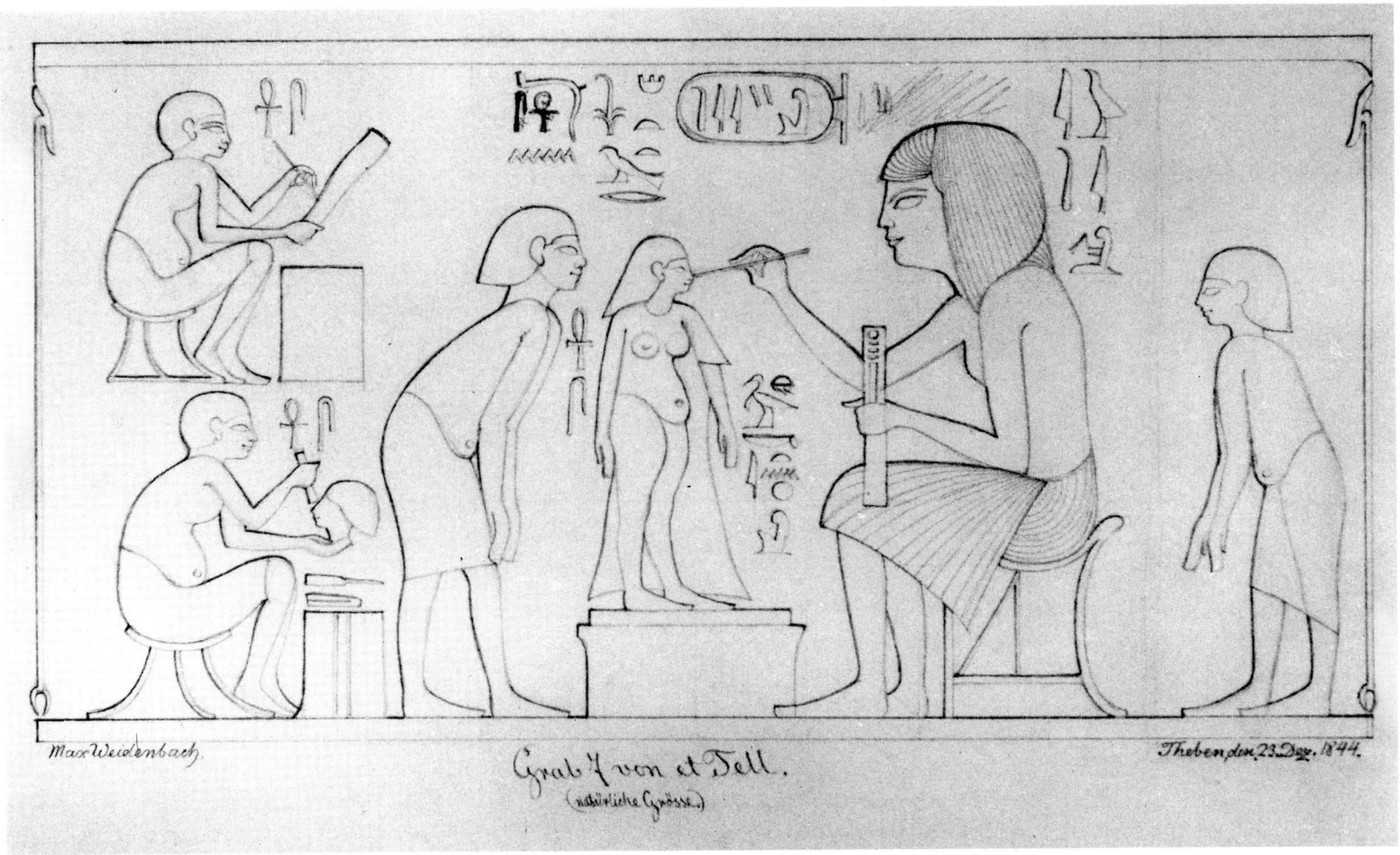

80 Der Bildhauer Iutj bei der Arbeit

frischenden Trunk. Echnaton hält in seiner Hand eine Lotusblüte, um sich an deren Duft zu erfreuen. Seine Töchter kommen hinzu und bringen kleine Gaben für den Vater (Abb. 79). Ein Bild rührender Familienidylle. Hier stehen nicht Diener in hoher Zahl mit geschlachteten Gänsen, mit Ochsenkeulen oder Bergen von Broten aufgereiht und in steifer Ehrfurcht vor dem König. Gezeigt wird eine Ruhepause unter dem mit Blüten behängten Baldachin, wie auch die nichtadligen Günstlinge des Pharao sie in ihren Häusern und Gärten erleben konnten. Der Landesherr, der einst unnahbare Gott, als Mensch unter Menschen, als Freund und Beschenker, als Gesprächspartner und Vater, als liebevoller und geliebter Ehemann – hierin liegt der Zauber von einst und heute.

Daß der so persönliche Stil der Kunstwerke aus der Zeit Echnatons die Künstler, die mit Lepsius als Kopisten, als lebende Fotoapparate, durch das Land zogen, angesprochen hat, kann nur indirekt erschlossen werden. Im Grabe des Fetekta, begeistert von der farbigen, stets aber ägyptischen Atmosphäre der Malereien, kopierten sie meisterhaft alles, was ihrem Auge erkennbar war (vergleiche Abb. 33–36). Anders in Amarna. Spätere Ausgräber haben – objektiv gesehen zu Recht – ihnen vorgeworfen, nicht den tatsächlichen Zustand der zum Teil erheblich beschädigten Reliefs wiedergegeben zu haben. Das Relief mit der königlichen Familienszene ist hierfür ein Beispiel par excellence. Ernst Weidenbach hat in dieser Zeichnung wirklich ein Bild gegeben, wie er es sich vorstellte. Im Original ist der Kopf des Herrschers so stark zerstört, daß nur ein langes Betrachten, ein oft wiederholtes Betasten der Oberfläche und ein gutes Einfühlungsvermögen in den Kunststil jener Zeit die Rekonstruktion in so organischer Form gestattet haben. Auch was dem Kopisten als Fehler des altägyptischen Künstlers erschien, wurde stillschweigend korrigiert. Statt der um das Kapitell an den Beinen aufgehängten toten Gänse, statt eines an der linken Säule nicht ganz regelmäßig geratenen Kranzes zeichnete er das, was sein geistiges Auge sah: einen mit Lotusknospen kreisrund gebundenen Kranz. Doch in beiden Fällen war es Lepsius, der die Unterschiede, die Interpretation Ernst Weidenbachs, sofort erkannte. Er veranlaßte nicht nur, daß von den fraglichen Teilen originalgetreu kopierende Abklatsche angefertigt wurden, sondern notierte auch auf der Weidenbach-Zeichnung genau an jenen Stellen deren Sigel-Nummer.

Nachdem die Expedition am 14. Juni 1845 ihren zweiten Besuch in der Stadt Echnatons und Nofretetes beendete, um nunmehr ohne nochmalige größere Unterbrechung die Reise nach Kairo fortzusetzen, sollte Achet-Aton zunächst wieder in Vergessenheit geraten. In den Darstellungen ägyptischer Geschichte nach den antiken Historikern folgte weiterhin dem Vater Echnatons ein König Horus. Erst als Lepsius in wissenschaftlichen Publikationen Anfang der fünfziger Jahre nachwies, daß auf Amenophis III. nicht nur ein vierter Pharao gleichen Namens, sondern auch noch die Könige Tut-anch-Amun und Eje folgten, die endlich von dem Militärbeamten Haremheb abgelöst wurden, korrigierte man nach und nach das überlieferte Geschichtsbild. Schließlich erschienen 1856 jene Lieferungen der »Denkmäler aus Ägypten und Äthiopien«, mit denen das Bildmaterial von Amarna zur Überprüfung zugänglich wurde. Bald sollten die ersten archäologischen Forschungen in Achet-Aton beginnen; auch das Geschäft der Raubgräber blühte auf: 1887 wurden keilschriftliche Texte des ehemaligen »Außenministeriums« von Amarna gefunden und gelangten nach längeren Irrwegen in die Museen von Berlin, London, Kairo und Paris. Engländer, Franzosen, Ägypter und Deutsche erhielten in der Folgezeit Grabungslizenzen für dieses Gebiet. Der internationalen Öffentlichkeit am nachhaltigsten in Erinnerung blieben die Ergebnisse des deutschen Archäologen Borchardt, der Anfang Dezember 1912 bei der Freilegung eines Hauses die »bemalte Büste einer Königin«, das berühmte Bild der Nofretete, fand. Die zahlreichen anderen, nicht minder wertvollen Stücke aus dem Wohnhaus und der Werkstatt des Oberbildhauers Thutmosis wurden weniger beachtet. Dabei vermitteln die halbfertigen Reliefs und Plastiken, die von damaligen Bewohnern der Stadt abgenommenen Gipsmasken, die Modelle einzelner Körperteile und die vielen Werkzeuge einen weitaus tieferen Einblick in das Leben altägyptischer Menschen.

Neben den ästhetisch schönen Bauten und Dekorationen galt das Augenmerk von Lepsius stets in erster Linie den Inschriften. Sie lesen zu können hieß, umfangreiche Einblicke in das Geschehen und Gedeihen des altägyptischen Staates und seiner Bevölkerung zu bekommen. Aus ihrer Kenntnis war es möglich, antikes Leben nachzuzeichnen. Gleichzeitig widmete der Philologe Lepsius seine Aufmerksamkeit den scheinbar unbedeutenden Dingen. Und wie Borchardt mit seinen Funden einen Blick in das Atelier eines Bildhauers ermöglichte, so vermittelt ihn auch Lepsius: Bei der ersten Besichtigung der Felsengräber war ihm ein kleines, nur 24 × 13 cm großes Relief aufgefallen, das er in Anbetracht der fehlenden Zeit durch einen Papierabklatsch kopieren ließ. In der Vorweihnachtszeit, als die Expedition nach großen Strapazen von der über ein Jahr andauernden Forschungsreise durch das südlich von Ägypten gelegene Gebiet wieder nach Theben zurückgekehrt war, setzte Max Weidenbach, der eigentliche Hieroglyphenzeichner der Expedition, diesen Abklatsch in eine Bleistiftzeichnung um (Abb. 80). Der »Vorsteher der Bildhauer der großen königlichen Gemahlin Teje, Iutj«, sitzt auf einem niedrigen Stuhl und legt wohl letzte Hand bei der Bemalung einer Statue an. Sie soll eine Tochter Echnatons wiedergeben. Bewunderer seiner Kunstfertigkeit sehen staunend zu. Im Hintergrund der Werkstatt sitzen zwei weitere Bildhauer. Während der eine mit dem Pinsel, die Herstellung beendend, einen Möbelfuß bemalt, arbeitet der andere an einem Kopf.

Obgleich Weidenbach auch in diesem Fall nicht streng kopierte – der Möbelfuß wird im Original mit einer Breithacke bearbeitet, und der im Rücken des Bildhauers stehende Betrachter ist gar nicht vorhanden –, gibt er doch einen wesentlichen Charakterzug der Amarnaplastik wieder. Damals kam den separat angefertigten Stuckköpfen eine besondere Bedeutung zu. So konnten zum Beispiel bei der Ausgrabung des erwähnten Ateliers dreiundzwanzig derartige Skulpturen geborgen werden. In einem Fall ist das Bildnis eines Mannes in doppelter Ausführung erhalten geblieben; lediglich in der Bearbeitungsstufe unterscheiden sie sich. Wahrscheinlich handelt es sich um Abgüsse von Tonmodellen, die teilweise sehr lebensecht gestaltete Porträts sind. Sie wurden als Vorlagen für naturnahe Statuen gebraucht, von denen aber keine erhalten sind.

Wie noch heute viele Betrachter der Kunst Amarnas von deren Eigenart begeistert sind, so muß sie es auch den Zeichnern der Expedition sehr angetan haben. Weit entfernt von diesem Ort, im Angesicht des »göttlichen Theben«, gestaltete Max Weidenbach sie zur eigenen Erbauung nach. Am Vorweihnachtsabend hatten für ihn die Bildner des Aton, der strahlenden und segnenden Sonnenscheibe, den Kampf gegen die übermächtige Monumentalität der Tempel des Gottes Amun gewonnen.

81 Westliche Sphinx-Allee von Karnak im Jahre 1892

Theben, die Stadt Amuns

Die Residenz des »schönen Widders«, wie Amun auch genannt wurde, war im Mittleren Reich zur geistigen Hauptstadt Ägyptens geworden. Seine Abbilder schmückten die Stadt, die durch Schenkungen für ihn zu Glanz und Reichtum gekommen war und ihm bis heute ihr Leben verdankt. Weder Echnaton, der seine Anhänger durch das Land schickte, um den Namen des Gottes zu tilgen, noch die alles zerstörenden Assyrer vermochten das, was viele Generationen hier errichtet hatten, völlig zu vernichten (Abb. 81).

Die Niederlage, die die Priesterschaft Amuns im Kampf gegen den neuen Sonnengott Aton, gegen Echnaton und dessen Anhänger hatte hinnehmen müssen, überstand sie bald. Mit Echnaton, der ungefähr zwei Jahrzehnte die Geschicke seines Landes bestimmte, ging um 1347 v. u. Z. im »Lichtort des Aton« auch dessen vergöttlichte Sonnenscheibe unter. Sein Schwiegersohn Tut-anch-Aton, der bald danach als Kind den Pharaonenthron bestieg, mußte daraufhin nicht nur seinen Namen ändern. Als Tut-anch-Amun, als »lebendes Bild des Amun«, erließ er ein Dekret, das Amun – und damit dessen Priesterschaft – wieder in die alten und glanzvollen Rechte einsetzte. Ungleich tiefer waren dagegen die Wunden, die dem Gott, seiner Priesterschaft und seiner Stadt durch die im 7. Jahrhundert v. u. Z. Ägypten erobernden Assyrer zugefügt wurden. Obgleich auch in der Folgezeit ägyptische Herrscher zu Ehren Amuns hier Bauten errichten ließen, schwand die Bedeutung der Stadt in Politik und Wirtschaft zusehends. Die Residenz des Got-

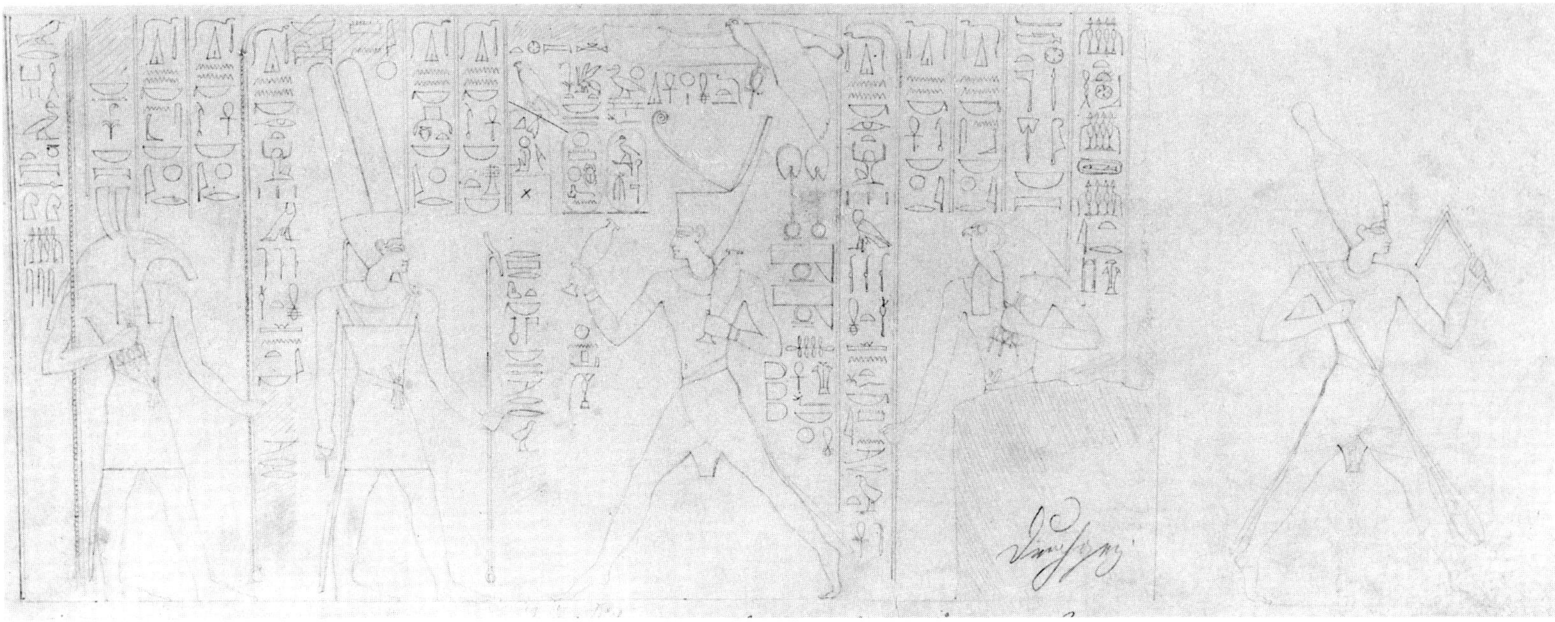

82 »In unserer Küche läuft der König zweimal zu Amun«

tes, das hunderttorige Theben, wo nach der »Ilias« des Homer in den Häusern zahlreiche Schätze lagen, wurde zu einer Provinzstadt und schließlich zu einer Anzahl weit auseinander liegender Dörfer. Nur die Kalköfen ihrer Bewohner vermochten zur Zeit des Besuches der Lepsius-Expedition noch vom Reichtum des Gottes zu leben: »Am Fuße unsres Hügels nach der grünen Ebene hin steht eine einzelne Gruppe von Sontbäumen, die einen freundlichen, reinlich ausgemauerten Wasserbehälter überschattet; hier werden täglich die Schafe und Ziegen getränkt, und jeden Abend und Morgen steigen die braunen Mädchen und die verhüllten Frauen in ihren blauen faltigen Gewändern aus ihren Felsenhöhlen hinab und kehren dann langsamen Schrittes mit ihren hohen Wasserkrügen auf dem Kopfe zurück; ein liebliches Bild aus patriarchalischer Zeit. Aber hart neben dieser Stätte des erquickenden Elementes liegt mitten auf dem fruchtbaren Acker ein weißer kahler Fleck; darauf sind zwei Kalköfen errichtet, in welchen, sooft der Bedarf eintritt, die ersten besten Blöcke der alten Tempel und Felsengrotten, mit ihren Bildern und Inschriften, zermalmt und zu Kalk verbrannt werden, um wieder andere Blöcke, die aus diesen bequemen und unerschöpflichen Steinbrüchen gezogen sind, zu irgendeiner Viehhalle oder anderen Bauanlage der Regierung zusammenzuleimen.«

Doch auch diese Zeit ist vergangen. Dem, was sich von dem geschwundenen Glanz erhalten hat, was weder der Mensch noch der alljährlich über die Ufer tretende Nil zu zerstören vermochte, gilt heute die Aufmerksamkeit der ägyptischen Regierung. Soweit es möglich war, wurden die Tempel Thebens wieder aufgebaut. Wie einst kommen heute die Menschen in Scharen, um die Größe, die Schönheit und Monumentalität der Häuser des Gottes zu schauen – dort, wo damals »der Himmel auf Erden« lag. Wie einst erleben sie im Angesicht der Pylone, der Säulen, Reliefs und Statuen die Vergangenheit des Landes der Pharaonen, als wäre sie unmittelbare Gegenwart; wie einst werden die zahllosen Namen der Herrscher ausgesprochen und erfüllen dadurch den Zweck ihres Daseins: das ewige Sein des Namensträgers zu sichern.

Es wäre heute auch nicht mehr möglich, für wissenschaftliche, geschweige denn für touristische Zwecke in einem der Tempel Thebens Wohnung zu nehmen. Die Expedition hatte seinerzeit ihr Quartier in der von Thutmosis III. hinter dem Tempel des Mittleren Reiches errichteten Festhalle der großen Anlage von Karnak bezogen. Diese Halle, deren Decke von zwanzig sogenannten Zeltstangensäulen getragen wird, verläuft ungewöhnlicherweise quer zum Haupttempel; an ihren Stirnwänden schließen sich zahlreiche kleine Räume an, deren südliche einst dem Totengott Sokar geweiht waren. Auf den Zeichnungen findet man ab und zu den Hinweis »In unserer Wohnung« oder »Nahe unserer Wohnung«. Im Tagebuch vermerkt Lepsius sogar: »In unserer Küche läuft der König zweimal zu Amun ...« (Abb. 82).

Als Wohnung wurden die Tempel auch im alten Ägypten verstanden, allerdings als die des Gottes. Dort ließ er sich im Kultbild nieder, das täglich gewaschen, gekleidet und ge-

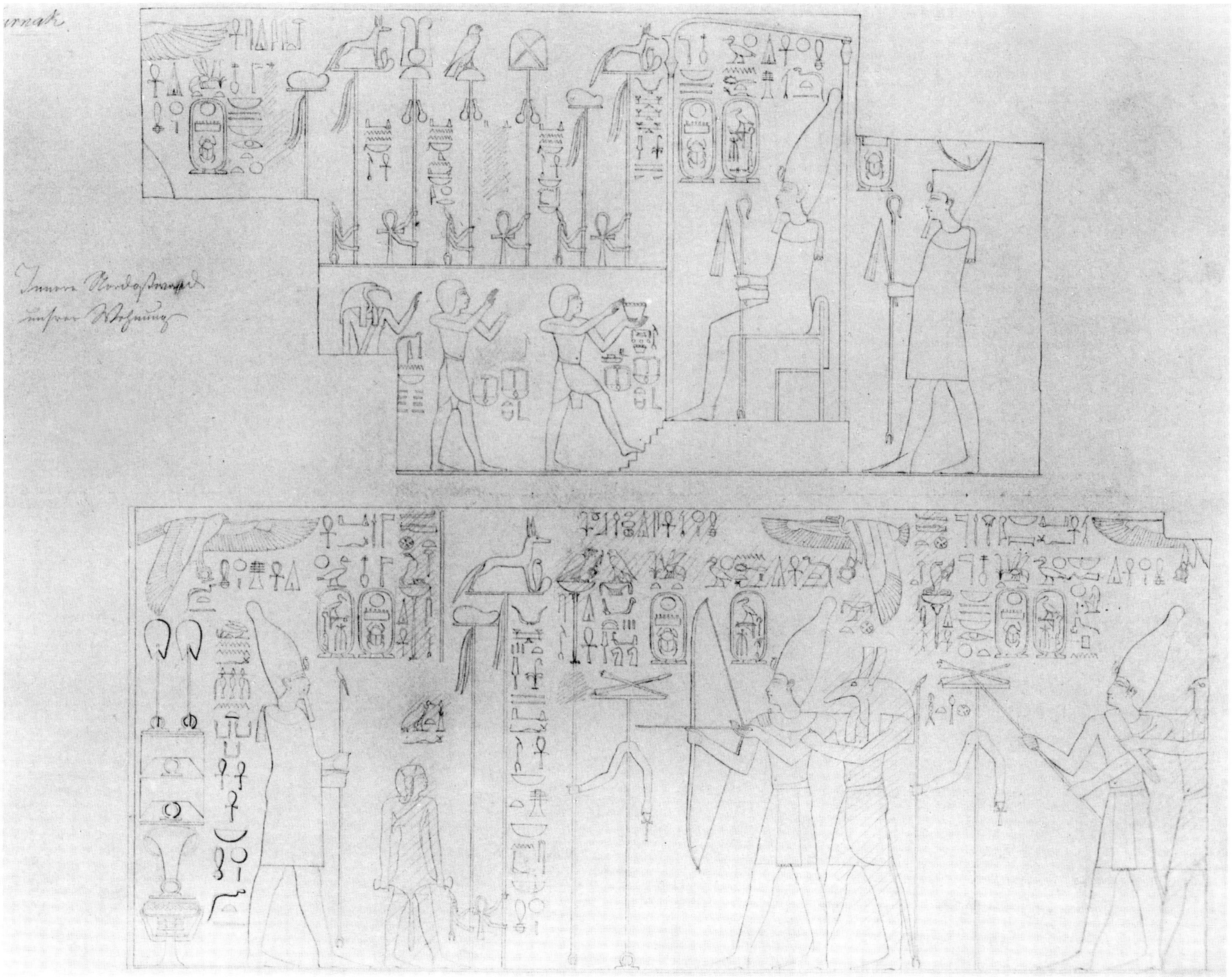

83 Thutmosis III. feiert das Sed-Fest

schmückt wurde, dem man Speise und Trank darbot. Die Tempel wurden deshalb in ihrer Gesamtheit der Räume, Hallen und Höfe auch als »Haus des Gottes« bezeichnet. Die Rituale wurden in den unzähligen Flachbildern der verschiedenen Bereiche des Tempels dargestellt. So waren der Gott und das für ihn lebensnotwendige Ritual immer gegenwärtig und konnten stets für das Wohl des Landes wirksam werden. Durch die nach altägyptischem Glauben dem Bilde innewohnende Lebenskraft konnte je nach der Raumfunktion der eine oder andere Kultaspekt nicht nur hervorgehoben, sondern im Sinnbild verwirklicht werden. Insgesamt blieb die dekorative Gestaltung des Tempelkomplexes nicht einer Zufallsentscheidung überlassen. Daher ist es berechtigt, in der jeweiligen Themenauswahl ein Bildprogramm zu vermuten, in dem sich Aussagen und Ansichten des eigentlichen Bauherrn, des Königs, aber auch ursprüngliche Raumfunktionen der einzelnen Tempelbereiche niederschlagen.

Während die Schlafräume der Expedition sich auf Grund ihrer Lage, der architektonischen Gestaltung benachbarter Gebäudekomplexe und der Flachbilder mit großer Sicherheit als die Schatzkammern des Tempels erwiesen haben, hatte jener Raum, in dem sich die Küche befand,

84–87 Panorama Thebens von Karnak aus

weniger »profane« Funktion. Es wird angenommen, daß hier Tempelgerät aufbewahrt wurde, das die Priester im täglichen Dienst am Kultbild benötigten. An den Längswänden des Raumes ist der König bei derartigen Ritualen dargestellt. Es handelt sich um den sogenannten Vasen- beziehungsweise Ruderlauf. Vor dem nach links eilenden Pharao, der in beiden Händen jeweils einen Wasserkrug hält, steht sachlich kurz: »Bringen des kühlen Wassers«. Über die Bedeutung der eigentlichen Kulthandlung und den Sinn der raschen Bewegung des Königs ist also aus der Beischrift nicht viel zu erfahren. Ähnlich verhält es sich mit dem gegenüberliegenden Relief. Hier trägt der König in der rechten Hand ein Ruder; in der linken hält er ein weiteres Schiffsgerät, vermutlich ein Steuerruder. In beiden Fällen werden die Dinge dem Gott Amun gebracht. Eingerahmt sind die Szenen durch das göttliche Brüderpaar Horus und Seth, die in ihren Händen Symbole langer Lebens- und Regierungsdauer für den Pharao halten. Hervorgehoben zu sein scheinen die Treue, die Dienstfreude und Willfährigkeit des Königs gegenüber dem Gott. Für ihn eilt der irdische Herrscher, um ihm als sein erster Priester das reinigende und zugleich weihende Wasser zu holen, um Ruder und Steuer für die bevorstehende Nilfahrt herbeizuschaffen. Als Belohnung dafür wird dem Pharao, und dadurch dem ganzen Land mit ihm, eine lange und glückliche Regierungszeit garantiert.

Ein weiteres Unterscheidungsmerkmal der beiden Königsdarstellungen sind die verschiedenen Kronenformen. Der Wasser bringende Pharao trägt die »Weiße Krone« als Herrscher über Oberägypten, die »Rote Krone« weist ihn dagegen als König von Unterägypten aus. Als so gekennzeichneter Vertreter der jeweiligen Landesteile vollzog der Pharao Rituale für Amun vor allem beim Sed-Fest (altägyptisch Heb-sed), einer mehrtägigen Feierlichkeit zur Wiederkehr des Tages der Thronbesteigung. Sie soll den Überlieferungen zufolge das erste Mal dreißig Jahre danach stattge-

funden haben. Doch das eigentliche festliche Moment lag dabei nicht im Jubiläum: Jede Thronbesteigung, auch die rituell wiederholte, bedeutete für den Ägypter die Vereinigung Ober- und Unterägyptens und damit die Beendung einer gefährlichen Zeit. Zu diesem Fest führte der König einen dem Ruder- beziehungsweise Vasenlauf ähnlichen Opfertanz auf. In einem viermaligen Umlauf weihte er das dabei abgeschrittene Gelände dem Festtempel des Gottes. Die bildlichen Darstellungen dieser Opferhandlung gleichen stark der hier gegebenen. Lediglich die in den Händen gehaltenen Attribute sind anderer Art. Doch wurden bei den Festlichkeiten vom Pharao noch einige weitere Kulthandlungen vollzogen, so etwa das Pfeilschießen nach den vier Himmelsrichtungen als Sinnbild seiner Weltherrschaft. Ausführliche Darstellungen des Heb-sed sind selten, einzelne Szenen finden sich in Tempeln dagegen häufiger. Da auch Thutmosis III. mehrfach das Sed-Fest feierte – nach dem ersten Jubiläum wurde es alle drei Jahre wiederholt – und aus diesem Grunde den Festtempel in Karnak errichten ließ, finden sich auch hier Flachbilder mit derartigem Inhalt. Sie befinden sich in einem Gang, der die Schatzkammern mit der »Küche« verbindet. Hier schreitet der König, mit dem kurzen Heb-sed-Mantel bekleidet und von den Standarten der Götter Iunmutef und Upuaut geleitet, zur großen Prozession, dem Höhepunkt und Abschluß des Festes (Abb. 83). Rechts davon erhält er als oberägyptischer König von Horus und Seth Unterweisungen im Bogenschießen. Die zahlreichen Inschriften, die in mannigfaltiger Wiederholung dem Pharao Leben, Gesundheit und Kraft wünschen, geben keine Informationen zum eigentlichen Festablauf. Dies gilt auch für jene Szene, in der der oberägyptische König in einem Kiosk sitzt, hinter dem er in unterägyptischem Ornat nochmals steht. Sieben Standarten bringen ihm Wünsche für Leben, Kraft und Macht dar, während darunter der Gott Thot mit zwei Priestern Gold und Edelsteine überreicht. Sinn und Inhalt aller vollzogenen Rituale

und Huldigungen waren, die Kraft des Herrschers, die nach dreißig Regierungsjahren angegriffen sein mußte, zu erneuern.

Im Norden des Landes verkünden auf dem Westufer des Nils die Pyramiden, zu welchen Leistungen das schaffende Volk fähig war, wenn dessen Wille und Kraft in einen Zielpunkt gelenkt werden konnten. In diesen Monumentalbauten des Alten Reiches kommen allein die Bemühungen der Menschen um den göttlichen König zum Ausdruck. Anders im südlichen Theben. Hier sind es auf dem Ostufer die Pylone, jene mächtigen Eingangstore zu den Göttertempeln, die das Gelände bestimmen (Abb. 84–87). Aus zwei Richtungen kommend, treffen sie sich beinahe im rechten Winkel und geben Einlaß in das weitläufige Heiligtum mit seinen riesigen Säulenhallen oder verwehren ihn dem Unbefugten. Über zwei Jahrtausende hinweg wurde dieser größte Tempelkomplex Ägyptens im Auftrage vieler Pharaonen errichtet. Aber es ist nicht nur die lange Bauzeit, es sind nicht nur der geographische Kontrast, die Zahl der Pharaonen oder schließlich die unterschiedliche architektonische Gestalt, welche den Wandel der ägyptischen Gesellschaft erkennen lassen. Es ist vor allem der ungeheure Schlachtenlärm, der der friedfertigen Ruhe des Nordens gegenübersteht. In den frühen Zeiten galt es stets nur, die Handelswege Ägyptens zu sichern, um so den Zustrom der als Tribut deklarierten ausländischen Waren zu gewährleisten. Und obgleich sich dies mit militärischer Gewalt vollzog, war die erste Blüte altägyptischer Kultur über Jahrhunderte von äußerem Frieden geprägt. Auch im Mittleren Reich dienten Waffen vornehmlich dazu, im Innern des Landes Macht und Sicherheit des Pharao zu stärken, obgleich es in dieser Periode erste Ansätze expansiv orientierter Außenpolitik gab. Erst als nach der Zweiten Zwischenzeit die Hyksos besiegt und vertrieben waren, verfügte Ägypten über ein straff organisiertes und zudem kampferfahrenes Heer. Außerdem hatten der »Oberkommandierende« und seine »Generale« vom be-

siegten Feind gelernt: Pferd und Wagen, im Mittleren Reich noch gänzlich unbekannt, waren übernommen und weiterentwickelt worden. Sie verliehen der Armee des Landes eine große Schlagkraft.

Die militärischen Erfolge Thutmosis' III. (1490–1436 v. u. Z.) hatten dem Land umfangreiche territoriale Gewinne gebracht. Ägypten erreichte seine größte Ausdehnung. Von Napata im Süden erstreckte es sich bis zum Euphrat im Nordosten. Diese Grenzen galt es zu sichern. Doch schon die unmittelbaren Nachfolger, sein Sohn Amenophis II. und später sein Enkel Thutmosis IV., verloren Gebiete ägyptischen Einflusses. Unter Amenophis III. gelang es, durch Verhandlungen, Geschenke und politisch motivierte Heirat die asiatischen Grenzen beizubehalten. In der Regierungszeit Echnatons blieben sie nur deshalb bestehen, weil in Vorderasien die Hethiter sich als neue politische Kraft durchsetzten. Während sie die ägyptischen Interessen vorerst noch respektierten, verwickelten sie den nördlichen Nachbarn Ägyptens in kriegerische Auseinandersetzungen. Nach dem Tode Echnatons sollte sich die Situation in Vorderasien bald ändern. Da seine Nachfolger den wachsenden Einfluß der Hethiter nicht aufhalten konnten, ergriff schließlich das Militär die Herrschaft. Haremheb, Oberbefehlshaber des Heeres und schon unter Echnaton einst hoher Offizier, usurpierte den Pharaonenthron. Selbst kinderlos, benannte er einen General zu seinem Nachfolger. Nach dem Tode Haremhebs bestieg jener als Ramses, als »der, den Re gezeugt hat«, den Thron und begründete damit die 19. Dynastie (1305–1196 v. u. Z.), eine neue Blütezeit altägyptischer Kultur. Doch schon zwei Jahre später mußte sein Sohn das Erbe antreten. Und wie der verstorbene Vater seinen Namen zur Legitimierung seines Herrschaftsanspruchs ausgewählt hatte, so weist auch der des neuen Königs auf dessen politisches Programm hin. Als »der zu Seth gehörige« (Sethos) wollte er auf sich ebenfalls die Eigenschaft des Gottes als Schrecken verbreitende Macht übertragen.

88 Der große Obelisk von Karnak im Jahre 1892

Zudem gab dieser Gott nach den religiösen Vorstellungen dem König den Sieg über die Fremdländer und damit über jene Gebiete, die dem Einfluß des ägyptischen Herrscherhauses am Ende der 18. Dynastie verlorengegangen waren.

1303 v. u. Z., am Beginn der fast fünfzehnjährigen Herrschaft Sethos' I., erhob sich im Zentrum des Amun-Tempels zu Karnak schon seit zwei Jahrhunderten jener Obelisk, der alle Stürme der Zeit überstehen sollte und noch heute zum Himmel emporragt (Abb. 88). Der ganze heilige Bezirk des Amun war in seinen wesentlichen Teilen bereits von den Pharaonen der 18. Dynastie errichtet, die Zerstörungen aus der Zeit Echnatons unter Haremheb und Ramses I. beseitigt worden. Nur das Eingangstor, der von Haremheb erbaute, nach heutiger Zählung 2. Pylon, stand ohne bauliche Verbindung vor dem Tempelkomplex. Sethos I. ließ die Arbeiten hier fortführen; die nach Norden und Süden offenen Schmalseiten wurden durch hohe Wände verschlossen, auf einer Fläche von 102 × 53 m entstand ein Saal mit insgesamt 134 Säulen. An den Außenflächen der Seitenwände finden sich im versenkten Relief jene Heldentaten dargestellt, die der Pharao in Verehrung des allmächtigen Reichsgottes Amun und mit dem Glauben an die Unterstützung durch Seth, den Schutzgott der 19. Dynastie, vollbrachte.

Symbolisch erschlägt Sethos I. vor dem mit der Federkrone geschmückten Amun gefangene Fürsten aus Vorderasien (Abb. 89). Eine umfangreiche Inschrift nennt die »Liste dieser südlichen und nördlichen Fremdländer, die seine Majestät vernichtet hat, indem ein großes Blutbad unter ihnen angerichtet wurde. Nicht kennt man ihre Zahl. Ihre Einwohner sind als Gefangene fortgeführt, um die Wirtschaft seines Vaters Amun-Re, des Herrn der Throne der beiden Länder, zu füllen.« Der dem Blutbad zuschauende Gott – er reicht dem König mit der Rechten das Krummschwert, während die linke Hand das Lebenssymbol und drei Leinen, die die gefangenen Fremdvölker an ihn binden, hält – wendet sich in direkter Rede an den Pharao: »Mein geliebter, leiblicher Sohn! Du hast alle Fremdländer gebracht. Der deine Grenzen übertreten hat, den hast du im Norden seines Landes geschlagen. Deine treffliche Macht umfaßt alles. Der Schrecken vor dir zerbricht jeden Widerstand ...« Mitten in das hier nur angedeutete Geschehen führt das danebenliegende Relief. Auf einem von zwei Hengsten gezogenen Streitwagen steht mit gespanntem Bogen der siegende Pharao (Abb. 90). Sethos I. hatte mehrfach Feldzüge bis tief in das Innere Vorderasiens unternommen, um die verlorenen Gebiete zurückzuerobern. Auf dem Rückweg von einem solchen Feldzug mußte er gegen Beduinen kämpfen. Diese Nomadenstämme wurden wegen ihrer Lebensweise schlechthin als Sinnbild der Wegelagerer, Diebe und Spione angesehen. Mit ihren Herden durchstreiften sie die von den Ägyptern kontrollierten Gebiete in Südpalästina und auf dem Sinai. Da sie offensichtlich die befestigten Wasserstellen hier bedrohten, richtet der König unter ihnen dieses heillose Durcheinander an. Es sind nicht Soldaten, es ist nach der Königsideologie der Schrecken vor dem Pharao, der die Beduinen entnervt, so daß sie sich gegenseitig zurufen: »Beeilt euch, nach Ägypten zu kommen, um sich seiner Majestät zu unterwerfen!«

Während die Handwerker und Künstler der Zeit Sethos' I. für die Gestaltung der symbolischen Erschlagung gefangener Fürsten auf frühere Vorbilder zurückgreifen konnten – sogar in Karnak selbst gab es von Thutmosis III. eine derartige Darstellung –, steht das örtlich und zeitlich fixierte Schlachtenbild außerhalb einer Traditionskette. Lediglich im Grabe des Tut-anch-Amun fand sich eine Holzschatulle, auf der in ähnlicher Art – hier jedoch noch rituell verklärt –

89 Sethos I. erschlägt symbolisch Fürsten aus Vorderasien

der erfolgreiche Pharao gezeigt wird. Auch in anderen Bereichen von Kunst und Kultur wirkte sich das neue Selbstbewußtsein des wieder siegreichen Herrscherhauses positiv aus. Wie der Pharao den Beginn seiner Regierung als Anbruch einer neuen Epoche sah, die er »Anfang der Ewigkeit« nannte, so läßt sich der Neubeginn tatsächlich auf jenen Gebieten nachvollziehen. Als Beispiel sei hierfür der mächtige Säulensaal in Karnak genannt. Klar ist in seiner Ausführung der Jahrhundertweg der Säulenentwicklung zu erkennen.

Die Fürsten von Beni Hassan hatten noch in herkömmlicher Weise die Deckenstützen wie im Boden verwurzelte Pflanzen herstellen lassen, die sich allmählich verjüngen. Breite bunte Bänder pressen oben die Blütenstände zusammen, die so das Kapitell bilden (Abb. 91). Die Handwerker der Zeit Thutmosis' III. verliehen diesem alten Architekturelement neue Spannkraft: Als ob die Natur sich gegen das gewaltsame Verschnüren unterhalb des Blütenansatzes auflehnt, schwellen die gebündelten Stengel am Säulenschaft an, um beinahe die Bänder zu sprengen (Abb. 92). Optisch wurde der Säule dadurch noch höhere Stabilität verliehen. Die farbliche Gestaltung jedoch bewahrte die al-

90 Sethos I. im Kampf gegen Beduinen

ten Prinzipien. Bei der dem Zeltbau entlehnten, darunter abgebildeten Säulenform soll die rotbraune Farbe des zylindrischen Schaftes Holz imitieren (Abb. 93). Nur das knaufähnliche Kapitell ist sparsam mit einem Muster geschmückt. In der Amarna-Zeit werden die vielgestaltigen Flachbilder, die man schon seit langem auf den ebenen Flächen der Pfeiler gewohnt war, auf den Schaft der Bündelsäulen übertragen (Abb. 94). Der neue Formenkanon scheint gewaltsam naturgegebene Schönheit zu stören, um durch die Verschmelzung zahlreicher Motive Glanz und Vielfalt der irdischen Welt widerzuspiegeln.

Fast scheint es, als hätten die Künstler Sethos' I. jene mit dem Neuen Reich so plötzlich anbrechende Entwicklung in all ihren Phasen studiert und analysiert, als hätten sie für die neue Säulenhalle des Reichsgottes nur das Beste vergangener Zeiten übernehmen wollen. Die Kapitelle werden wieder ruhiger und mehr an der Natur orientiert gestaltet (Abb. 95), ohne dabei gänzlich zur ausgewogenen Schönheit der Vor-Amarna-Zeit zurückzukehren. Zudem verwenden sie eine seltene Kapitellform – die der geöffneten Papyrusdolde. Und wie um ihre Meisterschaft der Nachwelt zu überliefern, finden sie für die farbliche Gestaltung Prinzipien, die für die gesamte Ramessidenzeit gelten und maßgeblich die unterschiedlichen Ausbildungen der sogenannten Komposit-Kapitelle bestimmen sollten. Unabhängig vom jeweils gewählten Kapitell, das ursprünglich eine entsprechende Schaftform bedingte, wurde der glatte, fast zylindrische Säulenkörper beibehalten. Die Fläche wurde wie in der Amarna-Zeit für Reliefs genutzt. Hier konnte der König immer wieder seine Nähe zum Gott präsentieren. Hier konnte er zeigen, wie allumfassend Zuneigung und Schutz waren, die ihm der Reichsgott Amun-Re gewährte. Und so, wie sich Sethos I. auf den Säulen im Saal von Karnak darstellen ließ, dienten auch seinem Sohn, der als Ramses II. nach ihm über sechs Jahrzehnte das Land beherrschte, die Säulen des eigenen Totentempels diesem Zweck (Abb. 96).

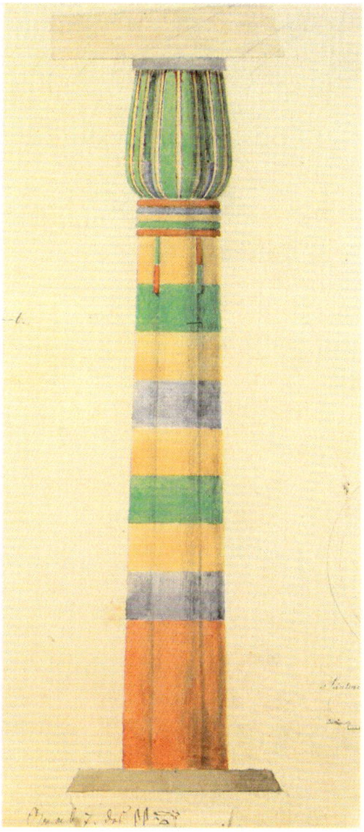

91 Säule aus Beni Hassan

92 Papyrussäule aus Karnak

93 Zeltstangensäulen aus Karnak

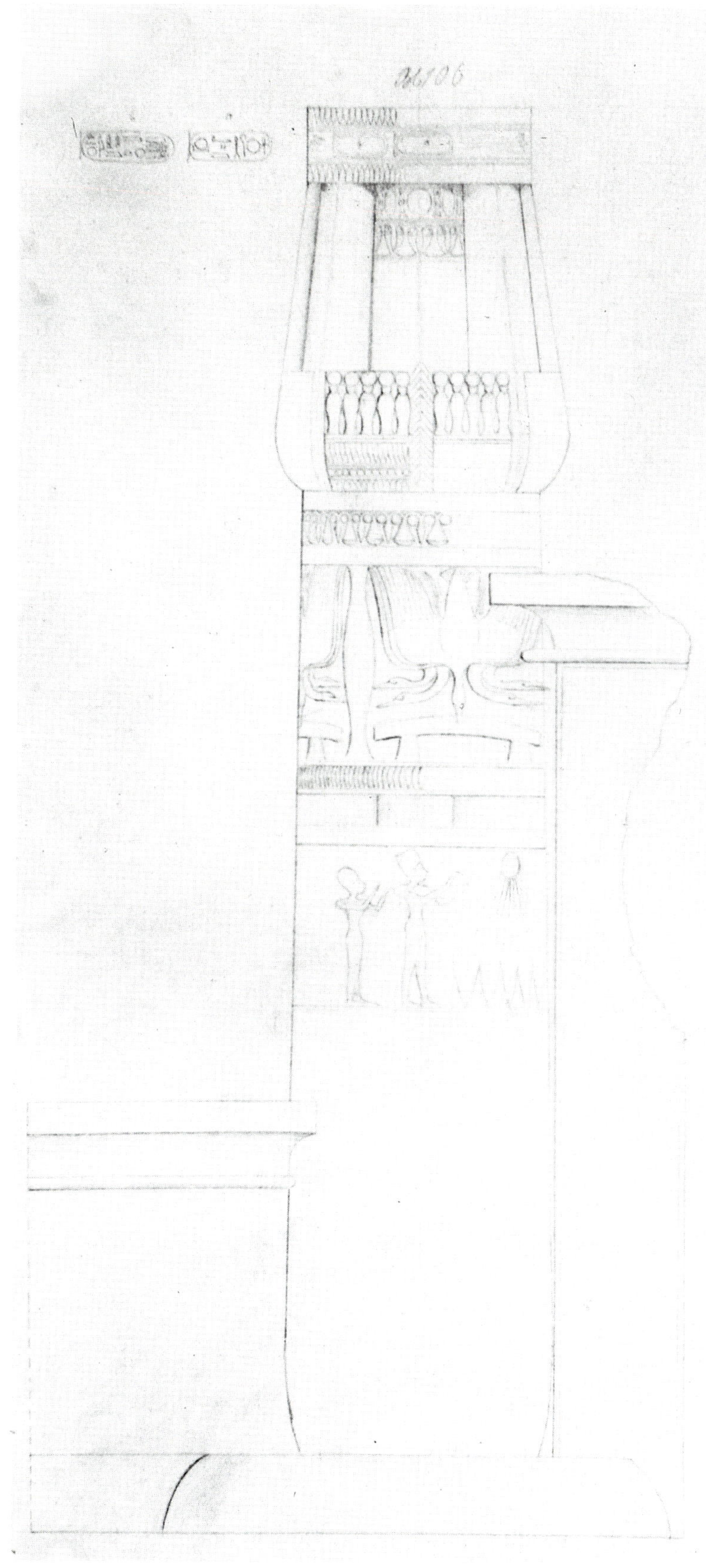

94 Säulendekoration aus Amarna

95 Kapitellgestaltung in Karnak

96 Säulendekoration im Ramesseum

97 Blick über den Nil nach Luxor

Durch eine über 2 km lange Sphinx-Allee war der Tempelkomplex in Karnak ursprünglich mit dem südlich davon gelegenen Heiligtum in Luxor verbunden. An der Stelle einer älteren Anlage hatte Amenophis III. in drei Bauphasen hier den »südlichen Harem« für Amun errichten lassen (Abb. 97). In einer festlichen Prozession besuchte das Amun-Bild von Karnak für mehrere Tage diesen Tempel. Nur in der Zeit, in der Echnaton auch dieses von seinem Vater geweihte Heiligtum hatte schließen, Kultbilder und Reliefs hatte zerstören lassen, wurde das »schöne Fest« nicht gefeiert. Doch als Ramses II. die Regierung übernahm, waren die Zerstörungen längst von seinen Vorgängern beseitigt worden. Wie sein Vater Sethos I. zuvor in Karnak, so ließ Ramses II. in Luxor das Heiligtum des Reichsgottes weiter ausbauen. Der Tempel wurde durch einen von Säulen umstandenen Kolonnadenhof erweitert, den im Norden ein mächtiger Pylon begrenzt. An den Außenflächen wurden großartige Schlachtenbilder angebracht; davor standen ursprünglich zwei Obelisken. Geblieben ist nur der größere, der mit etwas über 25 m Höhe die Pylonentürme um einen Meter überragt (Abb. 98). Der westliche Obelisk, der bei einer Höhe von fast 23 m und einer Basisfläche von über 2 m^2 ein Gewicht von 4410 Zentnern hat, wurde am 25. Oktober 1836 in Paris auf der Place de la Concorde aufgerichtet; der Vizekönig Ägyptens, Mohammed Ali, der auch die Lepsius-Expedition wohlwollend unterstützte, hatte ihn Frankreich geschenkt.

Angesichts der nun bald schon zwei Jahrhunderte andauernden Wiederentdeckung altägyptischer Bauwerke und der dann meist sich unmittelbar anschließenden Restaurierungen ist es schwer, sich den Umfang und die Mühsal der Arbeiten zur Freilegung vorzustellen. Auch der Vergleich des heutigen Bauzustandes mit Bildern der frühen Orientreisenden gibt keine reale Anschauung. Oft sind sie stark romantisierend dem damaligen europäischen Zeitgeist angepaßt. Das meterhohe, alles einschließende und schützende Erdreich läßt zudem nur schwer die ursprüngliche Größe erkennen. Die Expeditionszeichner haben in Theben wenige derartige Ansichten der verschütteten Bauten angefertigt. Stärker als im Norden des Landes war es der Wunsch des Leiters, vornehmlich jene Denkmäler zu kopieren, deren Reliefs, Wandmalereien oder Inschriften einen Fortschritt in der noch jungen Wissenschaft Ägyptologie ermöglichen sollten. Zudem galt es im Süden, unnötige Doppelarbeit zu vermeiden, denn gerade in Theben ist »mehr als an jedem anderen Orte von frühen Reisenden und Expeditionen, namentlich von der französisch-toskanischen getan worden, deren Arbeiten wir überall nur verglichen und ergänzt, nicht zum zweiten Male gemacht haben ... Mein Hauptzweck, den ich stets im Auge behalten habe und der meine Auswahl vorzüglich bestimmte, war der historische. Wenn ich für diesen das Wesentliche erreicht zu haben glaubte, so gab ich mich zufrieden.« Und sieht man von dem Panorama-Bild ab, das den heiligen Komplex von Karnak

98 Eingang zum Luxor-Tempel

99 Säulensaal im Luxor-Tempel nach ersten Freilegungsarbeiten

im damaligen Zustand zeigt, so wurden vornehmlich sachbezogene Dokumentationszeichnungen der so zahlreichen und bedeutungsvollen Flachbilder angefertigt. Als schließlich die alles objektiv fixierende Fotografie als kostengünstiges Dokumentationsmittel eingesetzt wurde, hatten in Luxor längst schon Ausgrabungen begonnen (Abb. 99).

Und doch ergibt sich gerade für diesen Ort eine Möglichkeit, beeindruckend die geleistete Arbeit zu zeigen. Noch zu Beginn unseres Jahrhunderts war auf dem alten, heiligen Boden eine Moschee als tägliche Gebetsstätte zu Allah in Benutzung. Sachlich vermerkt Baedekers Reiseführer: »Leider konnte die Ostseite dieses Hofes, in der sich eine Moschee befindet, bisher nicht freigelegt werden, was den Gesamteindruck sehr beeinträchtigt.« In der Zwischenzeit ist eine neue Moschee in unmittelbarer Nähe erbaut worden; die Ausgrabungen sind auch an jener Stelle des Tempelbezirks beendet. Heute erinnert der Eingang zur alten Moschee in der Höhe daran, welche Mengen an Erdreich bewegt werden mußten (Abb. 100).

Sind der erste Pylon, der Kolonnadenhof Ramses' II. und der südliche Durchgang in den hinteren Teil der Tempelanlage passiert, sind Säulenhalle und der Hof von Amenophis III. durchschritten, versinken Säulen und Reliefs in geheimnisvollem Halbdunkel. Das Tempelhaus mit dem Allerheiligsten ist erreicht. Kleine Kammern, Kapellen und Räume befinden sich hier, unter ihnen der sogenannte Geburtsraum, in dem nie ein Kind zur Welt kam. Den dennoch zutreffenden Namen erhielt er wegen der literarischen und bildlichen Darstellung des Mythos von Zeugung und Geburt des Königs, in diesem Falle Amenophis' III.

100 Eingang zur Moschee im Luxor-Tempel

101 Chnum und Hathor führen die schwangere Königin zur Entbindung

102 Vaterschaftsanerkennung durch Amun und Beschneidung des Kronprinzen

In einem Bildzyklus von fünfzehn Szenen kann der Vorgang in seinen einzelnen Stationen verfolgt werden. Ausgangspunkt ist der Wunsch des Gottes Amun, mit der menschlichen Königin ein Kind zu haben. Werbend schickt er die Liebesgöttin Hathor zu ihr. Er selbst begibt sich zum königlichen Gemahl, um auch ihm seine Absicht kundzutun. Von Thot läßt er sich dann später in der Verkleidung des regierenden Pharao zur Königin führen. Hier angekommen, zieht sich Thot zurück; Amun, allein mit der aus dem Schlaf Erwachenden, gibt sich ihr als Gott zu erkennen. Der Thronfolger wird gezeugt, dessen Namen Amun aus den Begrüßungsworten der Königin ableitet. Danach spricht Amun mit dem Schöpfergott Chnum, damit der Leib des noch ungeborenen Kindes gottgleich und vollkommener als der früherer Könige von ihm aus Lehm geformt werde. Zusammen mit Hathor stellt Chnum nun den Leib des Kindes auf der Töpferscheibe für die Geburt her. Nachdem Thot der Königin die Zufriedenheit Amuns darüber mitgeteilt hat, wird sie von Chnum und Hathor zur Entbindung geführt (Abb. 101). So zurückhaltend, wie hier ihre Schwangerschaft angedeutet wird, waren auch die vorigen Szenen gezeichnet. Unter dem Schutz von Göttern und Genien entbindet die Königin sitzend auf einem Gebärstuhl. Ammen halten ihre Arme. Um das Neugeborene zu schauen, kommt Amun in göttlicher Gestalt; liebevoll nimmt er es in den Arm und erkennt es damit als leiblichen Sohn an. Durch die

Milch göttlicher Wesen, die den Prinzen stillen, nimmt er deren Kräfte in sich auf. So für das Leben gestärkt, wird der Thronfolger mit seinem Ka, der körperlichen und geistigen Kraft eines jeden Ägypters, der Götterneunheit vorgestellt (Abb. 102).

Doch in der Vorlage für diese Szene waren die Götter, denen das Kind vorgestellt werden sollte, verlorengegangen, so daß der antike Künstler die Segnungen des Kindes und seines Ka durch den göttlichen Vater unmittelbar anschließt. Auch die den Zyklus beendende Szene muß in der Vorlage des Künstlers beschädigt gewesen sein. Anhand anderer Bildüberlieferungen ist aber sicher, daß es sich bei der in der Zeichnung darunterliegenden Darstellung um den Beschneidungsritus handelt. Nachdem im oberen Register der Prinz und sein Ka einem Gott, entsprechend den Verhältnissen der realen Welt im Sinne eines voruntersuchenden Arztes, vorgestellt wurden, erfolgt die eigentliche Beschneidung: Zwei Frauen halten den Prinzen und seinen Ka an den Oberschenkeln fest, während ein vor ihnen kniender Gott die Zirkumzision mit einem Messer durchführt. Aus dem Kinde ist ein Mann geworden, dem die zuschauenden Götter »Millionen von Jahren, Leben und Wohlfahrt, alle Gesundheit und alle Herzensweite« geben. Dem Thronfolger werden viele Jahre zugewiesen, die die Göttin Seschat notiert. Sie ist zu erkennen an dem Tierfell und dem ihr eigenen Symbol auf dem Kopf.

103 Festsetzung der Regierungszeit für Ramses II.

104 Bilder aus dem Krönungsmythos

105 Tal der Könige

Auch Ramses II. hatte in seinem Totentempel, der auf dem westlichen Ufer des Nils liegt, eine solche Geburtslegende darstellen lassen. Doch diese hat sich nur teilweise in an anderem Ort wiederverbauten Reliefblöcken erhalten. Unzerstört und in beeindruckender Schönheit erhalten blieb dagegen jenes Bild, das zu einem zweiten Mythos von der Göttlichkeit des Königtums gehört (Abb. 103). Es berichtet von der Festsetzung der Regierungszeit für Ramses. Der Pharao thront vor dem Isched-Baum auf einem Postament; hinter ihm auf einem größeren Thron der Weltenschöpfer Atum, der auf ein Blatt des Baumes den Namen des Herrschers schreibt. Vor dem König steht auch hier die Göttin Seschat, gefolgt von Thot; beide schreiben seinen Namen ebenfalls auf Baumblätter. Mit ihrer linken Hand halten sie gezähnte Palmenrispen. Die Kerben geben symbolisch die Lebensjahre des Herrschers an, die von Seschat »in unendlicher Zählung« zusammengefaßt werden. Atum versichert ihm: »Ich schreibe in der Schrift meiner Hand deinen Namen auf den heiligen Isched-Baum. Ich habe dich, seit du gesäugt wurdest, zum König proklamiert ... Du wirst sein bis zum Ende der Lebenszeit des Himmels, solange wie mein Name fest in aller Ewigkeit ist.«

Die Reliefs des Geburtsmythos zeigen, daß der Thronfolger bis zum Herrschaftsantritt in göttlicher Umgebung aufwächst. Sie führen damit seine göttliche Abstammung vor Augen und legitimieren seinen Machtanspruch. Folgerichtig wird auch seine Krönung in göttlicher Sphäre vollzogen. In Wirklichkeit folgte sie einem Ritual, das bisher jedoch nur in Bruchstücken bekannt ist. Die Verkündung einer langen und erfolgreichen Regierung durch die Götter – im Tempel durch verkleidete Priester dargestellt – war dabei wahrscheinlich ein wichtiger Bestandteil.

Der Vater von Ramses II. hatte in seinem Säulensaal zu Karnak einen größeren Abschnitt des Krönungsmythos abbilden lassen (Abb. 104). In festlicher Kleidung wird hier der Pharao zunächst vom göttlichen Brüderpaar Horus und Seth rituell gereinigt. Durch das geweihte Wasser wird er erfüllt mit den darin eingeschlossenen Kräften. Chons und Atum führen ihn anschließend zur Krönung in den Tempel. Hier kniet der König im Schutz des Reichsgottes Amun und der Hathor nieder. Unter deren Segenswünschen werden für ihn durch Thot die Regierungsjahre in die Palmenrispe eingekerbt, wird sein Name für die Ewigkeit festgeschrieben. Zugleich prophezeien ihm die Götter unzählige Sed-Feste. Doch sollten sich für Sethos I. die Voraussagen nicht bestätigen; nach fünfzehn Regierungsjahren starb er.

Wie fast alle Könige des Neuen Reiches (1551–1080 v. u. Z.) wurde er in einem Talkessel im Gebirge auf der Westseite des Nils nahe Theben bestattet. Schon in den zwei Jahrhunderten vor ihm waren hier von Handwerkern, die mit ihren Familien in einer von der Umwelt gänzlich abgeschlossenen Siedlung lebten, für elf Könige Gräber in die massiven Felswände geschlagen und für die Ewigkeit ausgestattet worden. An diesem geheimgehaltenen Ort sollten auch nach Sethos I. noch zahlreiche Pharaonen beigesetzt werden; insgesamt – so berichtet der griechische Geschichtsschreiber Diodor im 1. Jahrhundert v. u. Z. – sollen es 47 Königsgräber gewesen sein. In der Zeit, als die Lepsius-Expedition hier arbeitete, waren 25 zugänglich; von einem Reisenden aus dem frühen 18. Jahrhundert wird berichtet, daß fünfzehn Gräber bekannt waren. Suchaktionen wie zu Beginn des 19. Jahrhunderts in Erwartung wertvoller Schätze ließ Lepsius nicht durchführen. Die eigentliche wissenschaftliche Untersuchung der Nekropole begann erst am Ende des 19. Jahrhunderts. Als letztes Königsgrab wurde 1922 das des Tut-anch-Amun unversehrt aufgefunden.

Als ob die Herrscher des Neuen Reiches vereint an diesem Ort noch heute residierten, erhielt der Friedhof den Namen »Tal der Könige«. Von allen Seiten wird es durch hohe Felswände geschützt (Abb. 105, 106). Ein Paßübergang, der durch eine Polizeistation gesichert war, ermöglichte den Handwerkern und Priestern Zugang. Doch war der Schutz nicht ausreichend, und Sethos I. sowie die anderen Könige sollten in ihren Gräbern keine Ruhe finden. Räuber drangen ein und stahlen die wertvollen Beigaben. Sie scheuten sich nicht einmal, die Mumien zu beschädigen, um an die kostbaren Amulette und Schmucksachen zu gelangen. Die Plünderungen blieben aber nicht unbemerkt. Als das Siegel an der Eingangstür zum Grab von Sethos I. verletzt war, ergab eine Besichtigung durch Priester das Ausmaß der Schäden. Die Mumie wurde restauriert, und sicherlich erneuerte man auch die Grabausrüstung. Doch schon bald danach drangen noch vor dem Ende des Neuen Reiches abermals Räuber ein; wieder mußten Schäden an der Mumie ausgebessert werden. Nachdem man das Grab gesichert glaubte und auch die Mumien des Vaters und des Sohnes von Sethos I. hierhin überführt hatte, wurde das Königssiegel am Eingang wieder aufgebrochen. Nun brachte man die Mumien in ein anderes, außerhalb des Tals gelegenes Grab. Hierher waren bereits weitere tote Pharaonen überführt worden – wenn schon ihr Grabinventar gestohlen wurde, wollte man wenigstens ihre Mumien vor der Zerstörung schützen.

Auch dieses Versteck wurde entdeckt – doch erst 1871. Zehn Jahre hüteten die modernen Grabschänder ihr Geheimnis, um sich ungestört an den spärlichen Resten des einstigen Reichtums der Könige vergreifen zu können. Nachdem dieser Diebstahl bekannt geworden war, mußten die Mumien erneut umgebettet und restauriert werden. Seit Ende 1881 befinden sie sich im Ägyptischen Museum zu Kairo.

106 Tal der Könige

107 Memnonkolosse zur Zeit der Expedition

Wie die Pharaonen des Alten und Mittleren Reiches in unmittelbarer Nähe ihrer Grabmäler kultisch verehrt und damit im Glauben der alten Ägypter am Leben erhalten wurden, so bedurften auch die Herrscher des Neuen Reiches eines entsprechenden Totenkultes. Doch die dafür vorgesehenen Tempel konnten nicht direkt mit dem Grab verbunden im Tal der Könige erbaut werden. So ließen die Pharaonen auf dem Westufer des Nils vor dem Felsmassiv, in dem sich in weiter Entfernung ihre Gräber befanden, die Totentempel errichten, in denen auch dem Reichsgott Amun und anderen Gottheiten gehuldigt wurde. Der Totentempel Sethos' I. ist der nördlichste dieser Bauten, die sich einst in ununterbrochener Reihe bis zum südlichen Medinet Habu hinzogen. Im Süden der thebanischen Nekropole stand auch der Totentempel Amenophis' III., der jedoch etwa hundertfünfzig Jahre nach seiner Erbauung bereits völlig zerstört gewesen sein muß. Schon Merneptah, der Sohn und Nachfolger von Ramses II., ließ die Ruine als Steinbruch für seinen Totentempel nutzen. Einzig die Kolossalstatuen, die den Pharao Amenophis III. darstellen und beiderseits des Tempeleingangs aufgerichtet worden waren, verblieben bis auf den heutigen Tag an ihrem Ort (Abb. 108).

»Der nordöstliche [rechte] von beiden Kolossen war die berühmte klingende Statue, an welche die Griechen die liebliche Sage vom schönen Memnon knüpften, der allmorgendlich mit Sonnenaufgang seine Mutter Aurora begrüßte, während sie ihn, um seines frühen Heldentodes willen, mit ihren Tautränen netzte. Dieser Mythos bildete ... sich erst spät, weil das eigentümliche Phänomen des hellen zitternden Tones, welcher beim schnellen Erwärmen des nächtlich erkalteten Steines durch das Zerspringen kleiner Teilchen entstand, erst damals, als die schon vorher zerklüftete Statue durch ein im Jahre 27 v. Chr. erfolgtes Erdbeben zum

108 Memnonkolosse im Jahr 1892

Teil in sich selbst zusammengestürzt war, auffallender hervortrat. Die Erscheinung der springenden und klingenden Steine in der Wüste und auf großen Ruinenfeldern ist in Ägypten nicht selten, ganz besonders neigt dazu aber die Natur des harten Kieselkonglomerats, aus dem die Statue besteht ...«

Als die Teilnehmer der Expedition im November 1844 auf dem Westufer des Nils Quartier nahmen, schwieg der tönende Koloß schon seit über eineinhalb Jahrtausenden. Der römische Kaiser Septimius Severus, der am Ende des 2. Jahrhunderts wie viele seiner Landsleute dieses Wunder sehen und hören wollte, hatte nach seinem wohl erfolglosen Besuch die Statue restaurieren lassen. Durch das Einfügen großer Steinblöcke in die monolithische Skulptur, die sich deutlich markieren, verstummte der Koloß für immer. Doch zahlreiche Inschriften der antiken Touristen auf dem Sockel und an allen von hier aus erreichbaren Flächen der Plastik erzählen vom Klingen. Sie bürgen für die Wahrheit der Berichte Strabos, Juvenals und anderer antiker Schriftsteller. Da jedoch im November 1844, als die Expedition aus dem Süden kommend wieder in Theben eintraf, die ganze Ebene vom Nil überflutet war und die Memnonkolosse wie aus einem weiten Meer herausragten, entzogen sich diese zunächst einer näheren Untersuchung. Erst im folgenden Frühjahr wurden Abklatsche von den Inschriften angefertigt, wurden die Figuren genau aufgemessen und ihre Umgebung archäologisch untersucht. Einzig die braun getönte Bleistiftzeichnung, wohl von Otto Georgi, der als Ersatz für den erkrankten Frey Anfang Mai 1844 im Sudan zur Expedition gestoßen war, erinnert daran, daß dieses Wahrzeichen Thebens schon unmittelbar nach der Ankunft mit einem Boot aufgesucht wurde (Abb. 107).

Die Arbeiten begannen auf dem Westufer am Totentempel von Ramses II., dem sogenannten Ramesseum. Um zu

109 Schlacht bei Kadesch

einem genauen Grundriß dieser großen und eindrucksvollen Anlage zu gelangen, wurden hier umfangreiche Grabungen vorgenommen. Innerhalb eines Areals von ungefähr 300 × 200 m, eingeschlossen von einer Umfassungsmauer aus ungebrannten Ziegeln, hatte man zu Ehren des toten Königs und des Reichsgottes Amun-Re nicht nur einen großen Tempel errichtet. Im Süden schloß sich auf der Westseite des ersten Hofes hinter einem Säulenwald ein Palast an, der dem lebenden Pharao zur Vorbereitung auf die Rituale im Heiligtum diente. Hier befand sich auch das schon aus Amarna bekannte Erscheinungsfenster. Von ihm aus konnte der Herrscher am festlichen Geschehen auf dem Hof teilnehmen, konnte Belohnungen verteilen und den Tribut der fremden, unterdrückten Völker entgegennehmen. Deren Vertreter mußten beim Verlassen des ersten Hofes unwillkürlich auf die Innenseiten des mächtigen Pylons blicken. Auf einer Breite von 67 m werden hier die militärischen Taten des Königs verherrlicht. Einst unterstrich die Farbigkeit der Reliefs das grausame Geschehen, das den Tributbringern wie eine ernste Warnung vor Abtrünnigkeit erscheinen mußte.

Obwohl heute die Flachbilder jegliche Farbe verloren haben, zählen sie zu den bedeutendsten Reliefs der ägyptischen Kunst. Inhaltlich greifen sie wieder jene Themen auf, die bereits Sethos I. auf den äußeren Seitenwänden seiner Säulenhalle in Karnak hatte anbringen lassen: das historisch-geographische Schlachtenbild. Doch handelt es sich im eigentlichen Sinne nicht um eine Nachahmung. Ramses II. hatte in den Anfangsjahren seiner Herrschaft weitaus schwerere militärische Auseinandersetzungen als sein Vater zu bestehen. Der südliche Turm des Pylons schildert auf seiner Innenseite die Schlacht bei Kadesch, die das ägyptische Heer im Jahre 1284 v. u. Z. den Hethitern lieferte (Abb. 109). Den Mittelpunkt der Darstellung bildet der König mit seinem Streitwagen. Er ist als Einzelkämpfer gezeigt, was nicht nur der Glorifizierung des Herrschers diente. Erstmals erkennt man ihn nicht nur als Sieger, sondern sieht ihn in einem deutlichen Gefahrenmoment. Abgeschnitten vom eigenen Heer, greift er in vorderster Reihe entschlossen in die Schlacht ein und kann dadurch die sich schon abzeichnende Niederlage der Ägypter abwehren. Das Gefecht am Orontes, das für beide Seiten sehr verlustreich gewesen war, brachte keine Entscheidung. Der Pharao kehrte weder als Sieger noch als Verlierer in die Residenz zurück; im Interesse der Propaganda wurde der unentschiedene Ausgang zu einem Sieg umgedeutet.

Nördlich des Ramesseums, dort, wo das Libysche Wüstengebirge stark eingebuchtet ist und ein nach Karnak zu offenes Halbrund bildet, liegen die Reste der ältesten thebanischen Totentempel. Zwei Pharaonen der 11. Dynastie mit dem Namen Mentuhotep waren hier bereits an der Wende vom 3. zum 2. Jahrtausend v. u. Z. Totentempel mit Gräbern errichtet worden. Alles lag weitgehend in Trümmern, als rund fünf Jahrhunderte später der Grundstein für ein neues Bauwerk gelegt wurde. »Eine über 1600 Fuß lange, zu beiden Seiten mit kolossalen Widdern und Sphinxen geschmückte Straße führte vom Tale her in gerader Linie zu einem Vorhofe, dann vermittels einer Treppe zu einem anderen, dessen Vordermauer mit Bildwerken und einer davorgelegten Kolonnade geschmückt war, und endlich hinter einer zweiten Treppe zu einem wohlerhaltenen Granittor und dem letzten Tempelhofe, welcher zu beiden Seiten mit schön geschmückten Hallen und Kammern umgeben und hinten mit einer breiten an den steilen Fels angelegten Fassade abgeschlossen war ... Eine Königin war es, ... welche diesen kühnen Plan einer architektonischen Verbindung der beiden Talseiten ausführte, dieselbe, welche vor dem Tempel von Karnak die beiden größten Obelisken errichtet hatte. Sie erscheint auf ihren Denkmälern nie als Frau dargestellt, sondern in männlicher Kleidung; nur die Inschriften entdecken uns ihr Geschlecht« (Abb. 110).

Es ist beeindruckend, mit welcher Präzision Lepsius die Grundstruktur dieses Totentempels beschrieb, obgleich das

110 Königin Hatschepsut

Heiligtum von gewaltigen Schuttbergen bedeckt war. Zudem waren die noch intakten oberirdischen Tempelhallen von Mönchen in ein Kloster umgewandelt worden, was diesem Ort bis heute seinen Namen gegeben hat: Deir el Bahari – das Nordkloster. »Solche Umwandlungen der alten Prachtgebäude gereichten der Erhaltung derselben teils zum Nachteil und teils zum Vorteil. Häufig wurden einzelne Mauern abgetragen oder durchbrochen ... Nicht selten aber dienten auch dieselben fromm eifrigen Hände dazu, die alte Herrlichkeit auf die erfolgreichste Art uns zu erhalten, indem man es vorzog, die Darstellungen, statt sie mühsam mit dem Hammer zu zerstören, von oben bis unten mit Nilerde zu überziehen, die dann gewöhnlich noch einen weißen Abputz erhielt, um christliche Gemälde aufzunehmen. Mit der Zeit fiel dieser koptische Lehm wieder ab, und die alten Malereien traten dann mit einem Glanze und einer überraschenden Frische wieder hervor, wie sie sich auf den unbedeckten, der Luft und der Sonne ausgesetzten Wänden schwerlich erhalten haben würde. In der Nische einer alten Cella fand ich den heiligen Petrus in altbyzantinischem Stile den Schlüssel haltend und die Finger hebend; aus seinem Heiligenscheine schauten aber unter dem halb abgefallenen christlichen Mantel die Kuhhörner der Göttin Hathor, der ägyptischen Venus, hervor; dieser galten ursprünglich der Weihrauch und die Opfer des daneben stehenden Königs,

111 Würfelhocker des Senenmut

112 Königin Hatschepsut mit ihrem Stiefsohn Thutmosis III. und ihrer Tochter beim Opfer

die nun dem ehrwürdigen Apostel dargebracht werden. Öfters habe ich der vergeltenden Zeit mit eigener Hand nachgeholfen und den meist völlig uninteressanten koptisch angepinselten Stuck noch weiter abgelöst, um den versteckten prächtigen Skulpturen der ägyptischen Götter und Könige wieder zu ihren älteren und größeren Rechten auf unser Studium zu verhelfen.«

Im Ergebnis dieses Studiums konnte Lepsius auch der Königin, die die für Ägypten einmalige Tempelanlage in Deir el Bahari hatte erbauen lassen, den ihr gebührenden Platz in der Geschichte zuweisen. Obgleich deren Nachfolger ihren Namen auf den Denkmälern hatte tilgen lassen, war vom ägyptischen Priester Manetho über sie berichtet worden. Als Champollion die Hieroglyphen entziffert hatte und in Theben Reliefs und Inschriften ihres Totentempels studierte, wurde die Überlieferung verworfen. Obwohl die Texte stets von einer Königin sprachen, zeigten die Reliefs gleichbleibend einen Mann als obersten Herrscher Ägyptens. Erst Lepsius erkannte, daß die Königin sich wie ein männlicher Pharao abbilden ließ und daß ihr Name nach ihrem Tode durch den des Nachfolgers ersetzt worden war. Diese Frau war die Tochter von Thutmosis I., dem zweiten Herrscher der 18. Dynastie, und nannte sich Hatschepsut, die »Erste der Prächtigen«. Als der ursprüngliche Thronerbe gestorben war, wurde sie – nunmehr einziges Kind aus der offiziellen Königsehe – mit einem Halbbruder verheiratet, dessen Ansprüche es zu sichern galt; als Thutmosis II. sollte er jedoch nur kurze Zeit regieren. Bei seinem Tode 1490 v. u. Z. hinterließ auch er nur in Nebenehe einen Sohn. Aus der offiziellen Verbindung mit Hatschepsut stammte dagegen eine Tochter, die wegen der Thronfolge wahrscheinlich wie ihre Mutter mit dem Halbbruder verheiratet wurde.

Zunächst aber führte Hatschepsut die Regierungsgeschäfte. Ihr Stiefsohn war noch ein kleines Kind, die Tochter sogar erst im Säuglingsalter. Als beide herangewachsen waren, übergab sie die Herrschaft jedoch nicht an den eigentlichen Thronfolger. Die Rechtmäßigkeit ihres Vorgehens sah sie in der Familienpolitik ihres Vaters begründet. Anfangs scheint ihr Stiefsohn, der später als Thutmosis III. die Regierungsjahre der Hatschepsut zu seinen eigenen zählte, diesen Ansichten nicht widersprochen zu haben. Als Mitregent tritt er neben der Königin auf; gemeinsam mit ihr wird er schon zu deren Lebzeiten als »König von Ober- und Unterägypten« angesprochen, und die Namen beider verschmelzen zu einem einheitlichen Königsnamen. Ein Relief aus dem Allerheiligsten des Totentempels der Hatschepsut, das heute fast völlig zerstört ist, zeigt ihn zusammen mit Hatschepsut dem Gott Amun opfernd (Abb. 112). Hinter ihnen ist Nefru-Re, die Tochter der Hatschepsut, abgebildet. Auch hier gibt sich die Königin wie ein männlicher Pharao. Gleich dem hinter ihr knienden Thutmosis trägt sie den Königsbart und ist nur mit einem kurzen Schurz bekleidet – ein Hinweis darauf, wie sehr bildliche Darstellungen durch die Propaganda beeinflußt werden konnten.

Hatschepsut war nicht die erste Königin, die die Regierungsgewalt übernommen hatte; sie sollte auch nicht die letzte sein. Doch stets führten Frauen nur dann die Herrschaft für ihre verstorbenen Männer fort, wenn die Gefahr bestand, daß der Familie die Regentschaft verlorengehen könnte. Einzig der Hatschepsut gelang es, den gefährdeten Bestand der Dynastie zu sichern. Doch wird dies weniger ihr selbst als vielmehr der sie umgebenden Beamten- und Priesterschaft zuzuschreiben sein. Als eine besonders starke Persönlichkeit tritt aus der unmittelbaren Nähe der Königin ein Mann namens Senenmut (»Mutterbruder«) hervor. Aus einfachen Verhältnissen stammend, errang er am Hofe ihr Vertrauen. Er wurde ihr Vermögensverwalter, war der Bauherr des Totentempels und der wichtigsten ihrer anderen Projekte. Als Erzieher der Prinzessin Nefru-Re hatte er auch engsten familiären Kontakt zur Herrscherin. Ein Würfelhocker, der ihn mit der Tochter der Hatschepsut zeigt, wurde 1843 vom Berliner Museum aus Privathand angekauft (Abb. 111). Lepsius nahm, nachdem er das Stück studiert hatte, an, daß es aus dem Grab des Beamten stamme. Doch sind derartige Plastiken als Gunstbeweise des Herrschers vornehmlich in Tempelnischen aufgestellt worden. Die verhältnismäßig hohe Zahl ähnlicher Skulpturen, die Senenmuts enge Beziehungen zur königlichen Familie ausweisen, führen dessen Vertrauensposition deutlich vor Augen. Doch offensichtlich überspannte er den Bogen. So ließ er sich im Totentempel der Hatschepsut nicht nur ein eigenes Grab anlegen, sondern sein Abbild auch auf den Reliefs anbringen. Die Folge war, daß die Königin ihn seines Amtes enthob und sein Andenken löschte.

Den südlichen Abschluß der Totentempel aus der 18.–20. Dynastie bildet die für Ramses III. in Medinet Habu errichtete Anlage. Obgleich jahrelange Restaurierungsarbeiten die einzigartigen Kultbauten für Hatschepsut als die am besten erhaltenen erscheinen lassen, hat doch jener Tempel den Unbilden der Zeit mit bestem Erfolg getrotzt (Abb. 113). Eine 18 m hohe und über 10 m dicke Umfassungsmauer aus ungebrannten Lehmziegeln umschloß unüberwindbar den gesamten Komplex. Ein Papyrus berichtet, daß 62626 Personen im Dienste dieses Totentempels standen. Im Zentrum des über 300 × 200 m großen Areals befand sich der eigentliche Tempel, an dessen verlängerter Südwand unmittelbar hinter dem mächtigen Eingangstor zum ersten Hof der Königspalast gelegen war. Auf den zahlreichen Wandflächen der Kultanlage sind die gewaltigen Kriegszüge dieses Königs verherrlicht, in denen er zu Lande und zu Wasser aus dem Norden und aus dem Osten heranziehende Völkerscharen abwehrte. »Von eigentümlichem Interesse ist aber noch der weit vorgeschobene pylonartige Vorbau des Tempels, welcher in vier übereinander liegenden Stockwerken die Privatzimmer des Königs enthielt.« Äußerlich ist dieses Bauwerk wie ein Festungsturm angelegt. Die Fassade ist bis zur obersten Etage mit Reliefs geschmückt, die den Pharao in traditioneller Weise zeigen, wie er die Feinde Ägyptens vernichtet. Doch die Dekorationen im Innern des Turms machen deutlich, daß er nicht als Festung genutzt worden war. In allen Etagen zeigen die Reliefs den Herrscher, wie er bei seinen Töchtern Zerstreuung sucht. Im dritten Geschoß finden sich Bilder, auf denen er – sieht man von Halsketten, Sandalen und Krone ab – unbekleidet wiedergegeben wird (Abb. 114). Auch die Mädchen, mit denen er sich beim Brettspiel vergnügt und die er liebkost, tragen nur Hals- und Kopfschmuck sowie Sandalen. Obwohl schon Lepsius diese Flachbilder als Schilderungen des Familienlebens betrachtete, sahen später Ägyptologen in ihnen erotische Szenen. Die Prinzessinnen wurden zu Haremsdamen, das Gebäude zum königlichen Serail. Doch heute steht fest, daß es sich bei den unbekleideten Mädchen um Prinzessinnen handelt, die ihrem Stand gemäß den Kalathos als Kopfbedeckung tragen.

Die durch die islamische Begriffswelt geprägten Vorstellungen vom Harem lassen sich nur schwer mit altägyptischen Verhältnissen vergleichen. Zwar konnte der Pharao im Gegensatz zur üblichen monogamen Familie mehrere Frauen heiraten, konnte im Palast der Residenz auch meh-

113 Totentempel Ramses' III. mit sogenanntem Hohem Tor um 1925

rere »Geliebte des Königs« in den sogenannten Frauengemächern unterbringen und sich dort mit ihnen vergnügen. Doch für Frauen vorbehaltene Gemächer gab es auch in den normalen Wohnbauten. Insgesamt wird daher die Ansicht von Lepsius richtig sein, daß die Räume im Turm der königlichen Familie bei ihren Aufenthalten in Theben als Unterkunft dienten. Der Palast im Innern des Tempelkomplexes wurde vom Pharao nicht als Wohnung, sondern zur Vorbereitung für das dort zu vollziehende Ritual benutzt. Daher fehlen auch die sonst notwendigen Wirtschaftsräume.

Am 8. Januar 1845 teilte Lepsius nach Berlin mit: »Eine andere Eroberung ist mir heute gelungen, die mir doppelte Freude macht, weil sie nur mit unsäglicher Mühe zu bewerkstelligen war und ein Monument in vollkommenster Erhaltung zu Tage gefördert hat, das in unsern Museen schwerlich seinesgleichen finden wird. In einem tiefen Schachte, der vor kurzem ausgegraben wurde, öffnet sich eine Grabkammer mit interessanten Königsdarstellungen, die wir gezeichnet haben; von hier führt ein schmaler Gang noch tiefer in eine zweite Kammer, die wie die erste ganz ausgemalt ist. Die Räume sind in einen äußerst bröckligen Fels gehauen, der sich bei der geringsten Berührung in großen Stücken von der Decke löst; die Felshöhlen wurden daher mit Nilziegeln zu Tonnengewölben ausgesetzt, welche mit Stuck überzogen und dann bemalt wurden. An den Seiten der inneren Tür ist rechts der König Amenophis I. und links dessen Mutter, die noch in späteren Zeiten hochverehrte Aahmesnufre-ari abgebildet. Beide sind an vier Fuß hoch auf den Stuck gemalt und in den frischesten Farben erhalten. Diese Figuren, welche die ganze Wand einnahmen, wünschte ich abzulösen ... So ist es heute nach mühseliger Arbeit endlich gelungen, den ganzen, nur einen Finger dicken Stuck mit den völlig unbeschädigten Bildern auf zwei aus Brettern gezimmerte, mit Fellen, Leinwand und Papier gefütterte Tafeln umzulegen und aus der noch halb verschütteten engen Grabeshöhle herauszuschaffen« (Abb. 115).

Anders als die Grabkammer des Prinzen Mer-ib und die Sarkophagbretter des Ipi-anchu überstanden die abgelösten

114 Familienszene

Flachbilder den Transport ohne die geringsten Schäden. Noch heute zählen diese Wandmalereien zu den Prachtstükken der Ausstellung auf der Berliner Museumsinsel. Sie stammen aus dem Grab des königlichen Aufsehers über die Handwerker Chai-Inheret (»Onuris erglänzt«). In der Zeit Ramses' III. lebte er vielleicht zusammen mit den von ihm überwachten Handwerkern in jener von der Umwelt abgeschlossenen Siedlung bei Medinet Habu. Sie liegt in der Nähe des Tals der Könige und konnte von französischen Archäologen nach langwierigen Ausgrabungsarbeiten Mitte unseres Jahrhunderts freigelegt werden.

Obgleich das Grab in das 12. Jahrhundert v. u. Z. zu datieren ist, werden in den Flachbildern nicht Pharaonen der 20. Dynastie, sondern bedeutende Herrscher der 18. Dynastie gezeigt. Lepsius erwähnte bereits den Sohn des Begründers des Neuen Reiches, Amenophis I., und seine Mutter. Als beide zu Beginn des 15. Jahrhunderts v. u. Z. verstorben waren, wurden sie in Theben als lokale Schutzgottheiten verehrt. Der ihnen geltende Kult entsprang den guten Erinnerungen, die sich mit der ersten Blütezeit nach der Hyksos-Vertreibung verbanden. Wissenschaft und Kunst blühten in jener ersten langen Friedensphase abermals auf, soziale Sicherheit und persönlicher Wohlstand wuchsen. Der Königsmutter, deren Haut hier wie die einer Totengottheit schwarz wiedergegeben ist, wird eine Reorganisation der Religion zugeschrieben, die insbesondere den Reichtum der Tempel vermehrte. Zudem organisierte sie die Nekropole von Theben und deren Handwerkersiedlung neu, in der es später wegen unzulänglicher oder fehlender Versorgung zu Erhebungen kommen sollte. So verwundert es nicht, daß diese ferne Zeit durch spätere Generationen glorifiziert wurde.

Die Darstellung der vergöttlichten Ahmose-Nofretari und ihres Sohnes ist kein Einzelfall, wie ein anderes Flachbild aus dem Grabe des Chai-Inheret belegt. Hier bringt der Grabherr zusammen mit seiner Frau sowohl ihnen als auch anderen toten Königen, Königinnen, Prinzen und Prinzessinnen Weihrauch als Opfergabe dar (Abb. 116). Hinter Amenophis I. in der oberen Bildzeile sitzt sein Vater Ahmo-

115 Amenophis I. mit seiner Mutter Ahmose-Nofretari

se, der Ehemann der Ahmose-Nofretari und Begründer des Neuen Reiches. Unter ihm wurden die Kämpfe zur Befreiung von den Hyksos siegreich beendet. Es folgt dann die Ehefrau von Amenophis I., in deren Rücken dessen Schwestern und Brüder sitzen. Die untere Zeile läßt neben der Mutter – wieder ist deren Hautfarbe schwarz gemalt – und dem Vater von Amenophis I. unter anderen den Begründer des Mittleren Reiches, aber auch Pharaonen der 17. Dynastie erkennen.

Große Aufmerksamkeit unter den Ägyptologen erregte die am Ende der zweiten Reihe halb kniende, halb sitzende Figur. Unabhängig von diesem Grab hatte man einen Scherben gefunden, auf dem sich in altägyptischer Tuschezeichnung eine diesen Bildausschnitt fast kopierende Skizze fand. Lange Zeit galt daher diese Person, die nach der darüber befindlichen Inschrift den Namen Hui trägt, als der Künstler, der das Grab ausgestaltet hatte. Zu eigenwillig war die fast porträthafte Wiedergabe des Kopfes mit dem wallenden Haar. Doch handelt es sich auch bei diesem Mann um eine vergöttlichte Person, die in der Zeit vor dem Ketzerkönig Echnaton lebte. Als Rekrutenschreiber war er zur Organisation und Durchführung verschiedener Bauvorhaben durch Amenophis III. herangezogen worden. Er machte sich bei diesen Arbeiten so verdient, daß der Pharao ihn mit dem Bau seines Totentempels und der technisch komplizierten Errichtung der sogenannten Memnonkolosse beauftragte. Im Alter von über achtzig Jahren starb er hochgeehrt um 1370 v. u. Z. Sein Geburtsname war ebenfalls

116 Privatopfer vor verstorbenen Königen und Königinnen des Neuen und Mittleren Reiches

117 Herstellung von Säulen, Türen und Scheintüren

Amenophis, dessen Kurzform Hui; sein Vater hieß Hapu. Als Amenophis, Sohn des Hapu, wurde er nach seinem Tode wie ein Gott verehrt. Auf dem Westufer des Nils hatte er einen eigenen Totentempel. Und selbst der König Amenophis III. ließ für ihn im Amuntempel zu Karnak Statuen errichten, in deren Inschriften er seinen Günstling als Herold des Gottes bezeichnete.

Kaum vorstellbar ist heute die Arbeit, die unter der Anleitung von Lepsius auf dem Westufer des Nils vollbracht wurde. »Theben den 25. Februar 1845. Wir bewohnen nun schon über ein Vierteljahr unsre Thebaische Akropolis auf dem Hügel von Qurna, vom Morgen bis zum Abend jeder auf seine Weise emsig beschäftigt, die wichtigsten Monumente zu untersuchen, zu beschreiben, zu zeichnen, die Inschriften in Papier abzudrücken und die Pläne der Bauwerke aufzunehmen, ohne bis jetzt imstande gewesen zu sein, auch nur mit der einen, der Libyschen Seite, abzuschließen, wo uns allerdings zwölf Tempelgebäude, fünfundzwanzig Gräber von Königen, fünfzehn von königlichen Frauen oder Töchtern und unzählige von angesehenen Privatpersonen zur Untersuchung vorliegen ... Von Qurna zog sich einst eine ununterbrochene Reihe der prächtigsten Tempel bis nach Medinet Habu hinauf, welche den schmalen Wüstenstrich zwischen dem nilgetränkten Saatlande und dem Fuße des Gebirges fast ganz erfüllten. Unmittelbar hinter diesen Tempeln zieht sich das unübersehliche Totenfeld hin, dessen Grabhöhlen wie Bienenzellen, eine hart neben der andern, teils in den Felsboden der Ebene, teils in die anstoßenden Hügel eingehauen sind.« Bis auf den heutigen Tag hat man in dieser Nekropole mehr als vierhundertfünfzig Gräber von Privatleuten entdecken können – etwa ein Viertel von ihnen wurde in nur vier Monaten von der Lepsius-Expedition aufgenommen. Doch hinter dieser sachlichen Angabe verbirgt sich ein ungeheurer Arbeitsaufwand, denn oftmals mußten die Begräbnisstätten erst vom Schutt der Jahrtausende befreit werden. Mit Treffsicherheit wurden aus der Vielzahl sich markierender Gräber nur die wegen ihrer Zeitstellung, ihres Grabherrn oder ihrer Ausgestaltung bedeutendsten ausgewählt.

In den Tempeln von Karnak und Luxor hatten die Expeditionsmitglieder neben den Inschriften, die für die Chronologie des Neuen Reiches und die Religion vielfältiges Material lieferten, vornehmlich Elemente königlicher Architektur und Dekoration kopiert. Direkte Einblicke in deren Herstellung gaben die Flachbilder in den Gräbern der Privatleute. So fand sich in Ergänzung zu den beeindruckenden Säulen aus dem Säulenhof Sethos' I. die Schilderung ihrer Anfertigung in einem Grab aus der Zeit der Königin Hatschepsut (Abb. 117). Auf vier Stützbalken ruht die Säule mit dem Kapitell, das entsprechend der Zeit aus Palmwedeln gebildet wird. Während drei Handwerker mit einem Dechsel den roh behauenen Schaft grob glätten, wird er von den anderen vier Männern mit Poliersteinen geschliffen. Darunter wird eine Türeinfassung – wie die Säule aus einem Stück geschlagen, aber schon vollständig geglättet – farbenprächtig bemalt. Neben der Säulenherstellung ist die Anfertigung

118 Scheintür für Ramses I.

119 Ziegelherstellung und Hausbau

einer Scheintür abgebildet. Hier polieren Arbeiter die Steinoberfläche der am Boden liegenden Scheintür mit einer Schmirgelpaste, die sie den Näpfen in ihrer Hand entnehmen. Eine derartige Scheintür aus dem Totentempel Sethos' I. wurde von Ernst Weidenbach gezeichnet (Abb. 118); anders als die im Flachbild dargestellte ist sie mit Inschriften und Reliefs verziert.

Scheintüren dienten als Bindeglied zwischen den Welten der Toten und der Lebenden. Man glaubte, der Tote könne durch sie ins Diesseits treten, um die Opfer entgegenzunehmen. Daher kommt es auch vor, daß das Bild des Verstorbenen als Plastik vor der Tür oder meistens als Relief an den seitlichen Türflächen wiedergegeben wird. Daneben wurden in Inschriften seine Titel und der Name genannt sowie Gebete, die die jenseitige Existenz sichern sollten. Im vorliegenden Fall wird durch die Inschrift deutlich, daß diese Scheintür von dem »lebenden Horus mit Namen ›Starker Stier, der in Theben erscheint‹, der die beiden Länder leben läßt, dem König von Ober- und Unterägypten Sethos I.« für seinen Vater Ramses gestiftet wurde. Der eigentliche Türraum, durch den der Tote heraustrat, ist ausgefüllt durch eine Lotuspflanze. Hierin zeigt sich, daß die aus dem Alten Reich fest geprägten Vorstellungen eine Wandlung erfahren hatten. Der die Wirklichkeit nachahmenden Scheintür waren immer mehr Aspekte eines Denksteines zugefallen, was durch die Art der Inschrift unterstrichen wird. Man erfährt hier, daß Sethos I. seinem Vater ein großes Haus erbauen ließ, das mit Elektron ausgeschlagen war – offensichtlicher Bezug auf den Ramses I. geweihten Gebäudetrakt im eigenen Totentempel. Die Seitenflächen zeigen Ramses I.,

120 Hausbau und Bildhaueratelier

der als Gott Osiris auf dem Thron sitzt. Über ihm deuten die in Form einer aufgerollten Matte gezeichneten Wülste an, daß er sich im Durchgang vom Jenseits zum Diesseits befindet.

Das bedeutendste Grab, das in langen Bildzyklen unter anderem einen umfassenden Einblick in Arbeitsabfolgen verschiedener Gewerke gibt, ist das des Rech-mi-Re (»Wissend wie Re«). Er war Wesir, höchster ägyptischer Beamter, und diente den Nachfolgern der Hatschepsut, Thutmosis III. und Amenophis II. Von den zahlreichen Flachbildern im Grab wählte Lepsius die Schilderung eines Hausbaus und der Anfertigung von Monumentalplastiken aus (Abb. 119, 120). Zur Herstellung der Lehmziegel wird aus einem Teich Wasser geschöpft und mit dem zerkleinerten trockenen Nilschlamm und Häcksel vermengt. Diese Masse wird in Holzformen, die auf der Erde liegen, gepreßt. Gleichgroße Ziegel werden so zum Trocknen ausgebreitet. Ab und an muß die Form mit Wasser gereinigt werden, das in Schalen bereitsteht. Nachdem die Ziegel an der Luft getrocknet sind, werden sie in kleinen Stapeln auf Tragegestellen zum Bauplatz gebracht. Lehmmörtel wird herbeigeschafft, um mit den Ziegeln »das Arbeitshaus ... von Karnak neu zu erbauen«. Eine Ziegelrampe dient den Arbeitern als Baugerüst; ein Kalksteinblock liegt darauf, um vielleicht als Deckenplatte verwendet zu werden. Die Inschriften berichten nicht nur über den eigentlichen Handlungsablauf und über den Zweck des Baus, sondern auch darüber, daß die Wächter im Auftrag des Grabherrn sorgfältig und wachsam den Fortgang der Arbeiten beaufsichtigen, da sie von Kriegsgefangenen ausgeführt werden. Vergleicht man die Hautfarbe der ägyptischen Aufseher mit der der anderen Personen, so fallen die Unterschiede deutlich auf. Obgleich die Farben nicht in jedem Fall getreu das Original wiedergeben, erkennt man hellhäutige Syrer neben Menschen mit negroiden Zügen.

Zur Bearbeitung der überlebensgroßen Skulpturen ist aus Holz ein Gerüst erbaut worden. Für diese Tätigkeit wurden jedoch keine Kriegsgefangenen herangezogen, da der stark arbeitsteilige Herstellungsprozeß ausgebildete Spezialisten erforderte. In ihren äußeren Formen erscheinen die aus Rosengranit hergestellten Königsplastiken bereits fertig. Letzte Feinarbeiten werden ausgeführt. Mit kleinen, den Klingen von Steinbeilen ähnlichen Meißeln werden am Uräus und an der Brust Nachbesserungen vorgenommen. Zugleich aber polieren Handwerker bereits mit Steinen die Oberfläche, während ein weiterer schon die Hieroglyphen am Rückenpfeiler koloriert. Bei dem aus poröserem Kalkstein gefertigten Sphinx müssen vor der Bemalung noch kleine Fehlstellen mit Spachtelmasse ausgeglichen werden.

Nachdem im Steinbruch ein den Abmessungen der späteren Plastik entsprechender Quader gebrochen war, wurde auf den Flächen ein Liniennetz aufgetragen, in das die Kontur der gewünschten Skulpturenformen projiziert wurde. Unfertige Darstellungen im Gräberfeld von Theben, wo – hier allerdings bei Reliefs – menschliche Figuren noch von derartigen Hilfslinien überzogen sind, kopierten auch die Expeditionszeichner (Abb. 121). Diese Quadratnetze folgten streng den natürlichen Proportionen des Körpers und sind nicht als Hilfskonstruktionen für Vergrößerungen von Vorlagen anzusehen. Im Gegensatz zu den Reliefs, bei denen Figuren nur in einer Fläche herausgearbeitet wurden, behauten Steinmetzen die für vollplastische Bildwerke vorgesehenen Quader von mehreren Seiten gleichzeitig. Nachdem die so geschaffenen groben Formen der Skulptur fein nachgearbeitet und geglättet waren, wurde die Oberfläche bemalt. Bei Holzplastiken oder solchen aus weichem Stein konnte sie vorher noch mit einer Stuckschicht millimeterdick überzogen werden. Die in jeder Hinsicht vollkommene Plastik mußte aber nicht nur farbig, sondern auch beschriftet sein – die Porträthaftigkeit der bildlichen Darstellung stand ja immer hinter der Individualität zurück, die durch den Personennamen gegeben wurde. So ist es denn auch verständlich, daß Statuen durch Tilgung des alten Namens und Beschriftung mit dem einer anderen Person als deren wirkliches Abbild anerkannt wurden.

121 Unfertiges Relief mit Quadratnetz-Vorzeichnung

Neben Stein und dem für Statuen bevorzugt benutzten Tamariskenholz verwendete man für kleine Plastiken auch Edelmetalle, Ebenholz und Elfenbein. Aus Beschreibungen von Gräbern in Theben-West, die Champollion während seiner Ägypten-Reise angefertigt hatte, kannte Lepsius bereits ein Flachbild, in dem zahlreiche derartige, aus verschiedenen Materialien hergestellte Statuen wiedergegeben sein sollten. Er fand das Grab des Ken-Amun (»Amun ist stark«) in der Nähe der Begräbnisstätte des Rech-mi-Re und ließ die im Erhaltungszustand ihrer Farben einmaligen

122 Produkte altägyptischen Handwerks

Wandmalereien kopieren (Abb. 122). In der dazugehörigen Beischrift – sie befindet sich weiter rechts von dem hier erfaßten Ausschnitt – heißt es: »Erstes Mal des Feierns im großen Palast; Herbeibringen der Neujahrsgeschenke – Statuen aus Elfenbein und Ebenholz, Halskragen aus Edelsteinen, Waffen, jede Art Handwerksarbeiten aus dem Delta durch den Grafen und Fürsten, den der König wegen seiner Trefflichkeit groß gemacht hat, dessen Lebenskraft der Herr der beiden Länder geschaffen hat, durch den Großen der Großen, den Edlen der Freunde, den Vorsteher der obersten Ämter, den wirklichen Vertrauten des Königs, der das tut, was der im Palast lobt, der mit Gutem dort eintritt, wo der König ist, und der täglich gelobt herausgeht ...« Säuberlich aneinandergereiht erkennt man vorzügliche Goldschmiede- und Handwerksarbeiten.

In der obersten Bildreihe sind verschiedene, ausdrücklich als »Porträts« bezeichnete Statuen wiedergegeben. Der Stammvater des Königshauses der 18. Dynastie, der seit langem verstorbene Pharao Thutmosis I., wird in einer Ebenholzplastik dargestellt. Sie befindet sich in einem Kiosk auf einer Barke. Auch die nächste, noch etwas größere und gleichfalls aus Ebenholz gefertigte Königsstatue – laut Inschrift zeigt sie den regierenden Pharao Amenophis II. – steht in einem solchen auf einer Barke montierten Kiosk. Beide Boote sind fest mit einem Ziehschlitten verbunden, um sie auf Prozessionen an Land mitführen zu können. Zwischen den Kiosken ist eine kleine Statue aus gleichem Material zu sehen. Doch ist dies kein König, sondern ein Kind – vielleicht ein verstorbener Kronprinz.

Nach einer kleinen Glas- oder Steinplastik, die den Landesherrn in kniender Opferhaltung zeigt, wird die Reihe der Neujahrsgeschenke mit drei Standbildern in Kiosken auf Ziehschlitten fortgesetzt: Nach der Ehefrau folgt zweimal der Regent selbst. In ihren Formen sind beide Statuen fast gleich, lediglich in der Größe unterscheiden sie sich. Vier weiteren Königsporträts – die Skulpturen stehen hier auf einer festen Basis ohne Schlitten – folgt ein Sphinx. Er ist wohl aus grünem Glas, vielleicht aber auch aus Serpentin hergestellt. Die stehende Statue vor ihm, deren Bild weitgehend zerstört ist, war aus rotem Granit. Dagegen wird der sitzende Pharao mit oberägyptischer Krone wie auch der kniend opfernde König unter dem Sphinx aus Elfenbein oder Kalkstein sein. All diese Plastiken sollen nach den Beischriften den regierenden König Amenophis II. darstellen.

In den unteren Bildreihen wird Kriegsgerät vorgeführt. Inschriften nennen Material und Anzahl: 530 Lederköcher, 680 Schilde aus Leder, 30 Stöcke aus Gold, Elfenbein und Silber, 360 Sichelschwerter aus Bronze, 140 Bronzeschwerter, 2 vogelköpfige Bronzestäbe sowie 220 aus Gold, Elfenbein und Ebenholz hergestellte Peitschen. Daneben sind aber auch Streitäxte, Kettenhemden sowie unterschiedliche Gefäße, Möbelstücke, Schmuckwaren und ein Spiegel zu erkennen. Die Vorbilder der Gegenstände dieser eindrucksvollen Leistungsschau altägyptischen Handwerks waren weit von Theben entfernt im Norden des Landes produziert worden. Der Grabinhaber war nämlich ein von Amenophis II. eingesetzter Gutsverwalter bei Memphis, der alljährlich zum Zeitpunkt des Sothisaufganges eine genaue Abrechnung über die Erträge der vergangenen zwölf Monate vorlegen mußte. So wird man dieses farbenprächtige Wandbild nicht als eine Neujahrsgabe einer Privatperson an den König, sondern als eine derartige Bilanz zu verstehen haben. Trotz zahlreicher Inschriften konnte Lepsius den Namen des Wirtschaftsleiters nicht feststellen. Er war überall bewußt zerstört worden. Offensichtlich mußte der Gutsverwalter, nachdem er sich sein Grab angelegt hatte, beim König in Ungnade gefallen sein. Um das Andenken an ihn zu löschen, wurde sein Name in den Grabinschriften getilgt. Durch diese Bestrafung wurde dem verfemten Gutsleiter jede Möglichkeit genommen, im Jenseits zu existieren – er war zum ewigen Tod verdammt. Doch die, die ausgeschickt worden waren, den Namen zu zerstören, übersahen ihn an mehreren Stellen, wie sich nach einer gründlichen Beräumung des Grabes herausstellte. Den Grund für die Ächtung des Grabinhabers kann man heute nur erahnen, wenn man die wertvollen Lieferungen sieht, über die er als Mittler zum König dank der umfangreichen Abgaben- und Steuerverpflichtungen des Volkes zumindest zeitweise verfügte.

Über das Ausmaß der Leistungen, die der einfache Ägypter im Sinne von Steuern zu erbringen hatte, kann man sich nur schwer ein richtiges Bild machen. Grundsätzlich resultierten die Abgaben aus der Vorstellung, daß alles – Mensch oder Tier, Land oder Wasser, Produkt oder Produktionsmittel – dem König gehörte. Doch ihm oblag es dafür auch, die Versorgung der Bewohner des Landes zu gewährleisten. Verständlich, daß der Pharao eine solche Aufgabe nicht allein bewältigen konnte. Außerdem wäre es unpraktisch gewesen, sämtliche Einkünfte vom Produzenten zum König zu bringen, um sie anschließend wieder über das ganze Land zu verteilen. So entwickelte sich schon frühzeitig ein differenziertes Verwaltungssystem. Dadurch konnten der Versorgungsweg erheblich verkürzt und Unregelmäßigkeiten in der Belieferung vermieden werden. Nur der für den königlichen Hof bestimmte Teil wurde dem Pharao geliefert. Von jenen Gebieten, die durch militärische Gewalt Ägypten angeschlossen worden waren, verlangte man Tribute oder man beutete sie durch mehr oder minder regelmäßige Feldzüge aus. Als unter Thutmosis III. das Niltal bis weit in den Süden hinein erobert worden war, erhielt dieses Gebiet, das die Ägypter Kusch nannten, eine eigene Verwaltung. Der ägyptische Statthalter trug den Titel »Königssohn von Kusch«, ohne allerdings tatsächlich ein leiblicher Sohn des Pharao sein zu müssen. Als sogenannter Vizekönig, der auch für die in Vorderasien gelegenen Gebiete zuständig war, konnte er aber nicht die Einkünfte aus diesem mit Gold, wertvollen Steinen, hartem Holz und Vieh gesegneten Land für sich behalten. Nach Abzug der Kosten für die Verwaltung wurden die Reichtümer an den Pharao übergeben.

In Qurnet Murrai, der sich nördlich vom Totentempel Ramses' III. anschließenden Nekropole, fanden sich in einem Grab die bisher besten Zeugnisse über Einsetzung und Pflichten eines solchen Vizekönigs. Erste Beschreibungen der Wandmalereien fertigte Champollion an; sie waren Richard Lepsius bekannt, als er das Grab besichtigte und große Teile der Dekoration kopieren ließ. Heute haben diese E. W. signierten kolorierten Bleistiftzeichnungen einen hohen Wert, da die originalen Wandmalereien jetzt weitgehend zerstört sind. Lange Jahre diente das Felsengrab als Stall. In dieser Zeit hat sich der Stuck, auf dem die farbenprächtigen Bilder aufgetragen waren, großflächig vom porösen Kalkstein gelöst und wurde auf dem Boden zertrampelt.

Beidseitig neben dem Eingang zu einer undekorierten, pfeilergestützten Halle wurde, auf einem Thron im Kiosk sitzend, der König Tut-anch-Amun abgebildet. Vor ihm steht der Grabherr; wie ein König hält er als Zeichen seiner Macht und Würde den Heka-Stab in der linken Hand. Über der Darstellung rechts von der Tür befindet sich eine Inschrift, die das Wandbild erläutert (Abb. 123): »Der Königssohn von Kusch, der Vorsteher der südlichen Fremdländer und Wedelträger zur Rechten des Königs, Hui, der Gerechtfertigte, sagt: Es schütze dich dein Vater Amun mit Millionen von Sed-Festen. Er gebe dir eine Ewigkeit als Herrscher der neun Bogenvölker. Du bist der Gott Re; sein Bild ist dein Bild. Du bist der Himmel, der auf seinen Stützen bleibt. Die Erde liegt unter dir, weil du so vortrefflich bist, du guter Herrscher! Bringen der Abgaben dem Herrn der beiden Länder, der Lieferungen des elenden Syrerlandes, durch den königlichen Boten nach jedem Fremdland,

Grab N.1

123 Tributablieferung vor Tut-anch-Amun

124 Tributablieferung vor Tut-anch-Amun

den Königssohn von Kusch und Vorsteher der südlichen Fremdländer, Amenophis, den Gerechtfertigten.« Auch die Reden der Vertreter des »elenden Syrerlandes«, die im Bild jedoch korrekt wie ausländische Fürsten und zudem in fast gleicher Größe wie der Grabherr erscheinen, richten sich ähnlich untertänig an den König. Ihnen folgen Lastenträger, die dem ägyptischen Landesherrn »Gefäße vom Auserlesensten ihrer Fremdländer aus Silber, Gold, Lapislazuli, Türkis und allerlei Edelsteinen«, aber auch Pferde, einen Löwen und das Fell eines Leoparden bringen.

Auf der linken Wandfläche wird nochmals die Übergabe von Produkten an Tut-anch-Amun geschildert (Abb. 124). Doch dieses Mal kommen Gold, Edelsteine und Felle aus dem Gebiet, welches Hui – oder mit vollem Namen Amenophis – im Auftrage seines Königs verwaltet. Selbst eine nubische Prinzessin ist im Wagen angereist, um dem Pharao den Tribut zu bringen. Sie wird begleitet von anderen Fürsten ihres Landes. In ihrem Troß befinden sich auch afrikanische Häuptlinge mit ihren künstlich zur Kappe geflochtenen Haaren, in denen eine Straußenfeder steckt. Weiter werden dem ägyptischen König Giraffen und Rinder, stets begehrte Importe aus Nubien, übergeben. Die beiden unteren Bildzeilen aber schildern die Begrüßung des Statthalters bei seiner Rückkehr nach Kusch. Bedienstete, Frauen und einheimische Fürsten huldigen nun dem Vizekönig. »Sie sagen: Du Herrscher, Du Schöner und Tapferer ... Du bist wie Re, der die vielen Dinge zu verteilen weiß; man spende Wasser für ihn.« Die Bezeichnung »Herrscher« ist dabei wie ein Königsname in einer Kartusche eingeschlossen. Gold, in Ringe gegossen oder als Staub in prallen Säckchen aufbewahrt, sowie Berge roter, blauer, grüner und brauner Edelsteine werden Hui dargebracht, nachdem er schon in Ägypten vom Pharao »sehr viele Male mit Gold an seinem Hals und seinen Armen« belohnt worden war.

Mit den Arbeiten im Grab des Vizekönigs Hui war die Mission der nach Ägypten ausgesandten wissenschaftlichen Expedition nicht beendet. Lepsius selber fuhr in Begleitung von Max Weidenbach von Theben aus noch auf die Sinai-Halbinsel, um auch dieses Gebiet altägyptischen Herrschaftsbereiches nach Denkmälern der Pharaonen zu untersuchen. Über einen Monat dauerte es, bis sie nach vielerlei Strapazen und überstandenen Gefahren wieder im Lager eintrafen. Noch auf afrikanischem Festland entgingen beide nur knapp dem Tod, als sie sich in der Wüste verirrt hatten. Getrennt von der Karawane, waren sie auf der Suche nach einer Wasserquelle falsch geführt worden. Als die Esel bereits erschöpft waren, schickte Lepsius den Führer, der den Weg angeblich genau kannte, allein weiter, damit er sich ungestört in dieser bergigen Wüstenwelt wieder zurechtfände. Doch dieser kam nicht wieder. Schließlich brachen Lepsius und Weidenbach auf, um zur letzten Station zurückzukehren. »Aber die unendliche Mannigfaltigkeit der nackten zackigen Gebirgswände und der nur mit Schutt und Gerölle erfüllten baum- und strauchlosen Täler macht einen so völlig gleichartigen Eindruck, daß keiner von uns selbst dieses Haupttal wiedererkannt haben würde ... Schweigend zogen wir, ein jeder mit seinen Gedanken beschäftigt, in der brennenden Mittagshitze hinunter, als plötzlich – der Augenblick wird mir stets unvergeßlich bleiben! – zwei Männer hinter der nächsten Felsecke hervortraten. Sie stürzten auf uns zu, umfaßten unsere Knie, küßten unsere Hände, boten uns Wasser aus ihren Krügen und wiederholten immer von neuem mit rührender Freude ihre Glückwünsche und Begrüßungen. El hamdu l'illah, gelobt sei Gott, tönte es von allen Seiten. Wir waren gerettet.« Durch Zufall waren sie auf die längst weitergezogene, sie suchende Karawane gestoßen. Auch der vermißte Führer, vor allem aber das ersehnte Wasser für den weiteren Weg durch das Wüstengebirge, wurden gefunden; die Reise konnte fortgesetzt und beendet werden.

Am 4. Mai 1845 teilte Lepsius nach Berlin mit: »Es steht mir nun endlich der schwere Abschluß mit Theben bevor, den ich jedoch in 10 bis 12 Tagen zu bewerkstelligen hoffe.« Tatsächlich konnte die Expedition am 16. Mai, also genau nach zwölf Tagen, das »göttliche Theben« verlassen. Im Gepäck befanden sich unermeßliche Schätze, die Lepsius der jungen, ihn beherrschenden Wissenschaft Ägyptologie als Tribut überreichen wollte.

Zu den Künstlern der Lepsius-Expedition und ihrer Zeit

von Michael Freitag

DIE BESCHÄFTIGUNG MIT DER GESCHICHTE kann eine Leidenschaft sein. Wer sich einmal mit ihr einläßt, kommt nicht mehr davon los. Über das Interesse des einzelnen hinaus gewinnt sie aber übergreifende Bedeutung, wenn sich Untersuchung zu wissenschaftlicher Einsicht verdichtet. Die Geschichte als Wissenschaft entwickelt und differenziert sich als eine wesentliche Voraussetzung gesellschaftlicher Selbsterkenntnis mit der Differenzierung der Gesellschaft selbst. Sie hat Anteil an der Herausbildung des Weltbildes und der Weltanschauung der die jeweilige gesellschaftliche Ordnung tragenden sozialen Kräfte und bestimmt deren Wirken in der Geschichte mit. Das Geschichte-Erzählen und -Weitergeben steigt auf zur Erkenntnis der sie bestimmenden Gesetzmäßigkeiten.

Diese Zielstellung vor Augen, beschreitet der Historiker zwei Wege der Erforschung. Der eine ist die Auseinandersetzung mit dem Vergangenen, bei dem er von der Geschichte auf die Gegenwart schließt. Der andere Weg führt umgekehrt von der gesicherten Erkenntnis gegenwärtiger Entwicklungen in die Geschichte zurück. Hilft ersteres, die Gegenwart besser zu erfassen, indem man Zusammenhänge historischen Werdens verallgemeinert, so hilft letzteres, die Anfänge gegenwärtiger Prozesse in der Geschichte aufzufinden. Das sind zwei Seiten der geistigen Auseinandersetzung, die sich in ununterbrochener Bewegung befindet und die natürlich nicht ohne Widersprüche verläuft. So steuert zwar ein gesichertes Ergebnis historischer Forschung zur wissenschaftlichen Annäherung an den objektiven Verlauf der Geschichte bei, aber der Befund wird als Wahrheit durch neue Erkenntnisse aufgehoben und relativiert. Auch die Geschichtsforschung trägt die Zeichen jener Zeit, in der sie betrieben wird. Und mit dieser werden auch ihre Leistungen historisch.

Die Historizität eigenen Tuns bedenkend, ist es um so wichtiger, gerade heute den Taten derjenigen Wegbereiter nachzuspüren, die durch ihre Verdienste in der Wissenschaft selbst in die Geschichte eingingen. Zu ihnen gehört der Altertums- und Sprachforscher Karl Richard Lepsius (1810–1884), der seit Mitte des 19. Jahrhunderts die Ägyptologie als Wissenschaft begründen half. Im Mittelpunkt seines vielseitigen Lebenswerkes standen Durchführung und Auswertung der Expedition nach Ägypten. Das Resultat dieser jahrelangen Arbeit, die Veröffentlichung der »Denkmäler aus Ägypten und Äthiopien« zwischen 1849 und 1859, bedeutete einen riesigen Schritt in Richtung auf das wissenschaftliche Erfassen einer uralten Kultur in ihrer Ganzheit. Deshalb ist es kein Zufall, wenn nicht nur Fachleute des 100. Todestages dieses bedeutenden Forschers gedenken und sich besonders mit den Zeugnissen dieser ungewöhnlichen Reise in die Vergangenheit befassen.

Das Unternehmen erregte schon damals Interesse und Staunen. Was Aufmerksamkeit hervorrief, war die Ernsthaftigkeit, mit der ein junger Wissenschaftler und die von ihm straff geführte Mannschaft ebenso junger Künstler und Fachleute darangingen, Mythos und Fabel, Spekulation und Phantastik zu durchbrechen, die seit Jahrhunderten in den Köpfen der Menschen spukten, wenn vom sagenhaften Reich der Pharaonen die Rede war. Mit organisatorischen und technischen Schwierigkeiten kämpfend, versuchten Lepsius und seine Mitarbeiter, das getreue Bild des Vorgefundenen festzuhalten, um es späterer Auswertung zuzuführen und dem Gedächtnis zu bewahren.

Während die Expeditionsteilnehmer den Spuren ägyptischer Geschichte folgten, hinterließen sie ihrerseits solche für die Generationen nach ihnen. Das sind beispielsweise die seinerzeit zusammengetragenen, wissenschaftlich erfaßten und geschützten Denkmäler in Museen. Deutlicher sprechen die unmittelbaren Zeugnisse ihrer Arbeit: die Handzeichnungen und Vermessungspläne, welche an Ort und Stelle entstanden und erhalten geblieben sind. Sie sind Dokumente eines wesentlich auf dem Auge und der Hand beruhenden Verfahrens archäologischer Forschung. Und wenn die Archäologie auch heute noch immer nicht auf den Spaten verzichten kann, um Verborgenes ans Licht zu holen, so ist sie doch mit Hilfe der Fotografie und anderer technischer Hilfsmittel besser imstande, neues Material zu erschließen.

So hoch der Gewinn an technischer Präzision und dokumentarischer Treue für die Wissenschaft zu verbuchen ist, so groß freilich ist der Verlust, unmittelbares Erleben und Mühsal der Archäologen nicht mehr nachvollziehen zu können. Der Vergleich mit den Handzeichnungen des 19. Jahrhunderts zeigt es. Sie offenbaren neben ihrer Unvollkommenheit als archäologische Hilfsmittel vor allem die zeitbedingte Sicht auf fremde Landschaften, auf den unbekannten Gegenstand. Man erkennt nicht nur was, sondern auch wie der Künstler sah, obwohl dieser sich mühte, objektiv zu sein. Gerade die Differenz zwischen erstrebter Sachlichkeit und formalen Zeiteinflüssen fasziniert den heutigen Betrachter, der andere visuelle Erfahrungen hat und an die nüchterne Kälte technischer Produkte gewöhnt ist. Für ihn geben beispielsweise Fotos als Expeditionsdokumente über ihren direkten Informationswert hinaus lediglich noch Aufschluß über den jeweiligen Stand der Technik, kaum aber über die Historizität ästhetischer Aneignung. Expeditionsfilme oder die heimgebrachten farbenprächtigen Dia-Serien bieten nur schwachen Ersatz.

Schon deshalb scheint es notwendig, die vorliegenden Zeichnungen nicht nur als mit der Hand gefertigte Dokumente der Wissenschaft zu betrachten, sondern auch als künstlerische Zeugnisse einer bestimmten Ära der Kunstgeschichte. Das drängt sich namentlich dort auf, wo der Zeichner das Wesen einer unbekannten Region festzuhalten sich bemühte, und weniger bei der reinen Sachzeichnung. In der Darstellung einer besonderen, künstlerisch noch kaum erschlossenen Landschaft müssen sich zwangsläufig Spuren des ersten Eindruckes wiederfinden lassen. Hervorhebungen und Eigenheiten der spontanen Verarbeitung des Gesehenen würden diese Werke dann über den Rang eines nüchternen Abklatsches oder der Kopie hinausheben. Auf ihnen kann man dem suchenden und zupackenden Strich des Künstlers folgen, der ganz neue Seherlebnisse hat und diese zeichnend niederschreibt. Denn das Fremde verband sich ihm mit dem Zauber der Exotik, welche dem Wissenschaftler für seine Aufgabe wenig, dem für sinnliche Reize empfänglicheren Auge des Künstlers aber willkommener Impuls für die subjektive Verarbeitung sein mußte.

Um solche Zeichnungen soll es im folgenden gehen. Es wird notwendig sein, einige der hier abgedruckten Blätter unter dem Gesichtspunkt ihrer künstlerischen Eigenart genauer zu besprechen, sie und die Künstler, die sie schufen, im kunsthistorischen Umfeld jener Jahre auszumachen und einzuordnen. Dabei wird es von Interesse sein zu erfahren, ob der Einsatz von Künstlern für wissenschaftliche Zwecke einem allgemeinen Zuge der Zeit entsprach und welche Auswirkungen solche neuen Aufgaben auf die Entwicklung der Kunst selbst hatten. Zunächst soll aber mit wenigen Strichen skizziert werden, inwieweit die europäische Kunst und europäisches Denken vor 1850 bereit gewesen sind, das ägyptische Erbe aufzunehmen.

Ägypten galt schon für die Griechen und Römer der klassischen Antike als »Land der Götter« und als »Wiege der Zivilisation«. Das kann auch nicht verwundern, war doch die Kultur Ägyptens für die Römer so fern wie es die römische für uns ist. Und so bereisten nicht nur Kaufleute dieses Land, um Handel und Wandel zu treiben. Vielmehr stand das Ägyptische Reich, solange es sich seine politische Souveränität erhalten konnte, über Jahrhunderte in Kontakt zu den Kulturen des ganzen Mittelmeerraumes und Afrikas. Austausch und Begegnung waren dabei nicht nur kommerziell, sondern auch kulturell und geistig bestimmt, wie zahlreiche Funde und Nachwirkungen belegen.

Deutlich tritt die ehrwürdige Größe Ägyptens in den Berichten des griechischen Historikers Herodot (etwa 484–425 v. u. Z.) hervor, der das Besondere der Landschaft, der Geschichte und der riesigen Monumente des Kultes tief empfunden und reflektiert hat. Für den Philosophen Platon (427–347 v. u. Z.) dagegen war es das erstaunlich Unberührbare, in Dauer und Stetigkeit Verharrende ägyptischer Kultur und Gesellschaft, das ihn zu Betrachtung und Vergleich anregte. Die Ausstrahlung war so stark, daß eine regelrechte Ägypten-Romantik in der antiken Welt einsetzte.

Dabei kam der Konfrontation des olympischen Götterkreises Griechenlands mit der ägyptischen Religion besondere Bedeutung zu. Die in Ägypten vorgefundenen religiösen Anschauungen drangen durch die fortschreitende gesellschaftliche Entwicklung immer mehr in den Gesichtskreis antiken Denkens ein, denn der Zerfall der griechischen Polis-Demokratie hatte tiefgreifende Veränderungen im sozialen Gefüge der Menschen hervorgerufen. So wuchs das Bedürfnis der ihrer alten gesellschaftlichen Bindungen entfremdeten Hellenen, neuen ideellen Halt in einer Gottesbeziehung zu finden, die sich, im Gegensatz zu ihrem hergebrachten Glauben, auch nach dem Tode bewähren sollte. Der ägyptische Kult um Isis und Osiris gelangte nun breiter in die europäische Glaubenswelt und gewann einen besonderen Rang im religiösen Weltbild der Spätantike.

In eine neue Phase der Ägypten-Rezeption trat das mittelalterliche Europa ein, da Ägypten nach seinem politischen Niedergang nicht mehr der handelnde, lebende Partner war und eine Beziehung zu ihm jetzt ausschließlich vom historisch Jüngeren ausgehen mußte. Außerdem hatte sich die christliche Religion immer stärker durchgesetzt und im nachantiken Europa ihre dominierende Stellung eingenommen. Deshalb kam es einerseits nicht mehr zu direktem Kontakt und andererseits zu keiner bewußten Bezugnahme auf die fremde Geistes- und Kulturwelt. Ägypten erscheint verdeckt und vermittelt »primär durch die biblische Überlieferung und ihre Derivate« (Siegfried Morenz). Die Einflüsse erhielten durch ägyptisch-jüdische und antike Traditionen vielfache Brechungen, die den Ursprung schwer erkennbar werden ließen. So tritt Ägypten in der Bibel als historisch-geographischer Raum für religiöses Geschehen auf, wenn auch natürlich aus der Sicht christlichen Denkens dieser Schauplatz einem historischen Konzept unterliegt, das die Gesellschaft Ägyptens nicht in ihrer Eigenart reflektiert.

Das änderte sich seit dem Spätmittelalter insofern, als die Gelehrten der anbrechenden Renaissance über das Studium der Schriften antiker Denker direkt auf Ägypten hingewiesen wurden. Humanisten und Künstler begannen, die ägyptische Kultur als eigene Wesenheit zu begreifen und sich bewußt auf sie zu beziehen. Jetzt war es nur noch ein Schritt, die besonders in Rom erhalten gebliebenen Denkmäler Ägyptens, welche die Römer geraubt oder importiert hatten, aufzusuchen und in die Rezeption der Antike einzubeziehen. Die Wiederentdeckung der griechisch-römischen Antike, die dem Aufspüren einer nie ganz verschütteten Tradition zu ihren Anfängen hin folgte, erweiterte nach und nach das Verständnis über das eigene Herkommen: Man fand neben der griechisch-römischen die etrurische und schließlich auch die ägyptische Antike und begriff diesen historischen Komplex jetzt als eine Vierheit. Von nun an konnte, namentlich seit dem 17. Jahrhundert, begonnen werden, auch überkommene ägyptische Kunst zu sammeln und zu systematisieren, ohne daß man das Land am Nil schon aufsuchte.

Aus der Vielzahl von Beispielen über die Art der Rezeption seien einige von der Literatur aufgegriffene nachvollzogen. Sie zeigen den Weg der geistigen Übernahme von Ägypten über die vermittelnde Antike zum gelehrten Humanisten und Künstler der Neuzeit. Die Rede ist von Pinturicchio (1454–1513), der 1492–1495 für Papst Alexander VI. unter Beteiligung zahlreicher Schüler im Vatikan die

Räume des Borgia-Appartements mit Fresken ausstattete. Der Maler gestaltete allegorisch die Legende von den Kulturbringern Isis und Osiris. »Als Vorbild dafür ist Diodors Bericht, als Mittelsmann aber Annius von Viterbo erkannt worden, der auch den Bezug auf Italien und die Borgia hergestellt hatte« (Morenz). Der Rückgriff auf Ägypten erfolgte bewußt, beschränkte sich jedoch auf den historischen Verweis. Das Vorbild soll eine Traditionslinie zur Familie der Borgia ziehen und ihr Wirken dem der ägyptischen Götter vergleichbar erscheinen lassen. Dabei stellte man den Bezug zu der vorangeschrittenen Kunstauffassung der Renaissance her, ohne indes auch die fremde Form im entsprechenden historischen Stil übernehmen zu wollen. Der Form nach Renaissance-Malerei, verbindet sich ihr der zeitgenössische Inhalt bewußt mit ägyptischer Legende.

Einen Schritt weiter ging Nicolas Poussin (1593–1665), der in seinen Darstellungen um Moses und das Jesuskind bestrebt war, die Landschaft als ägyptisch zu kennzeichnen. »Das geschieht mit durchaus tauglichen, aber noch ganz an klassisch-antiker Tradition orientierten Bildmitteln, indem er die vatikanische Nilstatue und, bei der ›Flucht nach Ägypten‹, das Nilmosaik von Praeneste« zitiert (Morenz). Entscheidend ist hier das Bemühen um genaue Kennzeichnung der Lokalität und bewußtes Verarbeiten von künstlerisch schon Vorgebildetem, das in das eigene Werk als Zeichen historischer Treue einfließt. Dieses Streben nach Historizität der Darstellung verbindet Poussin mit einem anderen großen Künstler des 17. Jahrhunderts, mit Rembrandt (1606–1669), dessen Vorliebe für orientalische Exotik in Kostüm und Landschaft sich mit einem entwickelten Bewußtsein gegenüber der Geschichte verband. »Rembrandts archäologische Genauigkeit vertrug es nicht, daß man den Vorgang biblischer Geschichte in ein neutrales Milieu verlege, daß man in überzeitlich idealen Typen die biblischen Gestalten in der Kunst verkörpere. Er versuchte vielmehr bis ins Allerkleinste das echte Kolorit des Orients zu treffen« (Wilhelm Fraenger).

Die wenigen Beispiele aus der Malerei sollen genügen, das wachsende Interesse am historisch getreuen Erfassen des Orients und Ägyptens zu kennzeichnen. Natürlich erstreckt sich diese Tendenz auch auf die anderen Gebiete künstlerischen Schaffens. Dafür stehen der Architekt Johann Bernhard Fischer von Erlach (1656–1723) mit seinem »Entwurf einer historischen Architektur« und der Goldschmied Johann Melchior Dinglinger (1664–1731) mit seinem »Apis-Altar«, den man im Dresdner »Grünen Gewölbe« bewundern kann.

Verbunden mit der wachsenden Aufmerksamkeit für Ägyptisches war das in dieser Zeit sich verstärkende Ringen um die Entzifferung der geheimnisumwitterten Hieroglyphen, die, der antiken Tradition folgend, als magische Symbole für unergründliche Altersweisheit galten und um so mehr das geduldige Objekt von Spekulationen wurden. Erst das späte 18. Jahrhundert mit seinem starken Hang zu empirischer Erfassung und wissenschaftlicher Durchdringung der Geschichte räumte auf dem Boden gewandelter gesellschaftlicher Kräfteverhältnisse damit auf. Eine überragende Stellung gerade in Bezug auf Ägypten nahm Johann Gottfried Herder (1744–1803) ein, der »den Bereich der ›antiken Vierheit‹ gesprengt und zugleich den Bezirk der Kunst dem Lebensganzen und jede gesellschaftliche Einheit und Ganzheit aus ihr selbst heraus, aus der Summe der Bedingungen ihrer Existenz zu verstehen gefordert hat« (Morenz). Von dieser Position aus gewann er auch sein kritisches Verhältnis zur Rätselei um die Bedeutung der Hieroglyphen und das Schwärmen um ägyptische Weisheit, von der ja niemand etwas Genaues wußte. Er sah in diesen Zeichen, die man in Europa vor allem auf den Obelisken fand, nichts Geheimnisvolles, sondern eine unvollkommene Schrift, die nichts anderes beinhalten könne »als etwa eine Chronik verstorbener Begebenheiten oder eine vergötternde Lobschrift ihrer Erbauer«.

Herder hatte sich nicht geirrt. Das zeigte sich, nachdem Champollion 1822 die Entzifferung der Hieroglyphen im wesentlichen gelang und man die Inschriften zu übersetzen begann. Diese herausragende Leistung legte einen der Grundsteine für das Entstehen der Ägyptologie als Wissenschaft. An deren Anfang stand aber 1798 die archäologische Expedition im Gefolge des napoleonischen Ägyptenfeldzuges. Die erstaunliche Tatsache, daß Napoleon in seinem Heerestreck hundertfünfundsiebzig Gelehrte mitführte, verweist auf die veränderten Rezeptionsbedingungen an der Wende zum 19. Jahrhundert. Jetzt war einer kriegerischen die wissenschaftliche Eroberung beigesellt. Der Weg war frei für das »maßstabgerechte Ergreifen« ägyptischer Kultur und Kunst. Wichtiges Zeugnis dafür legen die Folianten der »Description de l'Égypte« ab, die 1809–1813 als eines der Ergebnisse jenes Feldzuges herausgegeben wurden. Sie sind die historischen Vorläufer der »Denkmäler aus Ägypten und Äthiopien« und tragen als solche noch die Spuren einer Pioniertat. Denn an wissenschaftlicher Genauigkeit sind sie den Zeichnungen der Lepsius-Expedition unterlegen. Zu sehr haften ihnen vergleichsweise noch Formbewußtsein und Geschmack der eigenen Zeit an.

125 Sonnentempel, Bühnenbildentwurf Schinkels zur »Zauberflöte«

Der europäische Klassizismus mit seinem direkten Bezug auf die Antike war nicht Folge, sondern Ursache archäologischer Forschungen, welche ihrerseits auf den sich herausbildenden Historismus des 19. Jahrhunderts zurückschlugen. So ist verständlich, weshalb ägyptische Motive schon vor Napoleons Feldzug im Rahmen des dominierenden Klassizismus in ganz Europa, besonders die in Grab- und Denkmälern immer wiederkehrenden Obelisken, stärkere Verbreitung fanden. Auch Architektur und Kunsthandwerk zeigten sich von dieser Entwicklung nicht unbeeinflußt.

Das Bemühen um historische, ja archäologische Treue entspringt einerseits dem universellen Bildungsdrang und dem damit verbundenen wachsenden Bedürfnis nach Kunstbegegnung im Gefolge der Aufklärung, andererseits steht dafür »die Suche nach Rückhalt in der Tradition ..., der Wunsch nach Sicherung fester Werte, das Aufzeigen kultureller Entwicklungslinien und das Betonen eigener kulturfördernder Potenz« durch das Bürgertum (Gisold Lammel).

Interessant ist, daß programmatisch an Ägypten orientierte Bauwerke fast immer Entwurf blieben. Vielleicht konnte hier ein historischer Anspruch im Fortgang der eigenen Entwicklung des Bürgertums nicht eingelöst werden. In Denkmälern und Museumsbauten sollten die gewaltigen ägyptischen Bauformen der Tempel und Grabstätten nicht nur historische Dimension vorweisen, sondern auch Zeichen der Ewigkeit sein. Aufbrechende Widersprüche des

126 Inneres des Sonnentempels, Bühnenbildentwurf Schinkels zur »Zauberflöte«

frühen Kapitalismus und Zwang zur Sachlichkeit ließen jedoch solches Pathos des bürgerlichen Aufstiegs fraglich und innere Monumentalität mit entsprechenden Formen zur aufgelegten Fassade des Zweckbaus werden. So nimmt es nicht wunder, daß in der Ersatzarchitektur des Bühnenbildes Ägypten am ehesten adäquat vorgestellt wird. Als Beispiel sprechen dafür Karl Friedrich Schinkels (1781–1841) Entwürfe zur »Zauberflöte« von 1815 (Abb. 125, 126). Allerdings glüht auch hier das Exotische, das Fremde – eine Komponente also, welche ägyptische Motive auf anderen Gebieten, wie dem Kunsthandwerk, schnell zu einer Sache der Mode werden lassen. Wo nicht der Kult, wie bei den Freimaurern, Anlaß für die Aufnahme von Ägyptischem ist, verliert es sich im 19. Jahrhundert als eingearbeitetes Motiv im Möbel des Empire oder als Machtsymbol an öffentlichen Gebäuden.

Es ist nicht der Platz, dem Prozeß der langsamen Aufnahme und Entdeckung ägyptischer Kultur in allen seinen komplizierten Strukturen der historischen Entwicklung nachzugehen. Einige grobe Striche mußten für die Skizzierung des Sachverhaltes genügen. Der an Genauerem interessierte Leser sei deshalb auf die verdienstvolle Schrift von Siegfried Morenz über »Die Begegnung Europas mit Ägypten« verwiesen, welcher hier in den Hauptlinien dankbar gefolgt wurde.

Mit der vorzüglich für die Malerei angedeuteten Ägypten-Rezeption wurde ein größerer Zusammenhang ins Auge gefaßt: die seit Ende des 18. Jahrhunderts sich enorm intensivierende und ausbreitende Hinwendung zur Geschichte in ihrer Ganzheit. Kultur und Kunst fremder Völker und geographischer Regionen, wie die Asiens und Südamerikas, aber auch bisher wenig beachtete historische Perioden, wie die Ägyptens oder Babylons, treten zunehmend in den Gesichtskreis europäischen Denkens und Forschens. Das Bild der Geschichte beginnt sich immer mehr zu differenzieren und mit ihm die Geschichtswissenschaft selbst. Es entstehen ihre einzelnen Disziplinen, beispielsweise die Ägyptologie unter maßgeblicher Beteiligung von Richard Lepsius. Eine ähnliche Entwicklung ist zu verfolgen, wenn man die Hinwendung zur Natur beobachtet. Auch sie wird zunehmend in ihrer Ganzheit begriffen und erforscht, und die Naturwissenschaften beginnen ihre alten Grenzen zu sprengen. Natur und Geschichte steigen zu zentralen Feldern der geistigen Auseinandersetzung in der Wissenschaft wie in der Kunst des 19. Jahrhunderts auf.

Den Hintergrund bildet die sich immer stärker auswirkende Industrialisierung in ganz Europa durch ein Bürgertum, das Kapital anhäufend der eigenen Logik seiner Entwicklung unterworfen ist und seine Hände über die Grenzen der Länder ausstreckt, neue geographische Regionen für Markt und Handel erobert und sich dafür das geistige Instrumentarium schafft. Der ökonomischen Revolutionierung folgt die politische und kulturelle Umwälzung, als deren erster Höhepunkt die Französische Revolution anzusehen ist, die diesen in ganz Europa widersprüchlichen Prozeß vorantreibt. Neben vielem anderem trägt das intensive Ausweiten wissenschaftlicher Erkenntnis, besonders in Geschichte und Naturwissenschaft, dieser Entwicklung Rechnung und ist gerade in Deutschland durch die zurückgebliebenen gesellschaftlichen Verhältnisse ein dem Bürgertum offenes Feld der Emanzipation. In der politischen Selbständigkeit vielfach behindert, richtet sich das Bewußtsein um so mehr auf die Ursprünge historischen Werdens und die wissenschaftliche Durchdringung der Naturgesetze.

So wachsen die Künstler der Lepsius-Expedition unter geistigen Bedingungen auf, in denen sich nicht nur ein neues Verhältnis zur Geschichte, sondern auch tieferes Verständnis für die Geschichtlichkeit eigener kultureller Bemühungen durchsetzt. Wissenschaft und Kunst durchdringen sich zunehmend. Sie befördern einander in dem Bemühen, zu einer der physischen Welt entsprechenden geistigen Widerspiegelung zu gelangen und die Geschichte in ihren tatsächlichen Bewegungen zu begreifen. Ihr unerhörter Aufschwung wird in der Übergangszeit außer von Spezialisten auch durch universelle Persönlichkeiten getragen, wie den Wissenschaftler Carl Gustav Carus (1789–1869), der ebenfalls als Künstler wirksam wird, und den Künstler Philipp Otto Runge (1777–1810), der Theorien zur Kunst entwikkelt. Insofern lassen der gesellschaftliche Aufstieg des Bürgertums um 1800 und die in dieser Phase mit historischem Optimismus noch verbundenen Anstrengungen in Wissenschaft und Kunst durchaus den Vergleich mit den Bemühungen der Renaissance um 1500 zu, wenngleich sich die Widersprüche ungleich radikaler zur Geltung bringen.

Es etabliert sich ein nie dagewesenes Ausstellungswesen der Gegenwartskunst, und es treten Kunstschulen mit eigenen Profilen hervor. Ein mit der Verbürgerlichung der Gesellschaft verbundener Demokratisierungsprozeß wird darin erkennbar, daß man jetzt Kunst aller Zeiten und Länder gleichberechtigt zu sammeln und auszustellen beginnt und daß diese Demokratisierung sich nach außen durch die Errichtung von Museen ihre Zeichen setzt.

127 Berliner Nationalgalerie

Auf diesem Gebiet machte sich auch der Architekt Georg Erbkam (1811–1876), der während der Lepsius-Expedition die topographische Aufnahme der Pyramidenfelder von Gize und anderer historischer Orte geleitet hatte, nach seiner Rückkehr aus Ägypten verdient. Er erbaute gemeinsam mit Johann Heinrich Strack (1805–1880) die von seinem Freund August Friedrich Stüler (1800–1865) entworfene Nationalgalerie zu Berlin (Abb. 127). Wesentlicher noch war in diesem Zusammenhang das Wirken von Lepsius. Er nahm unmittelbaren Einfluß auf die Einrichtung und Gestaltung des Ägyptischen Museums in Berlin, wurde 1855 dessen wissenschaftlicher Leiter und 1865 Direktor. Die von ihm aus Ägypten mitgebrachten Originale und Gipsabgüsse gingen als wesentlicher und wertvollster Bestandteil in die schon vorhandene Sammlung der Ägyptischen Abteilung des Neuen Museums ein. Unter seiner Anleitung wurden hier Wandbilder geschaffen, so daß der Besucher im rekonstruierten Lebensraum der vorgestellten Altertümer sich der ägyptischen Kultur in ihren Zusammenhängen zuwenden konnte. Außerdem verfaßte Lepsius erklärende Verzeichnisse, die das Verständnis des Publikums erhöhen halfen. Eine solche Öffentlichkeitsarbeit war an den Museen durchaus noch nicht üblich und deshalb vorbildlich.

Die Einrichtung eines Museumswesens ging seit Anfang des 19. Jahrhunderts mit der einer systematischen Denkmalpflege einher. Diese stellte sich nicht nur im Konservieren, sondern auch im verantwortungsvollen Restaurieren und Rekonstruieren überkommener Kunst- und Baudenkmäler ihre Aufgaben. Es war deshalb kein Zufall, wenn im gleichen Jahr, da Richard Lepsius nach Ägypten aufbrach, in Köln mit dem Weiterbau des gotischen Domes begonnen wurde, dessen Vollendung Jahrhunderte unterbrochen gewesen war. Was beide Ereignisse besonders miteinander verband, war das gemeinsame Bemühen um historische Treue, hier vom Altertumsforscher, der sich an den Schauplatz der Geschichte selbst begab, dort von Denkmalpflegern, die zu den alten Originalplänen griffen.

Geschichte und Natur wurden mit der bürgerlichen Emanzipation frei für jedweden Zugriff durch den Künstler. Ihn hinderten immer weniger ein beengendes, in der selbstgewählten Tradition aufgehendes Geschichtsbild oder die nach idealen Vorstellungen zurechtgelegten künstlerischen Auffassungen von der Natur. Der Zusammenbruch der Ideale von Freiheit, Gleichheit, Brüderlichkeit im Gefolge der Französischen Revolution, als sich die Bourgeoisie gesellschaftlich etabliert hatte, mußte notwendig den Verweis auf die Vergleichbarkeit mit der Idealität der Antike erschüttern. Dies und der vitale Drang des Bürgertums nach allgemeiner Ausweitung seines Betätigungsfeldes sprengten den Kreis der Antike-Rezeption in der Kunst. Sein Einfluß ging in Richtung auf ein universelleres Geschichtsbild, das sich parallel zur ökonomischen, politischen und naturwissenschaftlichen Eroberung der ganzen Welt entfaltete. Neben dem Klassizismus und seinen Spätformen entstanden so Romantik und Biedermeier mit jeweils eigenen künstlerischen Intentionen und Verhaltensweisen zu Geschichte und Natur. Was aber alle drei Strömungen gemeinsam hatten und was sich in der gesamten Entwicklung der Kunst im 19. Jahrhundert durchsetzen sollte, das war eine immer genauere Wiedergabe der Natur, ob im Historien- oder Landschaftsbild oder im Porträt.

Wie der Künstler, so auch der Wissenschaftler – beide gehen an die Eroberung der Welt. Die Lepsius-Expedition gibt das ideale Beispiel, weil in ihr Künstler und Altertumsforscher sich einer gemeinsamen Aufgabe unterstellten. Wissenschaftliches Denken bei der Begegnung mit dem zu untersuchenden historischen Gegenstand blieb dabei nicht ohne Einfluß auf die künstlerische Aufnahme der fremden Landschaft. Sie barg nicht nur Zeugnisse der außereuropäischen Geschichte, sondern war auch selbst in ihrer Eigenart künstlerisch zu entdecken. Die Geschichtswissenschaft erschloß der Kunst neue Aufgaben, wie die Kunstgeschichte der Wissenschaft neue Forschungsgebiete eröffnete. Ein gesteigerter Wirklichkeitssinn ist das Ergebnis. Er gehorcht der »Forderung des Naturgefühls, die Objekte und Wesen der Natur ganz in ihrem Eigenleben zu erfassen, sie nicht zu korrigieren und nichts von ihnen zu wollen. Erst jetzt wird Ernst gemacht mit der Einsicht, daß Natur ihrem Wesen nach der Gegensatz zur Kunst ist. Mit dieser Einsicht erst schafft man Natur als Realität, nachdem sie im 18. Jahrhundert nur eine Fiktion des Geistes war, und überwindet man den abstrakten Menschen des Klassizismus, die Humanität als Idee, indem man zu sich selbst, zu seiner Welt, seiner Umgebung kommt« (Richard Hamann).

Sobald die reale Natur stärker ins Auge gefaßt wird, entdeckt man, daß sie überall schön ist, wo immer man nur sich bereit findet, ihre Eigenart aufzuspüren. Man geht hinaus ins Freie und arbeitet dort; zunächst meist, um Studien zu machen, später aber auch, um draußen zu malen. Die sich entwickelnde Pleinair-Malerei zieht aber die radikalsten Veränderungen nach sich und ist ein bedeutender Schritt in der realen Erfassung der Wirklichkeit durch die Kunst. Der technische Gedanke einer Freilichtmalerei hat dabei »außer seinen offenkundig natur-wissenschaftlichen Elementen einen politisch-moralischen Inhalt und scheint sagen zu wollen: Hinaus ins Freie, hinaus ans Licht der Wahrheit« (Arnold Hauser).

Und so, wie man in die Natur hinaustritt, um ihr mit wissenschaftlicher Aufmerksamkeit zu begegnen, so reist man auch in die Welt. Das Fremde lockt. Italien, zunächst der bevorzugte historische Boden, auf dem Künstler wie Bildungsbürger antike Originale und die großen Werke der Renaissance aufsuchen, wird auch als Land des Südens und der Sonne für die Maler wichtig. Zu den vielen, die die Alpen hinter sich lassen, gehört der Schweizer Landschaftsmaler Johann Jacob Frey (1813–1865), der 1835 nach Rom kommt, von wo aus er ganz Italien und Spanien bereist. In Rom begegnet ihm auch Richard Lepsius, so daß von dieser Bekanntschaft die Berufung als Zeichner für die Expedition herrühren mag. Allerdings verweilt Frey nicht lange in Ägypten, denn er muß noch vor Ablauf eines Jahres auf Grund einer Infektion seine Freunde verlassen. Er siedelt sich nach seiner Abreise wieder in Rom an, malt vor allem italienische Landschaften (Abb. 128) und zählt in der deutschen Kolonie zu den Gründern des Deutschen Künstlervereins. Rom bleibt nicht nur ideengeschichtlich, sondern auch geographisch ein wesentlicher Ausgangspunkt für die weitreichenden Unternehmungen der Wissenschaft und Kunst. Ernst Curtius (1814–1896), ein Zeitgenosse von Lepsius und als klassischer Archäologe sein Kollege, beschreibt

128 »Blick auf Rom« von Frey

in einem Gedicht, das er anläßlich des 70. Geburtstages seines Freundes verfaßt hat, in besonderer Weise dessen Weg von Rom in Geschichte und Ferne:

Das Capitol war Deine Warte,
Wo sich Dein Geist die Bahnen schuf,
Wo sich die Welt Dir offenbarte,
Die zu erobern Dein Beruf.

Von Rom weit über Hellas' Küsten
Hast Du die Fäden ausgespannt
Und fern her von dem Rand der Wüsten
Der Weltgeschichte Gang erkannt.

Archäologie war nicht mehr nur das Studium des klassischen Altertums. Spezialisierung setzte ein, die auch für die Künstler zu beobachten ist. Es erwuchsen vor allem der Malerei ihre Spezialisten. Diese gingen wie die Wissenschaftler von ihrem enger gezogenen Kreis aus, um stärker in die Tiefe zu dringen, und beschränkten sich auf ein einzelnes Gebiet. Historien- und religiöse Malerei, Architektur-, Porträt- und Landschaftsmalerei traten weiter auseinander, und letztere teilte sich in solche Zweige, welche die stille heimatliche Natur, die heroische Landschaft oder die fremde Welt der Exotik zum Thema hatten. Für die Exotik bildete sich wiederum eine Gruppe von Künstlern heraus, die besonders eng mit Wissenschaftlern zusammenarbeitete. In England zuerst, dann aber auch in Frankreich und Deutschland, entfaltete sich »die Gilde der Topographen, der Maler der interessanten Gegenden, die die Begleiter der Reisenden waren, die Schilderungen der Dichter verbildlichten und die Entdeckungen der Geographen dem Schaubedürfnis der Nation zurechtlegten«, stellte Franz Friedrich Leitschuh in seinem Buch über die Landschaftsmalerei 1898 rückblickend fest.

Und er sagte weiter: »Alles, was nur irgend ins Landschaftliche einschlug, wurde nun Gegenstand des Studiums: neben den Erd- und Pflanzenbildungen namentlich die Menschen und Tiere des Morgenlandes, die Karawanenzüge mit ihren Kamelen und Pferden, wie sie sich unter den Palmen und auf dem verbrannten Boden Arabiens begegneten. Und auf diese Weise wurde auch mit dem Pinsel und der Farbe die Natur Kleinasiens, von der man bisher nur eine märchenhafte Vorstellung gehabt, in ihrer Realität erschlossen und ebenso Stadt und Land von Ägypten in seiner dem europäischen Auge ungewohnten Lichtfülle.« Die Maler entdeckten den Orient für sich, aber auch die tropischen Wälder Südamerikas und das Innere Afrikas. Alexander von Humboldt, der ja die Lepsius-Expedition angeregt hatte, verwies als besonderer Förderer und Inspirator, als bedeutender Wissenschaftler vielfach auf solche neuen Aufgaben für die Kunst. Und so waren die Zeichner an Lepsius' Seite nicht die ersten, die Ägypten künstlerisch auszuwerten begannen. Vor ihnen hatte beispielsweise ab 1832 der Franzose Eugène Delacroix (1798–1863), wenngleich nicht als Landschaftsmaler, in Nordafrika zum »Orientalischen Genre« gefunden und es in glühenden Farben dem erstaunten Publikum vorgestellt. Aber auch Alexander Gabriel Decamps (1803–1860) und Prosper Marilhat (1811–1852) errangen in den dreißiger Jahren als Orientmaler mit ihren Bildern in der Pariser Öffentlichkeit ungewöhnliche Erfolge. Kleinmeister wie Marilhat und Decamps, »die im Orient etwas wie die Zigeunerstimmung und Wüstenmelancholie der späten Biedermeiermaler suchen, geben in ihren feinen Bildern mehr den Reiz der Tonschönheit von Weiß und Braun oder rhythmischer und festlicher Bewegungen mit feinem edelsteinhaften Aufleuchten schöner Farben auf dem sonnendurchglühten Grund des Wüstensandes« (Hamann).

Zu den deutschen Künstlern, die den Orient aufsuchen, gehören der Berliner Johann Hermann Kretzschmer (1811–1890), später auch Wilhelm Gentz (1822–1890) und der Frankfurter Adolf Schreyer (1828–1899), wobei Gentz gegenüber den Franzosen als »recht trockener Realist, der eine gewisse Derbknochigkeit und unruhige Buntheit, norddeutsche Nüchternheit und Berliner Witz in den Orient hineintrug« (Richard Muther), auffällt. In dieser Reihe stehen auch die Zeichner der Lepsius-Expedition. Friedrich Otto Georgi (1819–1874), der als Maler heute vergessen ist, zeichnet sich im Unterschied zu Gentz durch ein feines Gefühl für Farbe und Licht aus. Er ist ein Künstler, der nach seiner Ausbildung als Landschaftsmaler an der Dresdner Kunstakademie zunächst Bilder seiner sächsischen Heimat malt, um nach seinem Ägypten-Aufenthalt als Nachfolger Freys auf Dauer von diesem Erlebnis geprägt zu werden und als »Orient-Georgi« lokale Berühmtheit zu erlangen. Regelmäßig zeigt er seine Bilder zum Thema Orient (Abb. 129) in der jährlich stattfindenden »Dresdner Kunstausstellung« dem Publikum, obwohl er sich nicht ausschließlich auf solche Motive beschränkt (Abb. 132). Das ist ein wichtiger Fingerzeig auf einen Zusammenhang, der schon einmal angeklungen ist. Das Ausschweifen des Auges und das Entdekken fremder Regionen in allen Teilen der Welt durch Künstler schließt auch den notwendigen Gegenzug ein: die Entdeckung der nächsten Umgebung, von Garten, Feld, Lichtung und Baum der engsten Heimat. Georgis Schaffen steht in einer Person dafür, sosehr er als Orient-Spezialist seine Wirkung hat.

Dabei hatten es die jungen Künstler schwer, wenn sie die staubigen Säle der Akademie verließen, sich dem eigenständigen Naturstudium zuzuwenden, weil ihre handwerklichen Fähigkeiten vor allem durch das Kopieren von Gipsen ausgebildet worden waren. Der Drang, in die Natur hinauszugehen und sich von den überkommenen Vorstellungen über sie durch eigenes Beobachten zu lösen, verführte neben der Begeisterung an der entdeckten Schönheit unscheinbarer Gegenstände oft dazu, das Gesehene in allen seinen Teilen und Teilchen aufzunehmen. Noch war der Blick nicht frei für die souveräne Überschau. Solcher Kleinteiligkeit der Naturauffassung begegnet man auf allen Bildern Georgis, Freys, aber auch auf denen der Brüder Ernst und Max Weidenbach, der anderen Zeichner der Expedition.

Ob Orientbild oder heimatliche Landschaft, den Malern fehlt es durch das liebevolle Ausführen jedes einzelnen Details oft an innerer Freiheit der künstlerischen Auffassung, so daß sie über eine Schilderung mit eben möglichster Treue nicht weit hinauskommen und ihre Bilder einer prägenden Eigenart der Handschrift teilweise verlustig gehen.

129 »Der Ölberg und Moriah bei Jerusalem« von Georgi

130 »Blick auf Kairo« von Georgi

131 »Straße in Kairo mit Staffage« von E. Weidenbach

132 »Elbtal mit Schloß Scharfenberg« von Georgi

133 »Nillandschaft« von Georgi

Stilistische Unterschiede dieser vier Maler, beispielsweise in den Ägypten-Aquarellen, sind nicht auf den ersten Blick zu finden (Abb. 130, 131, 133).

Was gerade diese Künstler als Zeichner für Richard Lepsius so wertvoll machte – ihre Akribie und ihre hervorragende Fähigkeit, mit einfachen Mitteln das Gesehene möglichst ungebrochen wiedergeben zu können –, das erwies sich für die Maler in ihrem weiteren Schaffen als Hemmnis ihrer eigenen Entwicklung: Sie spezialisierten sich auf eine noch den geringsten Gegenstand beachtende Feinmalerei, der die innere sammelnde Kraft abgeht, weshalb diese Künstler in der Naturauffassung zwar voranschritten, aber nach einem konservativen Schema komponierten, um aus der Fülle des Wiedergegebenen noch ein Bild machen zu können. Besonders Georgi arbeitete nach dem Aufbauprinzip »rechts ein dunkler Baum, links ein dunkler Baum« (Cornelius Gurlitt), rahmte also durch Hervorhebung der Landschaft den Kern des Gezeigten ein, der sich dann, heller erleuchtet, im Mittelgrund befindet. Meist wurden noch ein paar Menschen in die Landschaft hineingestellt (Abb. 134). Die reine, genau wiedergegebene Natur für sich galt vielen Zeitgenossen nicht mehr als eben ein Abklatsch, dem das Hohe wirklicher Kunst fehle. Das empfanden auch Künstler und fügten deshalb in die Landschaft als Hinweis eine ganz untergeordnete, oft heilige Handlung ein, die den würdigen Zusammenhang herstellte. Man sieht es daran, daß die Menschen als Detail in der dargestellten Natur beinahe aufgehen und zur Staffage werden. So malte Frey eine Jordan-Landschaft mit jener Stelle, an der Christus getauft wurde, oder Ernst Weidenbach die Insel Philae mit der Auffindung Mosis, bei der er aber eigentlich »den herrlichen Tempel in üppiger Landschaft« zeigte. Das wird um so deutlicher, wenn man sich vor Augen hält, daß dieser Kultbau erst rund siebenhundert Jahre nach dem biblischen Geschehen errichtet wurde. Die Treue beschränkt sich hier also offensichtlich auf das Vorstellen des Gesehenen und ist nicht auf die Historie bezogen. Wie sehr ein solches Vorgehen dem Zeitgeschmack entsprach, zeigt der Umstand, daß Lepsius sich dieses Bild in sein Arbeitszimmer gehängt hatte. Er fand hier beides: die ihm liebgewordene Landschaft in allen ih-

134 »Landschaft mit Bethlehem« von Georgi

ren vertrauten Einzelheiten, die den Wissenschaftler erfreute, aber auch einen geistigen Zusammenhang, der seiner Religiosität entgegenkam.

So entstand eine zaghafte, durch keinerlei inhaltliche oder formale Höhepunkte gestörte Malerei, die sich selbst genügte, solange sie nur dem erwartungsvollen Beschauer zu gefallen wußte. Das aber konnten die exotischen Bilder, denn allein schon das Thema und das unvermeidlich Fremde der vorgestellten Landschaft mit ihren ungewohnten Farben sprach ein Publikum an, welches an solchen Werken weniger Belehrung als Erbauung und den Anreiz zum träumerischen Reisen in die Ferne begrüßte. »Orientalismen und Exotismen, sofern sie nicht im völkerkundlichen Apparat ihr Genügen finden, werden zu Sinnbildern unverfälscht gegenwärtiger Anfänglichkeit« (Werner Hofmann).

Die Leistungen der hier besprochenen Künstler müssen deshalb unter verschiedenen Gesichtspunkten beurteilt werden. Es ist notwendig, in ihnen den Kopisten vom Zeichner und diesen vom Landschaftsmaler methodisch zu trennen, wenngleich die Künstler selbstverständlich als einheitliche Persönlichkeiten alle diese Fähigkeiten gleichermaßen in sich vereinigten. War das Kopieren als Form künstlerischer Aneignung immer wiederholter Muster an den Akademien suspekt und ein ernstes Hindernis bei der künstlerischen Erfassung der realen Natur und des Menschen geworden, so verdankte es dem Verlangen nach historischer Treue bei der Wiedergabe entdeckter Kultur- und Kunstdenkmäler, also als einzige zur Verfügung stehende Möglichkeit wissenschaftlicher Reproduktion, seine erneute Aufwertung. Es blieb nur dann nicht unwidersprochen, wenn solche Kopien in den Rang von Kunstwerken erhoben wurden. So berichtet Gurlitt in seiner Kunstgeschichte des 19. Jahrhunderts, daß Goethe 1830 für Wilhelm Zahn (1800–1871) eingetreten war und dessen Nachbildungen antiker Malereien aus Pompeji und Herkulaneum glänzend besprochen hatte, als seien diese nicht bloß eine wissenschaftliche, sondern auch eine künstlerische Tat. Joseph Anton Koch (1768–1839), ein überwiegend in Rom lebender, bedeutender Landschaftsmaler mit lebendiger Naturanschauung und hohen künstlerischen Idealen, wehrte sich dagegen und »polterte mächtig gegen die Überschätzung der Kopistenarbeit, gegen den Pausenmacher, den hohlen Zahn, der Kommissionsreisen nach Griechenland und Ägypten mache und selbst ganz Indien durchzupausen drohe« (Gurlitt).

Was hier eher für den Forscher und den Interessierten von Gewicht sein konnte, mußte nicht notwendig auch mehr als kopierte Kunst sein, wenngleich diese dem Drang nach größerem Verbreiten unterschiedlicher Kunst- und Bauwerke in einer Bilderwelt der Volksbücher, in Panoramen, Dioramen und so weiter und dem Bedürfnis eines größer gewordenen Interessentenkreises entgegenkam. Ernst Weidenbach schuf noch 1873 für die Weltausstellung in Wien auf Papier gemalte Kopien der Wandmalereien eines der Felsengräber von Beni Hassan, das hier unter Anleitung des Ägyptologen Heinrich Brugsch (1827–1894) für Tausende Besucher nachgebildet worden war. Auch die für die Wissenschaft angefertigten Kopien ägyptischer Altertümer haben ihren eigenen kultur-historischen Wert und fügten sich wie die ganze Expedition in die allgemeinen Bestrebungen ihrer Zeit ein. Als Kopisten waren die Künstler hochausgebildete und unentbehrliche Helfer der Wissenschaft. Als Zeichner aber beteiligten sie sich durch die präzise Aufnahme außereuropäischer Landschaft an der Durchsetzung einer unmittelbaren Naturanschauung. Die gezeichneten Panoramen und Einzelansichten Ägyptens gingen deshalb nicht nur als Illustrationen der Wissenschaft in die Publikation der »Denkmäler aus Ägypten und Äthiopien« ein, sondern waren gleichfalls die wesentliche Grundlage für die danach geschaffenen Orientbilder, auch wenn ihre Schöpfer untertauchen in der Phalanx jener fleißigen und feinen Landschaftsmaler des späten Biedermeier und der Nachromantik, welche im stillen Winkel der heimatlichen Natur die ganze Welt und in der fremden Natur der ganzen Welt den stillen Winkel fanden.

Zeichner und Wissenschaftler reichten sich für einen Teil der Wegstrecke die Hand und arbeiteten gemeinsam mit ihren verschiedenen Mitteln, bis neue technische Verfahren das Wirken von Künstlern für die Forschung überflüssig machten und Maler der nächsten Generation, auch durch das Wirken der Wissenschaft, die Natur künstlerisch für sich gewonnen hatten. Unter neuen Bedingungen vermochten sie dann mit dem »Gegenstand« Natur frei und ganz aus sich heraus umzugehen. Die hier zu besprechenden Zeichnungen waren ein Grundstein dafür.

Auch beim stärksten Bemühen um Genauigkeit, bei größter Sorge des Künstlers um Treue der Darstellung, wird eine Handzeichnung, wie jedes andere Werk von ihm, seine individuellen Besonderheiten im Sehen und Gestalten hervortreten lassen. Über diese Erfahrung berichtet Adrian Ludwig Richter (1803–1884), ein Maler der deutschen Spätromantik, in seinen Lebenserinnerungen: »Wir saßen einst unser vier auf einem schmalen Felsvorsprung eng nebeneinander, der großen Kaskade des Anio (bei Tirol) gegenüber. Jeder befleißigte sich der möglichsten Treue in der Wiedergabe des Gegenstandes, und deshalb war ich nicht wenig überrascht, als ich, am Schluß der Arbeit aufgestanden, die vier vor mir liegenden Bilder überblicken konnte und sie so abweichend voneinander fand. In der Stimmung, in Farbe, im Charakter der Kontur war bei jedem etwas anderes hineingekommen, eine leise Umwandlung zu spüren. Ich merkte, daß unsere Augenpaare wohl das gleiche gesehen, aber das Gesehene in eines jeden Innerem je nach seiner Individualität sich umgestaltet hatte ...« Die Ursachen dafür liegen in Objekt und Subjekt, Landschaft und Künstler, gleichermaßen. Denn durch die ununterbrochen wechselnden Bedingungen der Natur, durch ständige Veränderung von Licht- und atmosphärischen Effekten bleibt das Gesehene sich nie völlig gleich. Andererseits unterliegen das schnelle visuelle Erfassen der Einzelheiten und ihr Zusammenfügen zu einem Ganzen in einer Zeichnung der Begabung, dem Einfühlungsvermögen oder der augenblicklichen Stimmung des Künstlers. Dieser kann der Natur ja nie vollkommen nachgehen, schon weil er von ihrer Dreidimensionalität auf die zweidimensionale Fläche und von dieser auf die eindimensionale Linie abstrahieren muß. Sein Bestreben wird deshalb dahin gehen, aus der Summe der Erscheinungen jene festen Punkte auszuwählen, die das Wesentliche der abzubildenden Wirklichkeit bestimmen. Auswahl und Art der Wiedergabe sind jedoch Sache des jeweilig Zeichnenden selbst und bei zwei Künstlern deshalb niemals gleich. Das unterscheidet auch wesentlich Skizze und Studie vom fotografischen Abbild, welches als technisches Produkt alle Zufälligkeiten mit aufnimmt und nicht zwischen Haupt- und Nebensache unterscheidet. Auf der anderen Seite liegt gerade in dieser Eigenschaft der Wert einer Fotografie, wenn sie für wissenschaftliche Zwecke als Mittel objektiver Aufnahme verwendet wird.

Die Vergegenwärtigung dieser Besonderheiten ist wichtig für die Betrachtung der hier ausgewählten Blätter. Ihr Ziel war es ja, mangels anderer Hilfsmittel, mit möglichster Objektivität den vorgefundenen Sachverhalt zu reproduzieren. Sie sollten zunächst wissenschaftlichen Zwecken dienen, bevor sie einer künstlerischen Auswertung unterworfen werden konnten. Insofern handelt es sich auch bei der Darstellung der historischen Gegend zunächst um Sachzeichnungen. Daß sie mehr als diese sind oder daß eine wissenschaftliche Illustration in der fraglichen Zeit auch einen gewissen Grad an erzählender Anschaulichkeit über die nackte Wiedergabe des Forschungsgegenstandes hinaus besitzen konnte, wird zu zeigen sein.

Eine Zeichnung als eigenständiges Kunstwerk hat eine Komposition, ist in sich geschlossen und von den Besonderheiten der Handschrift geprägt. Anders bei der ausführlichen und durchgezeichneten Studie, welche möglichst treu der Erscheinung des Wiederzugebenden folgt und dieses zum Objekt macht, auch wenn es sich um Belebtes handelt. Das Subjektive tritt zurück. Die Skizze zeigt dagegen das Besondere, schnell, aber prägnant Erfaßte in der charakteristischen Eigenart des Künstlers. Obwohl beide, Studie und Skizze, selbständig zu wirken vermögen, sind sie in der Regel auf ein Motiv beschränkt und für die weitere Verarbeitung bestimmt. Die außerhalb des eigentlichen Objektes sich befindende Umgebung wird vernachlässigt, so daß oft kein Bildganzes angestrebt wird. Ein gutes Beispiel dafür gibt die Zeichnung mit der »Cheops-Pyramide von Nord« (Abb. 5) von Ernst Weidenbach ab. Sie konzentriert sich auf die Darstellung des Bauwerkes, weshalb es ganz spannungslos und symmetrisch in die Bildmitte gesetzt wird. Im Vordergrund werden Dünen und Felsen angedeutet, Horizont und Himmel sind vernachlässigt. Vor der Pyramide, im Eingang und auf der Spitze sind Menschen postiert, allerdings nicht, um über irgendeinen Vorgang zu unterrichten, sondern um die gewaltigen Ausmaße des Grabmals mit der menschlichen Proportion in anschaulichen Vergleich zu bringen. Das ist kein Landschaftsbild, welches in allen seinen Teilen durchgeführt wäre, sondern eine Studie, eine Sachzeichnung, die Größenverhältnisse klärt und das Objekt in seiner natürlichen Gestalt wiedergibt, ohne sich im Nebensächlichen zu verlieren.

Diese Zeichnung weist außerdem auf ein technisches Mittel hin, das noch nicht erwähnt wurde: die feine Linienführung des Bleistiftes wurde durch Ernst Weidenbach mit dem Pinsel laviert. Er hat mit verdünnter Farbe in die Zeichnung hineingearbeitet, um die Wirkung zu erhöhen. Die Farbe schafft Tonwerte, gibt eine Licht- und Schattenführung und vereinheitlicht die Zeichnung durch das Schaffen von größeren Flächen.

Ganz anders verhält es sich mit dem Blatt »Sphinx von Südost« (Abb. 11), das der Engländer Joseph Bonomi (1796–1878) geschaffen hat. Dieser Bildhauer und Zeichner verfügte schon über reiche Orienterfahrung, bevor er als freier Mitarbeiter sich an der Expedition beteiligte. Seine stimmungsvolle Zeichnung geht über eine Abbildung für die Wissenschaft hinaus, ist deren Illustration in einem höheren, eigenständigen Sinne. Er gibt zwar den Sphinx in seiner realen Gestalt wieder, aber dieser ist nicht allein genau erfaßtes Motiv, sondern liegt als besondere Wirkung ausstrahlendes Denkmal in einer ganz mit ihm verbundenen Umgebung. Vor dem Sphinx verharrt wie nachsinnend ein Mensch. Kapuze und weite Ärmel suggerieren dem Betrachter die Anwesenheit eines Mönches. Durch diesen menschlichen und zeitlichen Bezug bekommen Denkmal und Landschaft eine andere innere Dimension, als dies eine Sachzeichnung aufweisen könnte. Die einsame Gestalt hat sich von dem uralten und ungeheuren Zeugnis menschlichen Gestaltungswillens abgewandt und schaut in die davor liegende Senke. Es ist ganz still. Der Sphinx ist zart umrissen, keine harte Schraffur. Die Bedeutsamkeit seines Kopfes ist hervorgehoben durch feine Durcharbeitung gegenüber den sonst nur die Kontur gebenden Linien. Hinter ihm erheben sich eine große und zwei daneben gelagerte kleine Pyramiden. Auch sie sind nur im Umriß gegeben, als ob die Sonne alle Körperlichkeit aufgesogen hätte durch ihre blendende Helle. Kein Himmel und außer dem Menschen keine weiteren Einzelheiten. Was hier wirken soll, ist nicht das Detail, sondern das Ganze, nicht liebevolles Abbilden des Vorgefundenen, sondern eine Vorstellung von Ewigem, nicht Begeisterung, sondern Ergriffenheit. Man denkt unwillkürlich an den »Mönch am Meer« von Caspar David Friedrich (1774–1840), nur daß dieser den einzelnen im Angesicht der Natur vor unendlichem Raum verstummen läßt, wo der andere am Denkmal unendlicher Zeit verharrt. Das ist eine Zeichnung, die für sich stehen kann. Insofern besitzt das Blatt weniger für die Wissenschaftsgeschichte als Dokument der Ägypten-Erforschung Wert, sondern eher für den Kunsthistoriker, weil es mit einfachen Mitteln den Geist spätromantischen Erlebens dokumentiert.

Der Unterschied zu anderen Arbeiten wird deutlich, wenn man sie mit der Darstellung »Sphinx mit der Traum-

135 »Die Memnons-Kolosse in Ägypten bei Karnack« von Georgi

stele« (Abb. 12) vergleicht. Auch das eine Bleistiftzeichnung, diesmal von Frey, nach einem wahrscheinlich gemalten Original von James William Wild (1814–1892), dem anderen Engländer, der sich kurzzeitig als Zeichner an der Expedition beteiligte. Man sieht den Sphinx in Unteransicht, im Vordergrund die »Traumstele« mit Hieroglyphen und zwei sitzenden Einheimischen. Seitlich von ihm am Fuße zwei Frauen, und schließlich zwei sich unterhaltende Männer hinter seiner Schulter. Hier ist nichts von Einsamkeit. Die Menschen haben offenbar vertrauten Umgang mit dem ehrwürdigen Denkmal. Die zeitliche Ferne, die historische Dimension, ist zur Bedeutungslosigkeit zusammengeschrumpft und einer exotischen Darstellung in der Gegenwart gewichen. Der Zeichner nimmt den Sphinx von seiner imposantesten Seite effektvoll auf und zeichnet ihn fein, gleichmäßig, Akzente vermeidend. Dadurch wirkt die Arbeit in den Einzelheiten zwar sachlich, aber die Hinzufügung der Ägypter als Staffage wie eine kleine Verbeugung vor dem Zeitgeschmack.

Die Hinzufügung von Personen findet man auch bei den »Memnonkolossen« (Abb. 107) vor. Ernst Weidenbach stellt die beiden sitzenden Kolosse in der sie umgebenden Landschaft dar und zeigt sie in all ihrer Ruinenhaftigkeit. Die Menschen erscheinen dagegen wie Zwerge und haben wohl keine andere Funktion, als Größenverhältnisse zu verdeutlichen. Gewaltig treten die riesigen Sitzfiguren hervor, die auch den Horizont weit überragen. Man ist sprachlos angesichts eines solchen Gigantenpaares, und man ist es vielleicht um so mehr, weil es so genau und bis ins kleinste überzeugend wiedergegeben ist. Über die zarte Bleistiftzeichnung wurde behutsam mit dem Pinsel laviert, was die Darstellung noch wirklichkeitsnäher macht. Es ist lediglich ein Schritt von der Expeditionszeichnung zum Aquarell als selbständigem Kunstwerk. Wen kann es deshalb verwundern, wenn ein solches Blatt auch vorliegt (Abb. 135). Erstaunlich ist eher, daß dieses von Georgi gemalt wurde. Aber ihr gemeinsames Bemühen um Objektivierung der Darstellung, das der Wissenschaft so dienlich war, macht

136 Schäferszene im Panoramabild von Theben (vergleiche Abb. 84–87)

die möglichste Zurückhaltung in der subjektiven Handschrift ebenso notwendig wie die Werke beider Künstler vergleichbar. Georgi hat später dieses Thema wegen seiner offensichtlichen Beliebtheit noch dreimal in Gemälden wiederholt.

Doch zurück zu den Zeichnungen: Auf Staffage und schmückendes Beiwerk verzichtend, macht Ernst Weidenbachs »Ansicht der nordöstlichen Felsengräber vom großen Steinwege aus« (Abb. 18) einen kühleren, weniger bedeutungsträchtigen Eindruck. Von links nach rechts ziehen sich im Mittelgrund die in ein zerklüftetes Felsmassiv vorgetriebenen Grabhöhlen, deren Eingänge als dunkle Öffnungen erkennbar sind. Im Vordergrund liegen, das Karge und Öde der Landschaft unterstreichend, Felsbrocken. Aus der Nahsicht wirken sie als bildmäßiger Kontrast zu der ganz kleinen, fern im Hintergrund rechts sich befindenden Pyramide. Diese Zeichnung ist ebenfalls mit brauner Frabe laviert, was ihr neben dem Aufbau den Charakter einer Vorlage für ein Gemälde gibt. Hier stellt sich Weidenbach erneut als der unaufdringliche und Feinheit liebende Künstler vor, dem man auch bei der »Ansicht des Gräberfeldes von Sakkara von Osten« (Abb. 28) begegnet. Dieses Blatt bietet wie das der »Cheops-Pyramide von Osten« (Abb. 14) von ihm in künstlerischer Hinsicht nichts, was nicht schon gesagt wäre. Interessant ist für den Betrachter aber sicher, die Zelte der Expedition, wenn schon ganz klein, in der Bildmitte aufgestellt zu sehen und zu ahnen, unter welch schwierigen Bedingungen Lepsius und seine Mitarbeiter jahrelang gearbeitet haben.

Eine andere Zeichnung, darstellend »Pyramiden von Abu Roasch von Westen« (Abb. 29), wurde von Frey angefertigt. Sie fällt auf wegen ihrer kräftigen Linienführung und erscheint daher großzügig und charaktervoll. Man spürt, wie hier die Linie nicht nur fleißiger Nachvollzug des Gesehenen ist, sondern wie um eine temperamentvolle Bewältigung gerungen wird. Die Linie der Zeichnung grenzt Flächen ein, sie ist gerichtet und kann mithin Bewegung suggerieren. Dabei spielen ihr phantasievolles Erfinden und Einsetzen an Stellen, wo sie in der Natur so nicht vorkommt, eine besondere Rolle. Frey geht etwas aus sich heraus und erreicht auch durch den lockeren Einsatz der Farbe, die Umriß und Schraffur nicht zudeckt, stärkere Effekte.

Weit über Format und Ansicht der anderen hier reproduzierten Arbeiten hinaus geht die panoramaartige Darstellung der Tempelanlage von Theben (Abb. 84–87), die Otto Georgi zu Papier brachte. Sie ist nicht auf einen Blick überschaubar. Man muß sie, um alle Einzelheiten erfassen zu können, geradezu abschreiten, wodurch unter der Hand dem Betrachtenden eine Ahnung von der Weitläufigkeit des Komplexes vermittelt wird. Im ganzen subtil und duftig gehalten, bietet der Bildstreifen alles aus dem Füllhorn der Exotik: das Genre, vertreten durch eine junge Hirtin mit ihren Schafen (Abb. 136), Tempelruinen, Wüste und Palmen. Dennoch wird einem das eindrucksvolle, stille Bild von den erhalten gebliebenen Resten der alten Kultur vor Augen geführt, das wissenschaftlicher Genauigkeit nicht entbehrt. Die Präzision der Wiedergabe gerade einer solch ausgedehnten Tempelanlage muß erstaunen. Deshalb sei an dieser Stelle angemerkt, daß die Künstler bei der Aufnahme bestimmter Landschaftsausschnitte sich teilweise der Camera lucida bedienten. Das ist ein optisches Gerät, bei dem mit Hilfe eines geschliffenen Glasprismas das Wiederzugebende dem Auge auf die Zeichenfläche projiziert erscheint und mit dem Stift nachgezogen werden kann. Der Künstler erreicht so höchste Treue in Umriß und Größenverhältnissen und kann dieses Grundgerüst später frei vervollkommnen.

Es stellt sich unter diesem Gesichtspunkt erneut ein Zusammenhang her, der mehr oder minder allen in dieser Publikation beschriebenen Zeichnungen eigen ist. Sie entstammen dem Grenzbereich von Wissenschaft und Kunst, der in der Mitte des 19. Jahrhunderts eine Errungenschaft bedeutet, weil beide Sphären der geistigen Aneignung sich in einem Punkt und dieses eine Mal nicht widersprechen: im realen Erfassen der Landschaft, wenn sie historischer Boden ist. Hier treffen sich Historiker und Künstler. Heute erscheinen die Ergebnisse dieser Symbiose dem Wissenschaftler als zu wenig sachlich, zu pittoresk, dem Künstler aber als zu wenig kreativ und zu sehr am Gegenstand hängend. Beide erfreuen sich jedoch rückblickend der Werke ihrer Vorgänger, welche die Wirklichkeit in ihren objektiven Zusammenhängen und als Ganzes erkennen halfen und wegbereitend für ihr eigenes Tun wurden.

Kurzbiographien der Expeditionsteilnehmer

Lepsius, Karl Richard

1810 Am 23. Dezember in Naumburg geboren

1823–1829 Schüler der Fürstenschule Schulpforta bei Naumburg

1829–1833 Studium in Leipzig, Göttingen und Berlin

1833 Promotion über die Eugubinischen Tafeln; längerer Aufenthalt in Paris; erste Begegnung mit der Ägyptologie

1834/35 Stipendium der Preußischen Akademie der Wissenschaften für das Studium der Ägyptologie

1836 Redaktionssekretär des Archäologischen Instituts in Rom; enge Zusammenarbeit mit Bunsen

1837 Erste Veröffentlichung über Hieroglyphen; intensive Reisetätigkeit zum Studium altägyptischer Denkmäler

1842 Ernennung zum außerordentlichen Professor für Ägyptologie in Berlin; Erarbeitung einer Denkschrift für Friedrich Wilhelm IV. über Umfang, Ziel, Kosten und Nutzen einer Ägypten-Expedition

1842–1845 Im Auftrag Friedrich Wilhelms IV. leitet Lepsius die vom Königshaus finanzierte Expedition nach Ägypten und Äthiopien; nach einem Abstecher auf die Sinai-Halbinsel Rückreise über Syrien und Palästina

1846 Am 23. August Berufung zum ordentlichen Professor an der Berliner Universität

1849–1859 Publikation der aufgenommenen Denkmäler aus Ägypten und Äthiopien

1850 Mitglied der Akademie der Wissenschaften

1855 Wissenschaftlicher Direktor des Ägyptischen Museums in Berlin

1856 Lepsius gründet die sogenannte Literarische Gesellschaft; im Salon des Hauses versammelt er bedeutende Gelehrte (Curtius, Gebrüder Grimm, Gerhard, Abeken, später Mommsen), damit die Vertreter verschiedenster Wissenschaften miteinander ins Gespräch kommen

1864 Lepsius übernimmt die Herausgabe der Zeitschrift für Ägyptische Sprache und Altertumskunde

1865 Direktor des Ägyptischen Museums in Berlin

1866 Zweite Reise nach Ägypten

1867–1880 Präsident des Archäologischen Instituts in Rom

1869 Dritte Reise nach Ägypten, um an der Eröffnung des Suezkanals teilzunehmen

1873 Lepsius wird zum Leiter der Berliner Bibliothek berufen

1874 Ernennung zum Oberbibliothekar

1884 Lepsius stirbt am 10. Juli in Berlin an Magenkrebs

Abeken, Heinrich Hermann

1809 In Osnabrück geboren

1827 Studium der Theologie, verbunden mit philologischen Studien

1831 Tätigkeit in Rom als Hauslehrer Bunsens

1832 Assistent am Archäologischen Institut

1834 Preußischer Gesandtschaftsprediger in Rom; Beginn der engen und lebenslangen Freundschaft mit Lepsius

1838 Rückkehr nach Deutschland

1841 Im Auftrage Friedrich Wilhelms IV. in England

1842–1846 In Ägypten und Palästina; freie Mitarbeit an der Lepsius-Expedition

1846 Rückkehr nach Rom; Abeken vertritt den dortigen Gesandtschaftssekretär bis Ende Mai 1847

1847 Endgültige Rückkehr nach Deutschland; Eintritt als Legationsrat in die preußische Diplomatie

1853 Vortragender Rat im Auswärtigen Amt und enger Mitarbeiter Bismarcks

1872 Abeken stirbt in Berlin

Bonomi, Joseph d. J.

1796 Am 9. Oktober in Rom geboren, Sohn des Architekten J. Bonomi d. Ä.; kurz nach der Geburt Übersiedlung nach England; Schüler der Royal Academy Schools und des Bildhauers Joseph Nollekens

1823 Fortsetzung der Studien in Rom

1824–1833 Bonomi bereist Ägypten, den Sinai, Palästina und Syrien

1828 Bonomi assistiert Burton bei dessen »Excerpta Hieroglyphica«

1829 Begleiter Linant-Beys bei dessen Expedition den Nil aufwärts zu den Goldminen bis Dongola; wird wegen seiner Landeskenntnis und als hervorragender Zeichner geschätzt

1838 Rückkehr nach Rom und Beschäftigung mit den Obelisken

1839 Arbeit am British Museum

1842/43 Beteiligung an der Lepsius-Expedition

1844 Rückkehr nach England

1853 Bonomi errichtet den »Ägyptischen Hof« am »Crystal Palace«; er entwickelt seine ersten Hieroglyphen-Drucktypen für Birch's »Dictionary« (publiziert 1867); er katalogisiert und illustriert viele Ägyptische Sammlungen und lithographiert den Sarkophag von Sethos I. und andere Monumente

1861 Kurator des Sir-John-Soane-Museums

1878 Bonomi stirbt am 3. März in London

Erbkam, Georg Gustav

1811 Am 29. September in Glogau geboren; Besuch der Bauschule in Berlin

1842–1845 Architekt der Ägypten-Expedition unter Lepsius; Erbkam leitet die Aufnahme der Pyramidenfelder bei Memphis, die Aufnahme von Abu Roasch, der Pyramiden von Gize bis Fayum, der Felsengräber von Beni Hassan, von Theben und der Tempelgruppe von Karnak und fertigt 81 Tafeln selbst an

1846 Rückkehr nach Berlin; Mitarbeiter des bedeutenden Architekten August Friedrich Stüler; Landbaumeister, Tätigkeit im Handelsministerium

1851 Bauinspektor; Herausgeber der »Zeitschrift für Bauwesen«

1853 Vollendung der von Stüler entworfenen Kirche der Georgengemeinde

1855 Vollendung der von Stüler entworfenen Markuskirche; Baurat

1860 Schriftführer und stellvertretender Vorsitzender des Vereins für religiöse Kunst in der evangelischen Kirche

1865–1875 Erbkam erbaut gemeinsam mit Strack die Nationalgalerie zu Berlin nach den Plänen Stülers

1867 Vollendung der deutsch-evangelischen Kirche in Alexandria

1868 Vollendung der Golgatha-Kapelle in Berlin

1876 Geheimer Baurat; Erbkam stirbt am 3. Februar in Berlin

Frey, Johann Jacob

1813 Am 27. Januar in Basel geboren; Sohn und Schüler des Malers Samuel Frey; Studium bei Hieronymus Heß in Basel; später begibt sich Frey mittellos nach Paris, wo er sich durch Kopieren niederländischer Landschaften des 17. Jahrhunderts weiterbildet und seinen Unterhalt durch Restaurieren älterer Gemälde erwirbt

1834 Rückkehr nach Basel; später Reise nach München

1835 Übersiedlung nach Rom

1836 Frey schreibt für Lepsius Hieroglyphen; Ende der dreißiger Jahre Übersiedlung nach Neapel, von wo aus er Sizilien und Spanien bereist

1842/43 Teilnahme an der Lepsius-Expedition als Zeichner

1843 Aus gesundheitlichen Gründen Rückkehr nach Italien; Frey nimmt dauernden Wohnsitz in Rom und beteiligt sich seit diesem Jahr an der Berliner Akademie-Ausstellung

1845 Frey gehört zu den Gründern des Deutschen Künstlervereins in Rom und entfaltet eine intensive künstlerische Tätigkeit; sein Atelier wird oft besucht, so auch von Friedrich Wilhelm IV., für den er eine Folge italienischer Landschaften malt

1865 Frey stirbt am 30. September in Frascati an Typhus

Georgi, Friedrich Otto

1819 Am 2. Februar in Leipzig geboren; Sohn des Friedrich Traugott Georgi, der ihm erste Unterweisungen in der Malerei erteilt; danach einige Zeit Besuch der Dresdner Kunstakademie

1834 Georgi stellt erstmals zwei Aquarelle aus

1835–1841 Zahlreiche Landschaftsgemälde, teilweise mit Viehstaffage

1843 Auftrag der preußischen Regierung, als Zeichner an der Lepsius-Expedition teilzunehmen: »Diese Reise gab der Kunst Georgis die bestimmende Richtung: er wurde seitdem Maler des Orients. Überall sammelte er reiche Studien, die er in der Folge zu vielbewunderten und vielbegehrten Gemälden verarbeitete.«

1846 Von diesem Jahr an mehrmalige Beteiligung an der Berliner Akademie-Ausstellung

1853–1855 Aufenthalt in Rom; nach seiner Rückkehr lebt Georgi zunächst in Vorbrücke (Cölln) bei Meißen

1854 Seit diesem Jahr regelmäßige Beteiligung an der Dresdner Kunstausstellung mit Orient-Bildern; vier der Werke werden vom Sächsischen Kunstverein erworben, wovon »Der Ölberg und Moriah bei Jerusalem« 1869 an die Königliche Gemäldegalerie Dresden geht; Aquarelle zu diesem Thema befinden sich in der Sammlung der Zeichnungen der Staatlichen Museen zu Berlin

1855 Herausgabe der Holzschnittfolge »Die heiligen Stätten« in Leipzig nach den Originalzeichnungen Georgis; daneben andere öffentliche Verpflichtungen

1858 Endgültige Übersiedlung nach Dresden

1868 Reise durch Bayern und Tirol

1874 Am 7. Dezember stirbt Georgi in Dresden

Weidenbach, Ernst

1818 Am 4. Dezember in Naumburg geboren

1837 Übersiedlung nach Merseburg; später Ausbildung als Maler und Zeichner in Dresden

1842 Weidenbach hält sich bereits in Berlin auf

1842–1845 Teilnahme an der Lepsius-Expedition als Zeichner

1845–1878 Mitarbeiter des Berliner Museums

1866 Zweite Reise nach Ägypten als Begleiter von Lepsius

1882 E. Weidenbach stirbt am 14. September in Merseburg

Weidenbach, Max

Geburtsdatum unbekannt; sicher nach 1818

1840 Lepsius ruft Weidenbach nach Berlin, um ihn im Hieroglyphenschreiben auszubilden

1842 Publikation der ersten Textausgaben mit Hieroglyphen von M. Weidenbach

1842–1845 Teilnahme an der Lepsius-Expedition als Zeichner; ihm obliegt es, die Hieroglyphen zu kopieren, die er auch in die Zeichnungen der anderen einträgt

1849 Im April Auswanderung nach Australien, wo er etwa 1892 stirbt.

Wild, James William

1814 Am 9. März geboren; Architekturstudium in Italien und anfänglich Mitarbeit im Atelier von George Basevi

1838–1870 Beteiligung an den Ausstellungen der Royal Academy London

1842 Wild begleitet die Lepsius-Expedition in Unterägypten

1843–1848 Aufenthalt in Kairo, um arabische Architektur zu studieren

1848 Rückkehr nach England

1851 Dekorationsarchitekt der Londoner Weltausstellung

1878–1892 Kurator des Sir-John-Soane-Museums als Nachfolger Bonomis; seine Notizbücher und Zeichnungen befinden sich am Griffith-Institut Oxford

1892 Am 7. November stirbt Wild als letzter Teilnehmer der Lepsius-Expedition

Abbildungsverzeichnis

Die folgenden Angaben beinhalten in Form von Quellenzitaten die von Karl Richard Lepsius auf den Originalzeichnungen vermerkten provisorischen Bildunterschriften; hieroglyphische Unterschriften werden in Umschrift gegeben. In Klammern folgen die Nummern der jeweiligen Tafeln aus der Publikation (LD = Lepsius, Denkmäler aus Ägypten und Äthiopien; LD Erg.-Bd. = Lepsius, Denkmäler aus Ägypten und Äthiopien – Ergänzungsband, hrsg. von E. Naville, Leipzig 1913), wobei die römischen Ziffern bei LD die entsprechende Abteilung bezeichnen. Für die nicht aus dem Expeditionsmaterial stammenden Abbildungen wird neben der Bildunterschrift der Nachweis angegeben. Die Maße beziehen sich auf das Blattformat, Höhe vor der Breite. Geringfügiger Anschnitt bei der Reproduktion ist in diesem Verzeichnis nicht im einzelnen vermerkt.

Schutzumschlag-Vorderseite: »Westl. Theben. Privat-Gräber. No. 1. Grab in Qurnet Murrai. e.«. Partiell kolorierte Bleistiftzeichnung, Wasserfarben; 482 × 300 mm (Ausschnitt). Signiert: E. W. Archiv des Wörterbuchs der Ägyptischen Sprache, Inv.-Nr. 1083 (LD III, 116b).

Schutzumschlag-Rückseite: »Westl. Theben. Privat-Gräber. No. 1. Grab in Qurnet Murrai. c.«. Partiell kolorierte Bleistiftzeichnung, Wasserfarben; 479 × 598 mm (Ausschnitt). Signiert: E. W. Archiv des Wörterbuchs der Ägyptischen Sprache, Inv.-Nr. 1085 (LD III, 118).

Schutzumschlag-Klappe: Karl Richard Lepsius im Jahre 1874. Foto: Ernst Milster.

Prolog: Richard Lepsius in türkischer Tracht auf einem Kamel vor Pyramiden; etwa Juli 1845. Wasserfarben; 283 × 262 mm. Unsigniert. Museum der Stadt Naumburg, Inv.-Nr. V 2524 K 1.

Vorsatz: Situationsplan der Tempelruinen von Memphis. Abbildung nach LD I, 9.

Nachsatz: General Karte von Theben (Ausschnitt). Abbildung nach LD I, 73.

1 Panorama-Ansicht von Kairo um 1900. Foto: Archiv des Wörterbuchs der Ägyptischen Sprache.

2 Die 27 m hohe Pompeius-Säule von Alexandria um 1900. Foto: Archiv des Wörterbuchs der Ägyptischen Sprache.

3 Das 1965 freigelegte sogenannte Griechische Theater von Alexandria. Foto: S. Grunert.

4 »Aufhissen der preussischen Flagge auf der Pyramide des Cheops unter Führung des Prof. Lepsius am 15. Oktober 1842«. Wasserfarben; 321 × 409 mm. Signiert: J. J. Frey 1842. Staatliche Museen zu Berlin, Hauptstadt der DDR, Kupferstichkabinett und Sammlung der Zeichnungen. Foto: Museum. Die Personen auf der obersten Plattform von links nach rechts: R. Lepsius, I. Isenberg, C. Franke, E. Weidenbach, M. Weidenbach, G. Erbkam, J. Wild, J. Bonomi sowie auf halber Höhe J. J. Frey, links H. Mühleisen.

5 »Pyramiden von Gizeh. Die größte Pyramide, von N.«. Bleistiftzeichnung, Wasserfarbe; 359 × 493 mm. Signiert: E. W. Archiv des Wörterbuchs der Ägyptischen Sprache, Inv.-Nr. 2426 (unpubliziert).

6 Die Cheops-Pyramide von Nordost. Foto: S. Grunert.

7 Luftbildaufnahme des Pyramidenfeldes von Gize aus dem Jahre 1926. Foto: Archiv des Wörterbuchs der Ägyptischen Sprache.

8, 9 Die zusammengesetzte Sonnenbarke des Cheops. Fotos: W.-F. Reineke.

10 »Situationsplan des Pyramidenfeldes von Giseh«. Bleistift- und Federzeichnung, Wasserfarben; 721 × 828 mm (Ausschnitt). Signiert: Aufgen. u. gez. v. G. Erbkam, Dec. 1842. Archiv des Wörterbuchs der Ägyptischen Sprache, Inv.-Nr. 14 (LD I, 14).

11 »Pyramiden von Gizeh. Sphinx von S. O.«. Bleistiftzeichnung; 481 × 426 mm. Signiert: J. B. Archiv des Wörterbuchs der Ägyptischen Sprache, Inv.-Nr. 2428 (unpubliziert).

12 »Pyramiden von Gizeh«. Sphinx mit Traumstele Thutmosis' IV. Bleistiftzeichnung; 480 × 295 mm. Signiert: Orig. von Wild kop. n. Frey. Archiv des Wörterbuchs der Ägyptischen Sprache, Inv.-Nr. 2429 (unpubliziert).

13 Der Sphinx von Gize mit den umliegenden Tempeln. Foto: S. Grunert.

14 »Pyramiden von Gizeh. ...zeh, von Osten«. Rechte Hälfte einer Panorama-Ansicht; linker Teil verschollen. Wasserfarben; 287 × 390 mm. Unsigniert. Laut »Verzeichnis der während der Reise des Professors Lepsius gesammelten Monumente, Papierabdrücke, Zeichnungen etc: 1842–1845« gezeichnet von E. Weidenbach. Archiv des Wörterbuchs der Ägyptischen Sprache, Inv.-Nr. 2424 (unpubliziert).

15 »Pyramiden von Gizeh. Grab des Anch-Chephren. No. 75«. Bleistiftzeichnung; 485 × 600 mm. Signiert: Bonomi. Archiv des Wörterbuchs der Ägyptischen Sprache, Inv.-Nr. 240 (LD II, 8).

16 »Pyramiden von Gizeh. No. 75. Grab des Anch-Chephren. Ostseite, links«. Bleistiftzeichnung; 450 × 560 mm. Signiert: Bonomi. Archiv des Wörterbuchs der Ägyptischen Sprache, Inv.-Nr. 242 (LD II, 9).

17 »Pyramiden von Gizeh. No. 75. Grab des Anch-Chephren. Ostseite, rechts«. Bleistiftzeichnung; 450 × 568 mm. Signiert: Bonomi. Archiv des Wörterbuchs der Ägyptischen Sprache, Inv.-Nr. 243 (LD II, 9).

18 »Pyramiden von Gizeh. Ansicht der nordöstlichen Felsengräber vom großen Steinwege aus«. Wasserfarben; 274 × 359 mm. Signiert: E. W. Linke Hälfte einer Panorama-Ansicht; rechter Teil verschollen. Archiv des Wörterbuchs der Ägyptischen Sprache, Inv.-Nr. 20 (LD I, 20).

19 »Pyramiden von Gizeh. Grab des Ka-em-nofret. 63. Südlicher Theil der Ostseite«. Bleistiftzeichnung; 597 × 483 mm (Ausschnitt). Signiert: E. W. Archiv des Wörterbuchs der Ägyptischen Sprache, Inv.-Nr. 2240 (LD Erg.-Bd. XXXII).

20 Blick auf den Mastaba-Friedhof von der Cheops-Pyramide aus. Foto: S. Grunert.

21 »Pyramiden von Gizeh. Grab des Prinzen Mer-ib. No. 24«. Lavierte Federzeichnung; 597 × 482 mm. Signiert: G. E. Archiv des Wörterbuchs der Ägyptischen Sprache, Inv.-Nr. 24 (zum Teil publiziert in LD I, 22).

22 Zustand der einst bemalten Reliefs der Grabkammer des Prinzen Mer-ib um 1925. Foto: Archiv des Wörterbuchs der Ägyptischen Sprache.

23 »Pyramiden von Gizeh. Grab des Prinzen Mer-ib«. Kolorierte Bleistiftzeichnung, Wasserfarben; 480 × 599 mm (Ausschnitt). Signiert: gez. v. J. Bonomi gem. v. J. J. Frey. Archiv des Wörterbuchs der Ägyptischen Sprache, Inv.-Nr. 258 (LD II, 20f).

24 »Pyramiden von Gizeh. Grab des Prinzen Mer-ib«. Kolorierte Bleistiftzeichnung, Wasserfarben; 480 × 598 mm (Ausschnitt). Signiert: J. J. Frey. Archiv des Wörterbuchs der Ägyptischen Sprache, Inv.-Nr. 264 (LD II, 22c).

25 »Pyramiden von Gizeh. Grab des Prinzen Mer-ib. Südlicher Theil der Ostseite«. Kolorierte Bleistiftzeichnung, Wasserfarben; 480 × 594 mm. Signiert: J. J. Frey. Archiv des Wörterbuchs der Ägyptischen Sprache, Inv.-Nr. 260 (LD II, 21).

26 Die Grabmäler der Ehefrauen des Cheops im Osten seiner Pyramide. Foto: S. Grunert.

27 Blick nach Memphis von Sakkara aus. Foto: S. Grunert.

28 »Saqara. Ansicht des Gräberfeldes von Saqara von Osten«. Wasserfarben; 434 × 559 mm. Signiert: E. W. Archiv des Wörterbuchs der Ägyptischen Sprache, Inv.-Nr. 2435 (unpubliziert).

29 »Pyramiden von Abu Roaš. Die beiden Pyramiden auf der Höhe, von Westen«. Wasserfarben; 352 × 545 mm. Signiert: J. F. den 10^n Jan. 43; am rechten unteren Blattrand: Abu Roasch of 10 Jan 1843 nach Ost-Sud J. F. Archiv des Wörterbuchs der Ägyptischen Sprache, Inv.-Nr. 13 (LD I, 13b).

30 Die Pyramiden von Abusir während der Grabung am Totentempel des Königs Sahure. Foto: Archiv des Wörterbuchs der Ägyptischen Sprache.

31 »Situations-Plan des nördlichen Todtenfeldes von Saccara aufgenommen im Febr. 1843«. Kolorierte Federzeichnung, Wasserfarben; etwa 500 × 2900 mm (Ausschnitt). Unsigniert. Archiv des Wörterbuchs der Ägyptischen Sprache, Inv.-Nr. 41, 43–45 (Ausschnitt: LD I, 32/33).

32 Blick auf den Totentempel des Königs Sahure nach der Ausgrabung im Jahre 1907. Im Hintergrund Überschwemmungslachen, ganz hinten der Nil. Foto: Archiv des Wörterbuchs der Ägyptischen Sprache.

33 »Sakara. Grab des Fetekta. No. 1. Kammer A«. Kolorierte Bleistiftzeichnung, Wasserfarben; 478 × 595 mm. Signiert: M. W. und J. F., unten J. F. Archiv des Wörterbuchs der Ägyptischen Sprache, Inv.-Nr. 394 (LD II 96 Pfeiler/Halbpfeiler).

34 »Sakara. Grab des Fetekta. Kammer A. No. 1«. Kolorierte Bleistiftzeichnung, Wasserfarben; 475 × 587 mm (Ausschnitt). Signiert: J. B. Archiv des Wörterbuchs der Ägyptischen Sprache, Inv.-Nr. 395 (LD II, 96 Westlicher Theil der Nordseite).

35 »Sakara. Grab des Fetekta. Kammer A. No. 1«. Kolorierte Bleistiftzeichnung, Wasserfarben; 475 × 587 mm (Ausschnitt). Signiert: J. B. Archiv des Wörterbuchs der Ägyptischen Sprache, Inv.-Nr. 395 (LD II, 96 Westseite; LD Erg.-Bd. XL).

36 »Sakara. Grab des Fetekta. Kammer A. No. 1«. Kolorierte Bleistiftzeichnung, Wasserfarben; 479 × 591 mm (Ausschnitt). Signiert: J. B. Archiv des Wörterbuchs der Ägyptischen Sprache, Inv.-Nr. 396 (LD II, 96 Ostseite).

37 »Grab des Metjen. (No. 6)«. Partiell kolorierte Bleistiftzeichnung, Wasserfarben; 588 × 480 mm. Signiert: Gez. v. J. Bonomi. Archiv des Wörterbuchs der Ägyptischen Sprache, Inv.-Nr. 234 (LD II, 5).

38 »Sakara. Grab des Metjen (No. 6.)«. Bleistiftzeichnung; 591 × 480 mm. Signiert: J. B. Archiv des Wörterbuchs der Ägyptischen Sprache, Inv.-Nr. 235 (LD II, 6).

39 »Sakara. Sarkophag des Ipi-anchu. (No. 10.) Innenseite des äußeren Sarkophages. 1/4«. Kolorierte Federzeichnung, Wasserfarben; 480 × 591 mm. Signiert: E. W. und M. W. Archiv des Wörterbuchs der Ägyptischen Sprache, Inv.-Nr. 399 (LD II, 98a–d).

40 »Südlicher Theil der Ostseite der dem Pfeilersaale nächsten großen Kammer, die Opferliste des Grabes des Bak-en-renef. Abdr. No. 96. (B.) Abdr. No. 96 (A)«. Bleistiftzeichnung; 390 × 734 mm (aus zwei Blättern zusammengesetzt). Unsigniert. Archiv des Wörterbuchs der Ägyptischen Sprache, Inv.-Nr. 1578 (LD III, 260c).

41 »Saqara. Grab 24. Decken-Verzierungen«. Kolorierte Feder- bzw. Bleistiftzeichnung, Wasserfarben; 655 × 476 mm (Ausschnitt). Unsigniert. Archiv des Wörterbuchs der Ägyptischen Sprache, Inv.-Nr. 56 (LD I, 41).

42, 43 »Saqara. Grab des Bak-en-renef. Details der Deckenverzierungen aus der Säulenhalle«. Kolorierte Bleistiftzeichnung, Wasserfarben; 594 × 482 mm (Ausschnitte). Signiert: J. F. Archiv des Wörterbuchs der Ägyptischen Sprache, Inv.-Nr. 55 (zum Teil publiziert in LD I, 41).

44 »Saqara. Grab des Bak-en-renef. No. 24. Decke der Kammer E«. Kolorierte Bleistiftzeichnung, Wasserfarben; 596 × 477 mm (Ausschnitt). Signiert: J. F. Archiv des Wörterbuchs der Ägyptischen Sprache, Inv.-Nr. 54 (zum Teil publiziert in LD I, 41).

45, 46 »Saqara. Grab des Bak-en-renef. Säulenhalle C. Westlicher Theil des Deckengewölbes. 1/6«. Bleistiftzeichnung; 601 × 482 mm. Signiert: J. F. Archiv des Wörterbuchs der Ägyptischen Sprache, Inv.-Nr. 1574 (LD III, 259d).

47 »Saqara. Panorama des Pyramidenfeldes von Saqara. I. von der Pyramide No. XXXI. aus«. Bleistiftzeichnung; 297 × 470 mm. Signiert: J. B. Archiv des Wörterbuchs der Ägyptischen Sprache, Inv.-Nr. 2430 (unpubliziert).

48 »Meidum. Ansicht der Pyramide von Meidum von Nordwest«. Bleistiftzeichnung; 438 × 561 mm. Signiert: E.W. Archiv des Wörterbuchs der Ägyptischen Sprache, Inv.-Nr. 62 (LD I, 45 unten).

49 »Meidum. Ansicht der Südwest-Ecke der Pyramide von Meidum in der Höhe des Schuttes«. Bleistiftzeichnung; 482 × 596 mm. Signiert: E.W. Archiv des Wörterbuchs der Ägyptischen Sprache, Inv.-Nr. 61 (LD I, 45 oben).

50 »Saqara. Ansicht der größten Pyramide von Saqara (No. XXXII.) von Nord-Ost«. Bleistiftzeichnung; 452 × 582 mm. Signiert: E.W. Archiv des Wörterbuchs der Ägyptischen Sprache, Inv.-Nr. 46 (LD I, 36).

51 Ehemalige Außenwände verschiedener Baustufen der Djoser-Pyramide. Foto: S. Grunert.

52 Die rekonstruierte Umfassungsmauer der Djoser-Anlage. Foto: S. Grunert.

53 »Saqara. Ansicht der Mastabat von Nordwest«. Bleistiftzeichnung; 273 × 477 mm. Signiert: J.F. Archiv des Wörterbuchs der Ägyptischen Sprache, Inv.-Nr. 47 (LD I, 37a).

54 »Barkal. Pyramiden von Barkal. d. 31ten Mai 1844«. Kolorierte Bleistiftzeichnung, Wasserfarben; 476 × 594 mm. Signiert: E.W. Archiv des Wörterbuchs der Ägyptischen Sprache, Inv.-Nr. 202 (LD I, 129).

55 »Saqara. Der Mastabat bei Saqara. von Osten«. Kolorierte Bleistiftzeichnung, Wasserfarben; 484 × 602 mm. Signiert: J.F. Archiv des Wörterbuchs der Ägyptischen Sprache, Inv.-Nr. 48 (LD I, 37).

56 »Illahun. Illahun. nord.west. Ecke«. Bleistiftzeichnung; 285 × 458 mm. Signiert: E.W. Archiv des Wörterbuchs der Ägyptischen Sprache, Inv.-Nr. 77 (LD I, 55).

57 »Faijum. Panorama (IV.)«. Bleistiftzeichnung; 370 × 419 mm. Signiert: (J.F., nach Panorama-Teilzeichnungen II, III). Archiv des Wörterbuchs der Ägyptischen Sprache, Inv.-Nr. 74 (LD I, 49a).

58 »Faium. Ansicht der Ruinen des Labyrinthes von Süden«. Bleistiftzeichnung; 447 × 561 mm. Signiert: E.W. Archiv des Wörterbuchs der Ägyptischen Sprache, Inv.-Nr. 70 (LD I, 48).

59 Die Felsengräber von Beni Hassan. Foto: Archiv des Ägyptischen Museums der Karl-Marx-Universität, Leipzig.

60 »Benihassan. Situations-Plan der Felsengräber bei Beni-Hassan aufgenommen im Sept. 1843«. Kolorierte Federzeichnung, Wasserfarbe; 484 × 598 mm. Unsigniert. Archiv des Wörterbuchs der Ägyptischen Sprache, Inv.-Nr. 93 (LD I, 58).

61 Eingang zum Grab des Chnum-hotep, dessen Wandmalereien vollständig von der Expedition kopiert wurden. Foto: Archiv des Ägyptischen Museums der Karl-Marx-Universität, Leipzig.

62 »Altes Reich Dyn. XII. Benihasse Grab 2 Ostseite«. Bleistiftzeichnung; 473 × 622 mm. Unsigniert. Archiv des Wörterbuchs der Ägyptischen Sprache, Inv.-Nr. 525 (LD II, 130).

63 »Benihassan. Grab 2. Ostseite. b. Thürfeld«. Bleistiftzeichnung; 483 × 600 mm. Signiert: M.W. Archiv des Wörterbuchs der Ägyptischen Sprache, Inv.-Nr. 527 (LD II, 130).

64, 65 »Benihassan. Grab 2. Ostseite. d. e.«. Bleistiftzeichnung; 483 × 599 mm. Signiert: M.W. Archiv des Wörterbuchs der Ägyptischen Sprache, Inv.-Nr. 529 (LD II, 130).

66 »Benihassan. Grab 2. des Chnum-hotep. Westseite. d.«. Bleistiftzeichnung; 482 × 597 mm. Signiert: E.W. Archiv des Wörterbuchs der Ägyptischen Sprache, Inv.-Nr. 512 (LD II, 126).

67 »Benihassan. Grab 2. des Chnum-hotep. Westseite. a.«. Bleistiftzeichnung; 482 × 597 mm. Signiert: E.W. Archiv des Wörterbuchs der Ägyptischen Sprache, Inv.-Nr. 516 (LD II, 127).

68 »Benihassan. Grab 2. Nordseite. b.«. Bleistiftzeichnung; 482 × 594 mm. Signiert: E.W. Archiv des Wörterbuchs der Ägyptischen Sprache, Inv.-Nr. 535 (LD II, 131 bzw. 132).

69 »Benihassan. Grab 2. Nordseite a.«. Bleistiftzeichnung; 480 × 595 mm. Signiert: E.W. Archiv des Wörterbuchs der Ägyptischen Sprache, Inv.-Nr. 533 (LD II, 131).

70 »Altes Reich Dyn. XII. Benihassan. Grab 2. Nordseite«. Handkolorierte Lithographie, Wasserfarben; 551 × 762 mm. Unsigniert. Archiv des Wörterbuchs der Ägyptischen Sprache, Inv.-Nr. 541 (LD II, 133).

71 »General Plan der Ruinen von El Amarna«. Federzeichnung; 584 × 426 mm (Ausschnitt). Signiert: aufgenommen v. Lepsius. Archiv des Wörterbuchs der Ägyptischen Sprache, Inv.-Nr. 101 (LD I, 63).

72 »El Amarna Abdr. 514. Nördl. Gräbergruppe Grab No. 3. Zweiter Raum Hinterwand, links«. Bleistiftzeichnung; 540 × 709 mm (Ausschnitt). Unsigniert. Archiv des Wörterbuchs der Ägyptischen Sprache, Inv.-Nr. 1010 (LD III, 94).

73 »Grab 3. 2. Raum rechte Wand. 1/6«. Bleistiftzeichnung; 316 × 607 mm. Unsigniert. Archiv des Wörterbuchs der Ägyptischen Sprache, Inv.-Nr. 1014 (LD III, 96c).

74 »El Amarna Nördl. Graebergruppe Grab No. 3. Zweiter Raum. Hinterwand, rechts«. Bleistiftzeichnung; 467 × 635 mm. Signiert: E.W. Archiv des Wörterbuchs der Ägyptischen Sprache, Inv.-Nr. 1011 (LD III, 95).

75 »Amarna. Haúata. (El Tel.) Südliche Gräber. Darstellung in einer der östlichen Felsengrotten. 1. Grab Abdr. XXII, 497. Grab 1«. Bleistiftzeichnung; 600 × 484 mm. Signiert: E.W. Archiv des Wörterbuchs der Ägyptischen Sprache, Inv.-Nr. 1035 (LD III, 103).

76 »Amarna. Nördliche Gräber. Grab No. 3«. Bleistiftzeichnung; 436 × 558 mm. Signiert: MW. Archiv des Wörterbuchs der Ägyptischen Sprache, Inv.-Nr. 1019 (LD III, 97e).

77 Grenzstele N im Süden von Amarna. Foto: Archiv des Ägyptischen Museums der Karl-Marx-Universität, Leipzig.

78 »Amarna. Oestliche Felsenstele«. Bleistiftzeichnung; 432 × 553 mm. Signiert: E.W. Archiv des Wörterbuchs der Ägyptischen Sprache, Inv.-Nr. 1051 (LD III, 110a).

79 »Amarna. Nördliche Gräber. Grab No. 6«. Bleistiftzeichnung; 558 × 437 mm. Signiert: E.W. Archiv des Wörterbuchs der Ägyptischen Sprache, Inv.-Nr. 1021 (LD III, 98b).

80 »Grab 7 von Et Tell. (natürliche Größe.)«. Bleistiftzeichnung; 285 × 464 mm. Signiert: Max Weidenbach. Theben, den 23. Dez. 1844. Archiv des Wörterbuchs der Ägyptischen Sprache, Inv.-Nr. 1024 (LD III, 100a).

81 Zustand der westlichen Sphinx-Allee von Karnak im Jahre 1892. Foto: Archiv des Wörterbuchs der Ägyptischen Sprache.

82 »Karnak. Großer Tempel. Südliche Seiten Räume der Tutmes Halle«. (Über den Worten »Großer Tempel« in Bleistift: »In der Küche.«) Bleistiftzeichnung; 433 × 552 mm (Ausschnitt). Signiert: O.G. Archiv des Wörterbuchs der Ägyptischen Sprache, Inv.-Nr. 798 (LD III, 33g, h).

83 »Karnak. Großer Tempel. Südliche Neben Gebäude der Tutmes Halle«. Bleistiftzeichnung; 435 × 559 mm. Signiert: E. W. Archiv des Wörterbuchs der Ägyptischen Sprache, Inv.-Nr. 803 (LD III, 36a, b).

84–87 »Ansicht von Theben von Karnak aus«. Getönte Bleistiftzeichnung, Wasserfarbe; 432 × 2628 mm. Unsigniert. Archiv des Wörterbuchs der Ägyptischen Sprache, Inv.-Nr. 116 (LD I, 69–72).

88 Der große Obelisk im Tempelkomplex des Amun. Foto: Archiv des Wörterbuchs der Ägyptischen Sprache.

89 »Karnak. Großer Tempel. Große Halle. Nördliche Außenseite«. Bleistiftzeichnung; 481 × 602 mm. Unsigniert. Archiv des Wörterbuchs der Ägyptischen Sprache, Inv.-Nr. 1125 (LD III, 129).

90 »Karnak. Großer Tempel. Nördliche Außenwand«. Bleistiftzeichnung; 436 × 557 mm. Signiert: O G. Archiv des Wörterbuchs der Ägyptischen Sprache, Inv.-Nr. 1120 (LD III, 127 a).

91 »Benihassan. Grab 7. des Chetj«. Kolorierte Federzeichnung, Wasserfarben; 599 × 483 mm (Ausschnitt). Unsigniert. Archiv des Wörterbuchs der Ägyptischen Sprache, Inv.-Nr. 95 (LD I, 60).

92, 93 »Karnak. Säulendetails aus dem hinteren Theile des Großen Tempels v. Karnak«. Kolorierte Bleistiftzeichnung, Wasserfarben; 478 × 599 mm (Ausschnitte). Unsigniert. Archiv des Wörterbuchs der Ägyptischen Sprache, Inv.-Nr. 128 (LD I, 81 d–f).

94 »Amarna. Südliche Gräber. Grab No. 2«. Bleistiftzeichnung; 435 × 551 mm (Ausschnitt). Signiert: E. W. Archiv des Wörterbuchs der Ägyptischen Sprache, Inv.-Nr. 1042 (LD III, 106 c).

95 »Karnak. Säulen-Kapitäler der großen Halle von Karnak«. Kolorierte Bleistiftzeichnung, Wasserfarben; 479 × 595 mm. Unsigniert. Archiv des Wörterbuchs der Ägyptischen Sprache, Inv.-Nr. 127 (LD I, 81 a, c).

96 »Ramesseum. Säulendetails aus der großen Halle des Ramesseums in Gurna«. Kolorierte Bleistiftzeichnung, Wasserfarben; 595 × 477 mm. Unsigniert. Archiv des Wörterbuchs der Ägyptischen Sprache, Inv.-Nr. 142 (LD I, 90).

97 Blick über den Nil nach Luxor. Foto: S. Grunert.

98 Die Eingangsfront des Tempels von Luxor. Foto: S. Grunert.

99 Der Säulensaal Amenophis' III. im Tempel von Luxor nach ersten Freilegungsarbeiten im Jahre 1892. Foto: Archiv des Wörterbuchs der Ägyptischen Sprache.

100 Der Eingang zur ehemaligen Moschee im Tempel von Luxor. Foto: S. Grunert.

101 »Luqsor. Hintere Kammer«. Bleistiftzeichnung; 439 × 551 mm (Ausschnitt). Signiert: O G. Archiv des Wörterbuchs der Ägyptischen Sprache, Inv.-Nr. 926 (LD III, 74 c).

102 »Luqsor. Hintere Kammer«. Bleistiftzeichnung; 434 × 554 mm. Unsigniert. Archiv des Wörterbuchs der Ägyptischen Sprache, Inv.-Nr. 927 (LD III, 75 a, b).

103 »Westl. Theben. Ramesseum. Saal hinter dem Hypostyl. Hinterseite. rechts«. Bleistiftzeichnung; 477 × 594 mm. Signiert: E. W. Archiv des Wörterbuchs der Ägyptischen Sprache, Inv.-Nr. 1257 (LD III, 169).

104 »Karnak. Großer Tempel. Große Halle. Westseite, rechts vom Eingange«. Bleistiftzeichnung; 437 × 550 mm. Signiert: E. W. Archiv des Wörterbuchs der Ägyptischen Sprache, Inv.-Nr. 1114 (LD III, 124 d).

105, 106 Tal der Könige. Fotos: S. Grunert.

107 »Theben. Qurna«. Getönte Bleistiftzeichnung, Wasserfarbe; 449 × 567 mm. Unsigniert. Archiv des Wörterbuchs der Ägyptischen Sprache, Inv.-Nr. 143 (unpubliziert; vgl. LD I, 91).

108 Die Memnonkolosse; im Hintergrund der Totentempel Ramses' III. Foto: Archiv des Wörterbuchs der Ägyptischen Sprache.

109 »Westl. Theben. Ramesseum. Erster Pylon. Rechte Seite. e.«. Bleistiftzeichnung; 477 × 591 mm. Unsigniert. Archiv des Wörterbuchs der Ägyptischen Sprache, Inv.-Nr. 1245 (LD III, 160).

110 Unbeschriftet; Königin Hatschepsut. Bleistiftzeichnung; 277 × 435 mm (Ausschnitt). Unsigniert. Archiv des Wörterbuchs der Ägyptischen Sprache, Inv.-Nr. 749 (LD III, 25 a, c).

111 Unbeschriftet; Würfelhocker des Senenmut. Bleistiftzeichnung; 279 × 270 mm. Unsigniert. Archiv des Wörterbuchs der Ägyptischen Sprache, Inv.-Nr. 753 (LD III, 25 h).

112 »Westl. Theben. Asasif Tempel. Hauptsaal. Nordwand. a.«. Bleistiftzeichnung; 440 × 555 mm. Signiert: O G. Archiv des Wörterbuchs der Ägyptischen Sprache, Inv.-Nr. 733 (LD III, 20 c).

113 Der Totentempel Ramses' III. mit dem sogenannten Hohen Tor. Foto: Archiv des Ägyptischen Museums der Karl-Marx-Universität, Leipzig.

114 »Medinet Habu. Tempel des Ramses III. Vorder Gebäude. Obere Kammern«. Bleistiftzeichnung; 478 × 599 mm. Signiert: E. W. Archiv des Wörterbuchs der Ägyptischen Sprache, Inv.-Nr. 1418 (LD III, 208 a).

115 »Westl. Theben. Privat-Gräber. Der el Medinet. Grab No. 2«. Kolorierte Bleistiftzeichnung, Wasserfarben; 427 × 545 mm. Signiert: E. W. Archiv des Wörterbuchs der Ägyptischen Sprache, Inv.-Nr. 669 (LD III, 1).

116 »Westl. Theben. Privat-Gräber. Der el Medinet. Grab No. 2«. Bleistiftzeichnung; 590 × 480 mm. Unsigniert. Archiv des Wörterbuchs der Ägyptischen Sprache, Inv.-Nr. 675 (LD III, 2 d).

117 »Westl. Theben. Privat-Gräber. Abd el Qurna. Grab No. 10«. Bleistiftzeichnung; 432 × 552 mm. Signiert: O G. Archiv des Wörterbuchs der Ägyptischen Sprache, Inv.-Nr. 763 (LD III, 26–1 a).

118 »Westl. Theben. T. von Alt-Qurna. Heiligthum des Ramses I. Cella. Hinterwand«. Bleistiftzeichnung; 437 × 555 mm. Signiert: E. W. Archiv des Wörterbuchs der Ägyptischen Sprache, Inv.-Nr. 1130 (LD III, 131 b).

119 »Westl. Theben. Privat-Gräber. Abd el Qurna. Grab No. 14«. Kolorierte Bleistiftzeichnung, Wasserfarben; 479 × 598 mm. Signiert: O G. Archiv des Wörterbuchs der Ägyptischen Sprache, Inv.-Nr. 820 (LD III, 40).

120 »Westl. Theben. Privat-Gräber. Abd el Qurna. Grab No. 14«. Kolorierte Bleistiftzeichnung, Wasserfarben; 479 × 598 mm. Signiert: M. W. Archiv des Wörterbuchs der Ägyptischen Sprache, Inv.-Nr. 825 (LD III, 41).

121 »Westl. Theben. Privat-Gräber. Südliches Asasif. Grab No. 5«. Bleistift- und Federzeichnung; 439 × 279 mm (Ausschnitt). Signiert: E. W. Archiv des Wörterbuchs der Ägyptischen Sprache, Inv.-Nr. 1661 (LD III, 282 d).

122 »Westl. Theben. Privat-Gräber. Abd el Qurna. Grab No. 13«. Partiell kolorierte Bleistiftzeichnung, Wasserfarben; 477 × 594 mm. Signiert: O G. Archiv des Wörterbuchs der Ägyptischen Sprache, Inv.-Nr. 887 (LD III, 64 a).

123 »Westl. Theben. Privatgräber. No. 1. Grab in Qurnet Murrai. a.« und »Westl. Theben. Privat-Gräber. No. 1. Grab in Qurnet Murrai. b.«. Kolorierte Bleistiftzeichnung, Wasserfarben; Blatt a: 475 × 596 mm, Blatt b: 475 × 598 mm (Ausschnitt). Signiert: O G. (Blatt b unsigniert). Archiv des Wörterbuchs der Ägyptischen Sprache, Inv.-Nr. 1081 (Blatt a – LD III, 115) bzw. 1082 (Blatt b – LD III, 116 a).

124 »Westl. Theben. Privat-Gräber. No. 1. Grab in Qurnet Murrai. d.«. Kolorierte Bleistiftzeichnung, Wasserfarben; 478 × 598 mm. Signiert: E. W. Archiv des Wörterbuchs der Ägyptischen Sprache, Inv.-Nr. 1084 (LD III, 117).

125 Karl Friedrich Schinkel: Bühnenbildentwurf zu »Die Zauberflöte«. Eingang zum Sonnentempel, mit den Höhlen des Wassers und des Feuers, 2. Akt, 7. Bild (11. Dekoration). Deckfarben; 542 × 743 mm. Staatliche Museen zu Berlin, Hauptstadt der DDR, Kupferstichkabinett und Sammlung der Zeichnungen. Foto: Klaus Reutermann, Berlin.

126 Karl Friedrich Schinkel: Bühnenbildentwurf zu »Die Zauberflöte«. Das Innere des Sonnentempels mit der Statue des Osiris, 2. Akt, Schlußbild (12. Dekoration). Deckfarben über Feder mit brauner Tusche; 542 × 625 mm. Staatliche Museen zu Berlin, Hauptstadt der DDR, Kupferstichkabinett und Sammlung der Zeichnungen. Foto: Museum.

127 Die Berliner Nationalgalerie, die Erbkam nach den Plänen von F. A. Stüler zusammen mit H. Strack erbaute. Foto: Deutsche Fotothek Dresden, May.

128 Blick auf Rom. Öl auf Leinwand; 700 × 920 mm. Signiert: J. J. Frey. Roma 1844. Privatbesitz, Radebeul. Foto: Deutsche Fotothek Dresden, Möbius.

129 Der Ölberg und Moriah bei Jerusalem. Öl auf Leinwand; 970 × 1440 mm. Signiert: Otto Georgi. 1869. Gemäldegalerie Neue Meister, Dresden. Foto: Deutsche Fotothek Dresden, Kramer.

130 Blick auf Kairo. Wasserfarben; 272 × 416 mm. Signiert: Otto Georgi. 1871. Staatliche Museen zu Berlin, Hauptstadt der DDR, Kupferstichkabinett und Sammlung der Zeichnungen. Foto: Museum.

131 Straße in Kairo mit Staffage. Wasserfarben; 213 × 172 mm. Signiert: E. Weidenbach. Staatliche Museen zu Berlin, Hauptstadt der DDR, Kupferstichkabinett und Sammlung der Zeichnungen. Foto: Museum.

132 Elbtal mit Schloß Scharfenberg. Öl auf Leinwand. Signiert: Otto Georgi. 1857. Foto: Deutsche Fotothek Dresden, Möbius.

133 Nillandschaft. Wasserfarben; 309 × 513 mm. Signiert: Otto Georgi. 1870. Staatliche Museen zu Berlin, Hauptstadt der DDR, Kupferstichkabinett und Sammlung der Zeichnungen. Foto: Museum.

134 Landschaft mit Bethlehem. Öl auf Leinwand; 950 × 1400 mm. Signiert: Otto Georgi. 1869. Privatbesitz. Foto: Deutsche Fotothek Dresden.

135 »Die Memnons-Kolosse in Ägypten bei Karnack«. Wasserfarben; 191 × 298 mm. Signiert: Otto Georgi. Staatliche Museen zu Berlin, Hauptstadt der DDR, Kupferstichkabinett und Sammlung der Zeichnungen. Foto: Museum.

136 Detail der »Ansicht von Theben von Karnak aus«. Vgl. Abb. 84–87.

Chronologische Übersicht

Thinitenzeit (1. und 2. Dynastie) 2985–2665

2985–2955 Menes

Altes Reich (3. bis 6. Dynastie) 2665–2155

3. Dynastie 2665–2600
2650–2630 Djoser

4. Dynastie 2600–2480
2600–2575 Snofru
2575–2550 Cheops (Chufu)
2550–2540 Djedefre (Ra-djedef)
2540–2515 Chephren
2515–2487 Mykerinos
2487–2480 Schepseskaf

5. Dynastie 2480–2320
2472–2460 Sahure
2460–2440 Nefer-ir-ka-Re
um 2420 Neferefre (Ra-neferef)

6. Dynastie 2320–2155
2298–2258 Phiops I.
2251–2157 Phiops II.

Erste Zwischenzeit (7. bis 10./11. Dynastie) 2155–2040

11. Dynastie 2134–1991
2134–2118 Mentuhotep I.
2061–2010 Mentuhotep II.
2010–1998 Mentuhotep III.

Mittleres Reich (12. Dynastie) 1991–1785

1991–1962 Amenemhet I.
1971–1926 Sesostris I.
1929–1892 Amenemhet II.
1897–1878 Sesostris II.
1878–1840 Sesostris III.
1842–1798 Amenemhet III.

Zweite Zwischenzeit/Hyksoszeit (13. bis 17. Dynastie) 1785–1551

15. und 16. Dynastie (Hyksoszeit) 1650–1541

17. Dynastie (Theben) 1650–1551

Neues Reich (18. bis 20. Dynastie) 1551–1080

18. Dynastie 1551–1305
1551–1526 Ahmose
1526–1505 Amenophis I.
1505–1493 Thutmosis I.
1493–1490 Thutmosis II.
1490–1468 Hatschepsut
1490–1439 Thutmosis III.
1439–1413 Amenophis II.
1413–1403 Thutmosis IV.
1403–1365 Amenophis III.
1365–1347 Amenophis IV. (Echnaton)
1346–1336 Tut-anch-Amun (Tut-anch-Aton)
1336–1332 Eje
1332–1305 Haremheb

19. Dynastie 1305–1196
1305–1303 Ramses I.
1303–1290 Sethos I.
1290–1224 Ramses II.
1224–1214 Merneptah

20. Dynastie 1196–1080
1193–1162 Ramses III.
1162–1080 Ramses IV.–XI.

Spätzeit (21. bis 31. Dynastie) 1080–332

664–610 Psammetich (26. Dynastie)

Ptolemäerzeit 332–30

Expeditionsverlauf
in Ägypten

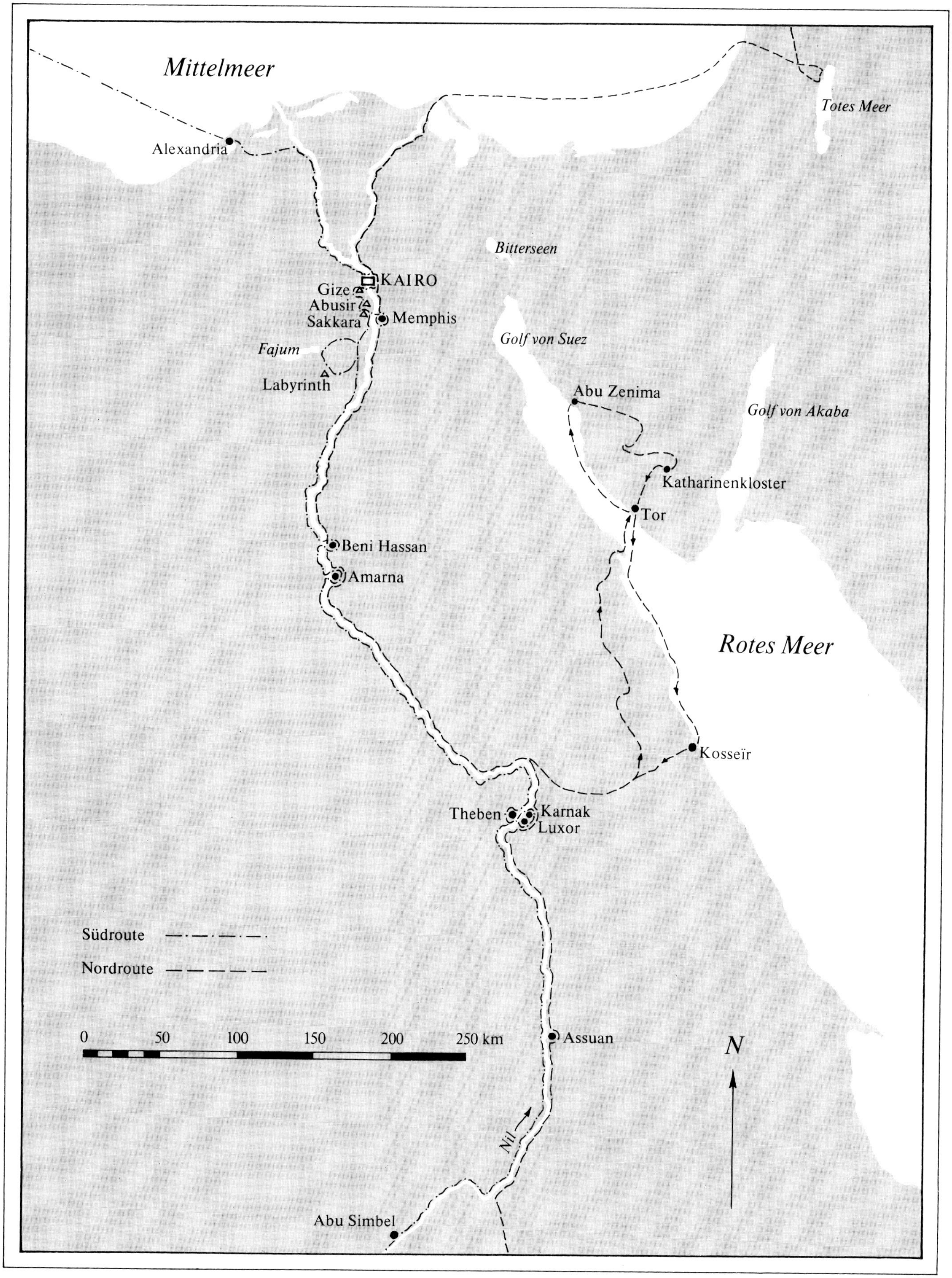

Inhalt

Vorwort 7

Einleitung 9

Pyramiden – wie riesenhafte Bergkristalle 13

Häuser der Ewigkeit 27

Auf dem Weg nach Süden 45

Von Pyramide zu Pyramide 69

Bei den Nachfahren der »kleinen Pharaonen« 81

In der Stadt Echnatons und Nofretetes 93

Theben, die Stadt Amuns 107

Zu den Künstlern der Lepsius-Expedition und ihrer Zeit 153

Kurzbiographien der Expeditionsteilnehmer 174

Abbildungsverzeichnis 177

Chronologische Übersicht 182

Gräber der Könige
S.I.
Bergpfad von den Königs Gräbern
S.IX.
Dêr el bahri
BB.
Nördl. Assasif
S.XII.
S.VIII.
El Bauâba
S.VII.
S.VI.
S.V.
S.XVII.
Scheich Abd el Qurnah
S.XV.
S.XIII.
S.XVI.
Spätere Gräber
S.X.
S.XI.
Ramses III
S.XIV.
Gräber
S.III.
S.XIX.
CC.
Ptolem. Temp.
S.XVIII.
T. Thutmos. III
DD.
T. Ramses II
EE.
Qurnet Murrâi
S.XX.
T. Thutmos. IV
FF.
Südl. Assasif
GG.
T. Amenoph. III.
S.XXII.
S.XXI.
HH.
T. Amenoph. III
Memnons Statue
Medinet Hâbu
T. Ramses III
KK.
LL.
Ptolem. Temp.
S.XXIII.
M E M N O N I A
Reste der alten Seen
Birqet Hâbu
Neuerer Kanal
Magn. Nord.
N.
7. Dec. 1844.